1920년대
재일조선유학생의 문화운동
-개인과 민족, 그 융합과 분열의 경계-

저자 정미량
- 연세대학교 사학과 졸업
- 한국학중앙연구원 한국학대학원 교육학 박사
- 현재 한국학중앙연구원 선임연구원
- 주요 논문과 저서
  〈일제강점기 재만조선인의 교육과 그 체험: 신경보통학교(1922~1945)의 사례를
  중심으로〉(한국교육사학, 제29권 2호, 2007)
  〈일제강점기 재일조선유학생의 체육활동에 관한 고찰: 재동경조선유학생학우회
  (1912. 10~1931. 2)를 중심으로〉(한민족문화연구 제27집, 2008)
  《한국의 다문화주의: 가족, 교육, 그리고 정책》(2011, 공저)
  《사건으로 한국 사회 읽기》(2011, 공저)

1920년대 재일조선유학생의 문화운동

초판 1쇄 인쇄 2012. 7. 20.
초판 1쇄 발행 2012. 7. 25.

지은이   정미량
펴낸이   김경희

경영   강숙자
편집   송인선
영업   문영준
경리   김양헌
펴낸곳 ㈜지식산업사
       본사 • 경기도 파주시 교하읍 문발리 520-12
         전화 (031)955-4226~7 팩스 (031)955-4228
       서울사무소 • 서울시 종로구 통의동 35-18
         전화 (02)734-1978   팩스 (02)720-7900
       한글문패   지식산업사
       영문문패   www.jisik.co.kr
       전자우편   jsp@jisik.co.kr
       등록번호   1-363
       등록날짜   1969. 5. 8.

책값은 뒤표지에 있습니다.

ISBN 978-89-423-1155-2 (93910)

이 책을 읽고 지은이에게 문의하고자 하는 이는
지식산업사 전자우편으로 연락 바랍니다.

1920년대

재일조선유학생의 문화운동

-개인과 민족, 그 융합과 분열의 경계-

정 미 량

지식산업사

책머리에

1987년, 고등학교 3학년 때 담임선생님은 한국근대사를 전공하신 분이셨다. 그 분의 수업 방식은 남달랐다. 역사 교과서에 쓰인 내용을 글자 그대로 설명해서 전달하는 것이 아니라 풍부한 지식을 바탕으로 역사적 사건에 대한 뒷이야기를 해 주는 수업이었다. 그러면서 교과서의 내용은 전체가 아니라 다만 하나의 견해일 뿐이라고 일러 주셨다. 그때부터 나는 역사에 흥미가 생겨 틈틈이 역사책을 읽었다. 역사를 공부하고 싶다는 생각도 하게 되었다.

1988년, 사학과에 입학했다. 그러나 역사를 공부하는 이유, 구체적인 방식 등을 찾지 못해 방황하던 참에 먼저 사회 경험을 쌓아보기로 마음먹었다. 서울에 있는 중학교에서 국사와 사회 과목을 담당하는 교사가 되었다. 전 학년 학생을 두루 맡아 담임을 하면서 상담실 업무도 병행한 나는 당시의 경험과 학생들과의 인연으로 한국 교육과 스스로의 한계에 대해 절실히 느꼈다. 이것이 교육에서 내가 할 수 있는 것이 무엇인가를 고민하게 된 계기가 되었다.

1996년, 접어두었던 학업을 다시 이어가기로 결심했다. 전공을 일반 역사학에서 교육사와 교육사회로 바꾸고 낮에는 교사, 밤에는 대학원생 생활을 했다. 그런데 석사 논문을 준비하다 보니 시간이 부족해 좀 더 깊이 있는 내용의 탐색과 충분한 자료의 수집이 어려웠다. 직업과 진학의 갈림길에서 갈등하면서 인생의 방향을 뚜렷하게 설정하였고, 정말 하고 싶은 것이 무엇인지에 대해서도 깨닫게 되었다. 고민 끝에, 느리고 미약하지만 근본적이고 장기적인 내 힘을 발휘할 수 있는 일은 한국 교육에 대한 글을 쓰는 것이라 판단했다. 목표가 정해지자 교단을 떠나 다시 대학원에 들어갔다.

특정 시대의 거시적인 교육 상황을 이해하려면 당시 교육 지배의 주체인 국가 권력과 지배 세력의 성격에 관한 고찰이 필요하며 교육적 지배에 대한 다양한 계층의 반응도 당시 상황을 더욱 깊게 이해하는 실마리가 되리라는 이해 아래, 한국 근대 교육의 도입과 성장 시기 지식인들의 사상·교류·활동에 관해 관심을 가지게 되었다. 그 결과로 얻어진 박사학위 논문이 〈1920년대 재일조선유학생의 자유주의적 문화운동 연구〉이고, 그 이후 수정 보완한 글들을 이 책에 고스란히 담았다.

1920년대 재일조선유학생은 교육 지배 세력인 일제의 성격이나 당시 교육에 대한 다양한 계층의 반응을 알아보는 데 적합한 대상이었고, 근대로 급격하게 변화하는 시기에 발생한 문화운동은 조선 사회의 근대성을 파악하기 위한 중요한 주제이다. 더욱이 당시 재일유학생들은 서구 문화가 넘쳐흐르던 식민 본국 일본에 머무르면서 근대 문명과 가치를 수용하고 유입하는 데 앞장섰던 지식인이었다. 그들은 근대화와 식민화라는, 모순적이며 대립하는 상황에서 일제에 반대하는 혁명가와 협력자로 극명하게 갈리거나, 이를 포기한 채 그 중간적 태도를 지키며 살아갔다. 그들의 삶은 현실과 이상, 욕망과 초월, 고통과 쾌락이 뒤범벅된 것이었다. 그들의 이야기를 나누고 싶다는 소망이 논문으로 이어졌다.

이 책의 구성은 사회적 배경, 이념적 기반, 구체적 내용으로 되어 있다. 제1장 '사회적 배경: 유학생 사회의 성장'에서는 유학생들의 문화운동이 활발하게 전개될 수 있었던 기본적 사회 조건을 유학생 외부와 내부적 환경으로 나누어 살펴보았다. 제2장 '이념적 기반: 문화운동론의 확립'에서는 유학생들이 완성했던 문화운동론의 사상적 구조에 대해 탐색하였다. 제3장 '구체적 내용: 유학생들의 국내외 활동'에서는 각각의 실천 방법론들을 바탕으로 전개되었던 문화운동의 활동 상황을 들여다보았다.

재능이란 변치 않는 열정이라 생각한다. 나는 지치지 않고 시간과 친화되면서 자연스레 사는 모습을 좋아한다. 이 책은 이러한 내 취향의 결과이자 대학에 입학한 지 23년 만에 얻은 성과이다.

여기까지 오는 길은 길고 어두웠다. 그러나 내 머리 위에서 항상 내가 가는 길을 따스하고 환하게 비춰준 이들이 있었다. 여러 선생님들, 동학들, 그리고 소중한 나의 가족들…… 가슴이 아려온다. 그동안의 방황과 고민, 갈등은 내 안에서 지난한 학문의 길에 나설 수 있는 든든한 심지가 되었다. 주위의 냉소적인 시선과 비난에 담담히 미소 지을 수 있는 내공도 생겼다. 앞으로 우리 교육을 건강하게 하는 데 힘을 보태겠다는 뜻을 품고 한국 교육의 과거와 현재 이야기를 진솔하게 쓰고 싶다. 이 책이 그 첫걸음이다. 보잘 것 없는 글을 책으로 펴내준 지식산업사에 감사한다.

2012년 여름 시습재에서

정 미 량

차 례

표 차례

일러두기

1. 개화기부터 일제강점기까지 일본에서 유학했던 유학생을 일컫는 용어로는 '한국유학생'과 '조선유학생' 두 가지가 있다. 일반적으로 식민지 이전 시기의 법률적 조항이나 신문·잡지 기사에서는 '한국유학생'이라는 용어를 쓰고 있으며, 그 이후에는 '조선유학생'이라고 부른다. 이 책은 1920년대를 연구시기로 하고 있으므로 '한국유학생'이라고 쓴 사료를 직접 인용하는 경우를 제외하고 그들을 '조선유학생'으로 부르기로 한다. 또한 식민지 기간에 조선총독부에서 일정 액수의 장학금을 받은 해외유학생의 법률적인 명칭은, 1920년대 이전에는 '관비생'이었다가 그 이후에 '급비생'으로 바뀌었다. 그러나 '관비생'이라는 용어가 1920년 이후에도 여전히 여러 기사에서 보편적으로 사용되었으므로, 이 책에서는 그들을 '급비생'이라고 쓴 법률 조항이나 기사를 직접 인용하는 경우를 제외하고 '관비생'으로 부르기로 한다.
2. 1920년대 유학생들의 '문화운동'은 1920년대 유학생들의 사상적 지향점에 따라 자유주의적 문화운동과 사회주의적 문화운동으로 나눌 수 있다. 이 책에서는 그 가운데 자유주의계 유학생들이 벌였던 문화운동을 고찰하고자 하며, 특별한 설명이 없는 경우 '문화운동'이라는 용어는 1920년대 재일조선유학생의 자유주의적 문화운동을 일컫는 것으로 한다.
3. 1차 사료를 직접 인용하는 경우에는 현대어로 고치지 않고, 한자 등의 경우에도 그대로 적기로 한다.

머리말

19세기 말부터 20세기 초까지 동아시아 정세를 주도했던 국가는 일본이었다. 서구 열강들을 전범典範으로 한 세계 강대국 대열에 이 지역 국가 가운데 가장 빨리 합류했기 때문이다. 전통적으로 중국의 화이관華夷觀을 바탕으로 하는 동아시아 문화도 이 시기에 일본을 축으로 재편되어 동아시아 학생들의 주된 유학국도 일본이 되었다.[1]

---

1) 조선은 1881년, 중국은 1896년, 대만은 1901년(1894년 청일전쟁 이후 일본의 식민지), 베트남은 1905년에 처음 일본에 유학생을 보냈다. 그 뒤 조선, 중국, 베트남의 근대화에 가장 중요한 지도자였던 김옥균, 손문, 판보이쩌우ファン·ボイ·チャウ 등은 모두 자국의 학생들을 일본 유학으로 이끌었다. 더욱이 베트남의 ファン·ボイ·チャウ는 '青年に遊學を勸める文'을 도쿄에서 인쇄한 뒤에, 그것을 가지고 귀국하여 일본 유학을 권하는 東遊運動을 일으키기도 하였다. 그러나 재일베트남유학생들은 '新베트남 公憲會'를 결성하여 '反佛獨立運動'을 일으킨 이유로 1909년 일본에서 모두 강제 추방되었다. 재일중국유학생들도 1905~1906년에 2만 명이라는 최고 숫자를 기록하다가, 일본 정부의 중국유학생 단속 방침과 중국 침략 정책에 대한 반대운동으로 말미암아 1910년대는 3천여 명, 20년대에는 2천여 명, 30년대에는 1천여 명으로 줄었다. 그 가운데서도 1920년대에는 새로운 문화 선진국으로 프랑스와 미국이 중국유학생들의 유학처로 등장하였고, 일본 유학은 완전히 과거

아시아에 있으면서도 식민지화를 피하고 서구 문명을 받아들여 근대화에 성공한 일본에 대한 기대로, 유학생들은 일본으로 향했다. 당시 동아시아에는 이른바 '일본 유학의 전성시대'가 도래했는데, 이는 일본이 뒤늦게 세계 질서에 편입되면서 나타난 문화적 현상 가운데 하나였다.

일본 유학 물결은 조선에서도 마찬가지였다. 개화기 이후 유학생들이 해외 유학의 대상으로 가장 많이 선택한 나라는 일본이었고, 조선이 일본의 식민지가 된 뒤에도 그러했다. 우승열패 현상이 뚜렷했던 당시의 국제 상황에서, 지식인들을 통한 근대 문명의 수용과 발달 여부는 한 국가의 장래와 직결되는 것이었다. 조선의 해외유학생들은 민족의 미래를 짊어지고 나아가야 하는 핵심 인력이었고, 사회 변혁을 주도함으로써 민족 독립의 발판을 마련하는 데 이바지해야 했다. 그들은 단순한 '학생'의 차원을 넘어서고 있었던 것이다.

3·1운동 이후 조선의 해외유학생 수는 빠르게 증가하였다. 일제가 문화정책을 실시하고, 조선인들의 문화운동이 가열되던 사회적 분위기에서 수많은 학생들이 유학을 떠났다. 이는 일본이 조선에 실시했던 우민화정책의 결과로, 자국에서 고등교육의 기회가 제한되었던 조선의 재원들에게는 당연한 선택이었다. 그 수효가 늘어나고 국내외의 상황이 빨리 바뀌면서 유학생들의 사상에도 다양한 변화가 뒤따랐다.

민족주의 색채로 비교적 단조로웠던 1910년대 학생들의 사상 경향과 달리, 식민화된 나라에서 성장한 1920년대 유학생들은 각자 수용했던 사조에 따라 그 사상적 지향점과 운동 방식을 달리했다. 자

의 일이 되었다[永井道雄 外(1973), 《アジア留學生と日本》, 東京: 日本放送出版協會, 91~92쪽, 289쪽].

유주의와 사회주의가 그것이다.[2] 식민지 상황에서 양자는 대부분
민족주의라는 같은 상위 범주에 걸쳐 있었지만, 유학생들은 기본적
으로 정치·경제·사회사상의 체계에 관한 이론적·실천적 관점에서
자유주의[3]와 사회주의로 대비되어 분화되었다.

---

2) 일제강점기 민족운동의 사상적 지형을 민족주의와 사회주의로 대립시키는 대신
자유주의와 사회주의로 설정하는 것은 최근 학계의 추세이다. 민족주의는 독립운
동 이념으로서는 중요한 사상이지만, 시대 상황에 따라 자유주의·사회주의·보수
주의 등 다양한 정치사상과 결합하기 때문에 독자적인 형태의 이론 체계로 보기
에는 한계가 있기 때문이다. 이와 같은 문제 제기를 바탕으로 1920년대의 민족운
동 진영을 자유주의(또는 문화주의)와 사회주의로 구분하고 있는 연구로는 조규
태(1998), 〈1920년대 천도교의 문화운동 연구〉, 서강대 박사논문; 권희영(1999.
10), 〈근대적 공간으로서의 한국 자유주의〉, 《한국사학》 17, 한국정신문화연구
원; 김형국(2003), 〈1920년대 한국 지식인의 사상분화와 민족문제 인식 연구〉,
한국정신문화연구원 박사논문 등이 있다.

3) 자유주의는 추상적 개념의 하나로, 시공간을 초월하여 이해되고 쓰이는 것이 아
니라 정치적 맥락에서 근대 서구가 당면한 구체적 문제들을 해결하고자 형성된
사상이다. 말하자면 17세기 로크Locke의 '고전적 자유주의'가 인간의 자유를 억압
하는 전제 정부와 신분질서에 저항하려고 개인의 자연권을 옹호하는 것이었다면,
18세기와 19세기 초 밀Mill과 흡하우스Hobhaus의 '신자유주의'는 자본주의 발전
에 따른 자본가의 전횡으로부터 노동자와 소비자를 보호하고자 개인의 사회적 권
리를 옹호하는 것이었다. 자유주의는 개인의 자유를 최고의 정치적 가치로 설정하
며, 어떤 제도나 정치적 실천의 평가 기준이 개인의 자유를 촉진·조장하는 데 성
공적인가의 여부에 있다고 믿는 신념체계로, 그 고유한 속성은 유지하지만 역사
적·정치적 환경에 따라 그것이 옹호하는 제도나 정치적 실천은 바뀐다는 것이다
[정용하(2006), 〈근대적 개인의 형성과 민족—일제하 한국자유주의의 두 유형〉,
《한국정치학회보》 40(1), 한국정치학회, 7~8쪽]. 따라서 1920년대 유학생들이
받아들인 자유주의도 당시 그들의 상황에 따라 그 개념과 실천방식이 마련되었으
며, 그것이 바로 자유주의적 문화운동론이었다. 한국근대사에서 자유주의의 수용
과 전개에 대한 연구로는 정용화의 연구 말고 권희영(1999. 10), 위의 논문; 김도
형(1999. 10), 〈근대초기 자유주의 수용과 발전〉, 《한국사학》 17, 한국정신문화
연구원; 강정민(2005. 3), 〈자치론과 식민지 자유주의〉, 《한국철학논집》 16, 한국
철학연구회; 안외순(2003. 9), 〈애국계몽운동과 준식민지에서의 자유주의: 계몽
의 양면성〉, 《한국사상과 문화》 21, 한국사상문화학회; 이나미(2001. 6), 〈19세
기말 한국자유주의의 친제국주의적 성격〉, 《아세아연구》 44(1), 통권 105호, 고

16

1914년 이후 일본은 제1차 세계대전 특수로 말미암아 지속적인 경제성장을 누리고 있었는데, 그와 비례해 정치적 변화도 활발했다. 1912년부터 1926년 사이에는 '다이쇼大正 데모크라시'[4]라고 불리는 자유민권사상이 창궐했고, 개인주의·문화주의·공산주의·무정부주의 등 많은 사상이 들어와 지식인과 노동자 사회를 주요 기점으로 파급되었다. 이에 따라 재일조선유학생들의 사상도 자유주의와 사회주의로 분명하게 갈렸다. 그 가운데 자유주의계 유학생들은 제1차 세계대전을 전후로 개조론과 문화주의[5]를 수용하여 자유주의적 문화운동론을 정립하였고, 주로 언론·학술·문예·체육 등 일반적인 문화 발전에 온 힘을 다했다.

그동안 1920년대 문화운동은 국내 민족운동의 구조를 이해하고, 조선 사회의 근대성을 파악하기 위한 연구의 일부로 중요하게 다루

려대학교 아세아문제연구소 등이 있다.

4) 明治期(1868~1912)와 昭和期(1926~1988) 사이 大正期(1912~1926)는 메이지유신의 정신, 곧 근대화의 추진과 부국강병을 계승하려 했던 시기이기도 하지만, 한편으로는 급진적 근대화에 대한 반성을 바탕으로 일본의 제국주의화·군국주의화·자본주의화 등을 막으려던 시기이기도 했다. 다만 후자의 경우 탄압을 받고 약화되었지만, 전자는 큰 세력으로 진전되었다. 이로 말미암아 昭和期에 들어 일본 국민은 불행한 전쟁에 휩싸이게 되었던 것이다[東珠樹(1984), 《大正期の 青春群像》, 東京: 美術公論社, 298~299쪽].

5) 최근 1920년대 민족주의 우파의 사상적 기반으로 문화주의가 채택되고 있다. 곧, 김형국은 1920년대 민족운동의 진영을 자유주의와 사회주의로 나누어 자유주의 진영의 사상적 기반으로 문화주의를 들었고[김형국(2003), 〈1920년대 한국지식인의 사상분화와 민족문제 인식 연구〉, 한국정신문화연구원 박사논문], 김명구는 1920년대 부르주아 민족운동 세력을 좌·우파로 구분하고 우파의 민족운동론으로 문화주의를 제시하였으며[김명구(2002), 〈한말 일제강점기 민족운동론과 민족주의 사상〉, 부산대 박사논문], 이영화도 제1차 세계대전 이후 개조론으로 수용된 특정 사조를 문화주의로, 이를 바탕으로 한 운동을 문화주의운동으로 일컬었다[이영화(2003. 12), 〈최남선의 문화주의에 내포된 근대성과 친일성〉, 《국사관논총》 103, 국사편찬위원회].

어졌다. 왜냐하면 1920년대는 여러 민족운동 세력의 분화가 가장 극
렬하게 이루어졌던 시기였을 뿐 아니라 조선 사회에 근대적 문명과
가치가 유입되어 본격적으로 유행하기 시작한 때였고, 이와 가장 밀
접하게 연관된 세력 가운데 하나가 문화운동의 주도 세력이었기 때
문이다. 그런데 1920년대 문화운동을 좀 더 객관적으로 이해하고 평
가하려면, 먼저 그것을 전개한 각 집단들의 문화운동론과 문화운동
의 실제에 대한 세밀한 규명이 전제되어야 한다. 문화운동은 그것을
펼쳤던 집단마다 그 특성이 다르고, 그 활동의 목적과 내용도 차별
화된 양상을 나타내기 때문이다.

　그 가운데 더 주목해야 할 대상은 재일조선유학생들이다. 그들은
서구 문화가 흘러넘쳤던 일본에 머무르면서 1910년대 후반부터 수
용한 사상에 따라 민족운동 세력 사이에서 사상적으로 분화하는 데
앞장선 지식인들이었다. 그들은 1920년을 전후하여 국내 문화운동
의 사상적 배경인 개조론과 문화주의를 일본에서 조선으로 직접 전
파했으며, 그에 따라 문화운동론을 정립하고 그 활동을 전개했다.

　1920년 이전에 귀국한 이들은 1920년대 국내 '문화운동'의 주요한
인력원이었다. 그럼에도 1920년대 국내 문화운동과 관련된 지금까
지의 연구들은 유학생 문화운동의 중요성을 제대로 보지 못하고 있
고, 그 활동이나 성격에 대한 고찰과 평가도 미흡했다. 이는 첫째,
1920년대 유학생들의 민족운동은 주로 사회주의 경향의 유학생들이
주도했고, 그들과 견주어 주도권이 미약했던 자유주의 경향의 유학
생들 운동에 대한 관심은 상대적으로 적었기 때문이다. 둘째, 1920
년 이전의 유학생 활동은 애국계몽운동 수준으로만 평가되던 관행
에 따라, 1920년대의 활동에 대해서도 그 이상의 이론적 논의는 미
루어졌기 때문이기도 하다. 그러나 1920년대 자유주의계 유학생들

의 문화운동은 그들이 정립한 자유주의적 문화운동론을 바탕으로 한 것이었다. 실제로 그들은 사상·학술·예술·체육 등의 방면에서 선도적 논의와 활동을 펼쳐 당시와 그 이후 조선 사회에 커다란 영향을 끼쳤다. 1920년대 그들의 문화운동은 개성과 다양성을 존중하는 한국 현대 문화의 뿌리와 그 변화 과정을 이해하고 지향점을 제시하는 중요한 연구 주제이다.

더불어 1920년대가 유학생들의 자유주의적 문화운동에 대한 연구 시기로 적합한 이유는 첫째, 1920년대는 유학생들의 문화운동이 국내의 문화운동과 연관되어 가장 활발했던 시기이기 때문이다. 3·1운동 이후 조선총독부의 문화정책 가운데 하나로 조선에서도 언론과 단체의 활동이 허용되었는데,6) 이를 계기로 개화기 이후부터 쌓인 조선인들의 문화적 역량이 드러나면서 문화운동으로 이어지기 시작했다. 따라서 《동아일보》(1920년 3월 창간) 등 국내 언론의 보도로 유학생들의 활동이 조선 사회에 자세히 소개되었으며, 유학생들은 국내와 조직적으로 관계를 맺어가며 문화운동을 전개할 수 있었다.

둘째, 1920년대에 일본유학생이 본격적으로 증가했고, 그들이 전

---

6) 1910년에서 1919년에 이르기까지 조선총독부는 단체의 조직을 엄격히 규제하고 종교단체와 전문적인 문화·학술단체만을 허락하였다. 그러나 1920년 문화정책을 실시하면서 조선인들의 단체 활동을 허용하였다. 1920년 일본 경찰에 등록한 국내 각종 조선인 단체는 985개였고, 1922년 9월 무렵에는 5,728개에 이르렀다. 또한 검열지침과 총독부의 허가를 받아야 하는 출판법에 따라 제한되었지만 조선인의 민간 발행물 허가체제는 완화되어, 1920년에 발행이 허가된 잡지와 서적의 발행 건수는 409건에 이르렀고, 1925년에는 1,240건에 달하였다. 1920년에는 《동아일보》·《조선일보》·《시대일보》라는 조선인 일간신문 발행이 허가되었고, 1924년 이후 이들 언론매체에 나타난 사회주의 혁명사상 때문에 통제를 강화하기 전까지 기사의 검열은 대체로 허용적이었다. 따라서 1920~1925년은 조선인의 문화 활동이 가장 넓게 허용된 기간으로 평가된다[M. Robinson, 김민환 역(1990), 《일제하 문화적 민족주의, 1920~1925》, 나남출판사, 88쪽].

문적이고 다양한 근대 학문을 전면적으로 조선에 소개했기 때문이다. 근대적 유학이 시작된 뒤 1910년대까지는 재일조선유학생이 크게 늘어나지 않았다. 유학생의 수도 겨우 5백~6백 명에 지나지 않아 오히려 중국이나 대만보다도 적었다. 그러나 3·1운동이 일어난 1919년 이후 전환점이 생겼다. 조선총독부가 유학 완화정책을 시행하여 사비 유학생들에 대한 각종 제약을 철폐했던 것이다. 이에 유학생 수가 빠르게 증가하여 1천 명을 넘게 되었다. 지식인 양성을 위한 고등교육기관이 조선보다 비교적 풍부한 일본7)에 진학하는 유학생이 늘어났고, 그들 가운데 많은 이가 다양한 학과를 전공하여 근대 학문의 수용과 전파에 이바지할 수 있었던 것이다.

셋째, 이후에도 유학생 수는 꾸준히 증가하였으나, 1930년대로 접어들면서 유학생들의 문화운동은 오히려 급속한 쇠락衰落의 길을 걸었기 때문이다. 1920년대 초 사회주의계 유학생들은 자유주의자들과 더불어 문화운동을 전개했다. 그러나 1920년대 중반 이후 서로 사상적 지향점이 다르다는 점을 명확히 하고 사회주의계 유학생들은 노동운동에 헌신했으며, 전 세계 피압박 노동자계급의 해방을 위해 자본주의와 제국주의 타도를 외치기 시작했다. 조선의 독립운동도 그 연장선에서 이루어졌으며, 유학생들의 민족적 구심체인 학우회 주도권까지 사회주의 계열이 장악해 나갔다. 그러나 결국 전 세

---

7) 1918년부터 1920년 중반에 걸쳐 일본의 고등교육은 제도적 측면에서 메이지 시대 이후 가장 안정되었고, 양적으로도 戰前期 최대의 확장을 하였다. 곧, 이 시기는 일본고등교육의 세 유형인 대학교육, 전문학교교육, 대학예비교육(고등학교)의 틀이 잡힌 戰前고등교육의 완성기였다. 조선에서도 1918년에서 24년까지 제국대학 4학부의 증설과 의과대학 5교, 상과대학 1교의 승격이 이루어졌다. 이는 1922년 개정 조선교육령 대학령을 바탕으로 대학의 신설을 인가하였기 때문이었다〔馬越徹(1977), 〈京城帝大豫科に關する一考察〉, 《大學論輯》 5, 廣島大學 教育研究センタ, 65쪽〕.

계 자본가계급 타도를 위해 더 이상 민족주의자와 연합할 수 없다고 판단한 그들은 학우회 해소를 결의하였고, 유학생들의 문화운동을 이끌었던 학우회는 1930년 12월 24일 마침내 해체되고야 말았다.

이에 이 글은 시기를 1920년대로 한정하여, 당시 일본으로 건너간 자유주의계 유학생들의 활동 가운데 '문화운동'이라는 틀 속에서 바라볼 수 있는 부분의 사회적·이론적 배경과 구체적인 내용을 알아봄으로써 그 성격과 의의를 밝혀 보고자 한다.

제1장

사회적 배경:
유학생 사회의 성장

제1절 조선인 사회의 유학권장론과 유학생 지원 활동

식민지 조선의 지식인들은 제1차 세계대전 뒤 국제적으로 유행했던 인도주의·민족자결주의의 영향으로 미국을 비롯한 국제사회의 지원을 기대하며 3·1운동과 잇따른 외교운동을 전개했다. 그러나 모두 실패로 돌아가자 지식인들은 민족이 독립하려면 먼저 실력이 전제되어야 한다고 생각했다. 그런데 그들의 실력양성론은 아직 미성숙한 자본주의 경제를 발전시키려는 경제적 실력양성론과 신사상과 신지식을 수용·보급함으로써 봉건적 구습에 젖어 있는 개인과 사회의 문화 수준을 높이려는 문화적 실력양성론을 그 내용으로 하는 것이었으며, 주요 수단으로 산업과 교육의 발달을 강조하는 것이었다.

그 가운데 교육의 중요성에 대한 관심이 높아 국내 교육기관의 수나 질에 대한 비판과 개선에 대한 요구로 이어졌고, 그 대안의 하나로 해외 유학의 필요성을 강조하는 계기가 되었다. 다시 말해 그들은 시대적 당위성을 언급하며 해외 유학을 적극 권장했는데, 그 가운데서도 조선 학생들의 유학처가 대부분 일본인 점을 감안하여 일본 유학의 필요성을 역설했다. 일본은 거리가 가깝고 언어를 배우기 쉬운 것은 말할 것도 없고, 조선보다 교육 시설이 풍부할 뿐 아니라 교육 내용도 충실하며 비교적 자유로운 분위기에서 공부할 수 있다는 것이 이유였다. 또한 유학생의 폭발적인 증가와 더불어 고학생도 늘어 중도에 폐학廢學하는 사례들이 속출하자, 성공적인 유학을 위해 현실적이고 세부적인 지식이 학생들에게 필요하게 되었다. 이에 유학파 선배들은 자신들의 경험을 바탕으로 유학과 관련된 여러 정보를 후배들에게 제공했으며, 조선인들은 학비와 숙식비를 모금해서 고학생들에게 송달하는 등 각종 지원을 아끼지 않았다. 조선 사회는 유학생들이 민족의 문화적 실력양성에 공헌하기를 요구하는 한편 이를 지지했던 것이다.

1. 유학권장론의 탄생과 진전

갑오개혁(1894) 때 고종은 국정 개혁의 기본강령으로 홍범 14조를 반포하였는데, 그 조항 가운데 하나가 나라 안에 총명하고 영준한 자제들을 뽑아 널리 유학시켜 외국 학술 및 기예를 배워 익히도록 하라1)는 것이었다. 이에 1895년에서 1896년에 걸쳐 약 2백 명의 관비생들이 일본으로 파견되었다.2) 출발할 때 조선 정부는 "각 분야로

---

1) 서울대학교(1972), 《日省錄》 高宗篇 31, 409쪽.
2) 1881년 신사유람단의 방일 이후, 일본으로 관비생을 파견하는 일은 주로 김옥균, 박영효 등 개화파 인사들이 주도하였다(1883년 16명의 일본유학생 파견). 이들은 1880년 말 정부에서 통리기무아문을 설치하여 적극적인 개화정책을 추진할 때 정치에 참여하게 된 인물들로, 관비생 파견의 목적을 근대화를 추진할 수 있는 인재 양성과 개화 세력의 확충에 두었다. 그러나 갑신정변(1884)이 실패함으로써 개화파 인사들은 대부분 희생되었고, 일본에 머물고 있던 관비생들도 모두 소환되었다 [송병기(1988. 10), 〈開化期 日本留學生 派遣과 實態, 1881~1903〉, 《동양학》 18집, 단국대학교 동양학연구소, 256쪽]. 이후 관비생이 다시 파견되기 시작한 것은

나뉘어 실용적인 일을 진실로 강구하여 지식을 넓히고 사리를 궁리하여 군세고 곧으며 어떠한 때에도 굴하지 않는 의연한 용기있는 정신을 가지고 독립되고 문명된 사회의 필요에 부응해 주기를 바란다"3)고 학생들에게 당부했다. 한편 《독립신문》4)은 이러한 국가의 유학 정책에 대해 환영의 뜻을 밝히며, 그 의도를 대중에게 널리 알렸다.

> 대한황실과 제국을 만세에 보존하려면 이전 그른 법을 버리고 좋은 규모와 학문을 배워야 할지라…… 타국 사람만 믿고 있으면 본국 인재를 쓸데 없으니 학문 가르치는 학교를 많이 설립하여 국 중의 영재를 거두워 기르는 일이 시급함을 누가 모르리오. 그러나 본국에서만 서양 학문을 가르치려면 일이 멀고 배움이 아직 통달하지 못한 고로 일본에서도 매년 5백~6백 명씩 각국에 파송하여 관비로 교육을 시키니 대한에서도 속히 이

갑오개혁 이후 1895년에서 1896년에 걸쳐 약 2백 명이 일본에 보내진 때였다. 그러나 을미사변·의병투쟁·아관파천이 연이어 발생하자 1897년 정부의 유학생 파견은 사실상 중단되었다[박찬승(2001), 〈1890年代後半における韓國人の渡日留學〉, 《近代交流史と相互認識》 1, 東京: 慶應義塾大學出版會, 77~80쪽].

3) 이는 학부대신 박정양이 훈시했던 내용으로 《친목회회보》 1호(1895. 10) 15쪽에 실려 있다. 《친목회회보》는 1895년 10월에 창간되어 통권 6호(1898. 4)로 종간된 대조선유학생친목회(1985년 4월 18일 창립)의 기관지였다. 박찬승은 《친목회회보》가 조선인이 조선인을 대상으로 발간한 우리 역사에서 최초의 잡지(〈잡보〉, 《독립신문》, 1896. 9. 22)였으며, 《독립신문》이 나오기 이전 시점에서는 한국 근대 개화사상의 발전을 보여주는 유일한 잡지라고 평가했다[박찬승(1999. 3), 〈1890년대 후반 도일 유학생의 현실인식〉, 《역사와 현실》 31, 한국역사연구회, 122~123쪽].

4) 《독립신문》은 주로 대중에게 정부의 정책을 알리는 공간이었지만, 한편으로 공적인 글쓰기 경험이 없었던 대중들을 위한 지면이기도 했다. 독자 투고란은 이를 잘 말해주는데, 투고자로는 일반 백성(48.1퍼센트)이 가장 많았고, 개화 지식인(23.2퍼센트), 하급 관리(11.8퍼센트) 순이었다(〈100년 전 독자투고는 대중적 글쓰기의 원류〉, 《조선일보》, 2005. 6. 18).

법을 본받아 서양 각국에 총명한 소년들을 선택하여 보냄이 상책인 것은 이왕에도 우리 신문에 여러 번 게재하였는데 근일 풍문에 정부에서 과연 그리하려 한다 하니 반갑다.[5]

이어 《독립신문》은 대조선유학생친목회가 보내온 기관지 《친목회회보》 1호와 2호를 읽고, 이에 답하는 형식으로 유학생들의 조국애와 조선의 문명진보 의지를 북돋우려는 취지의 기사를 실었다.

무슨 학문이든지 시작한 것을 중간에서 폐하지를 말고 반드시 성취하여 이담에 본국에 돌아오게 되면 다만 자기 몸들만 잘될 생각을 말고 조선 인민의 본보기가 되어 이 무식하고 불쌍한 인민들을 건지고 그 인민의 선생이 모두 될 주의를 가지고…… 조선이 잘되고 안 되기는 조선 학도들 손에 달린 줄로 믿고 있으니 원컨대 학도들은 자기들의 소중한 직무를 생각하여 주야로 안팎의 새사람이 되게 공부하기를 바라노라.[6]

유학생들도 "외국에 유학하여 학문에 힘쓰는 것은 견문을 깊고 넓게 하며 지식을 크게 밝혀서 국가 정치의 기초와 동량이 될 것을 기약"하는 것이며, "유학생은 문명개화의 정신과 뼈대임"[7]을 《친목회회보》를 통해 알렸다. 또 이를 국내 유지들에게 전달하고, 관청들과 각 학교에 배포하기도 했다.[8]

일본 유학의 필요성에 대한 대중적 인식은 국권침탈을 가져온 을

---

5) 〈외국유학생도〉, 《독립신문》, 1896. 4. 7.
6) 〈日本留學徒에 바람〉, 《독립신문》, 1896. 10. 8.
7) 〈序文〉, 《친목회회보》 1, 1895. 10.
8) 박찬승(1999. 3), 〈1890년대 후반 도일 유학생의 현실인식〉, 《역사와 현실》 31, 한국역사연구회, 123쪽.

사늑약(1905. 11. 18)[9] 전후로 더욱 확산되었다. 갑오·을미 이후 일본이 우리나라에 행한 일은 우리에게 열성과 교육이 조금이라도 있었다면 말 한마디 못하고 앉아서 당하지 않았을 것이고, 옛말에 스스로 먼저 친 연후에 남의 나라를 친다하였으니 우리도 미리 예비한다면 어느 누가 우리를 만만히 보며 책망하겠느냐[10]는 생각이 국내뿐 아니라 유학생들 사이에도 널리 퍼져나갔던 것이다.[11] 당시 유학생들의 대표 단체였던 대한흥학회[12] 회원들은 그들이 '흥학'에 매진하는 이유를 기관지 《대한흥학보》를 통해 밝혔는데, 여기에서 "조국의 문명부강을 이룩하고자 다짐"[13]하기도 했다. 그러나 일제는 대

---

 9) 최근 학계나 언론계에서는 '을사조약' 대신 '을사늑약'이라는 명칭을 사용하고 있다. 조약의 강제성과 불법성을 강조하고자 함이다. '을사늑약'이라는 용어는 일제강점기 조선인들이 발행했던 민간지들에서도 간혹 발견된다. 예컨대 《조선일보》 1928년 12월 21일자 석간 2면에 '을사늑약으로 시국이 바뀌자 분연히 참정대신의 요직을 헌신짝같이 버리고 사저에 은둔한' 한규설이 소개되어 있다.
10) 〈한국의 청년을 권하여 외국에 유학게 할 일〉, 《제국신문》, 1905. 4. 13.
11) 김도형은 반봉건과 반제국주의가 같은 문제라며, 이것은 정치체제의 근본적인 개편으로 사회변혁을 달성하지 않으면 해결이 불가능하다고 했다. 다만 해결의 순서는 각 시기의 사회구조에 따라 다를 수 있다고 했는데, 국권을 침탈당하기 이전에는 반봉건의 문제를 해결하는 연장에서 반제국주의 문제도 논의되었지만, 식민지화된 이후에는 반제국주의의 문제, 곧 국권회복이 전면으로 두드러졌다는 것이다[김도형(1994), 《大韓帝國期의 政治思想 研究》, 지식산업사, 17쪽]. 유학생들의 경우에는 을사늑약을 기점으로 이러한 변화가 나타난 것으로 생각되는데, 이원옥도 을사늑약을 계기로 유학생들의 교육운동이 민족운동으로 확대·발전되었다고 보았다[이원옥, 〈한말 일본유학생의 현실인식과 민족운동-1905~1910년 관비유학생을 중심으로〉, 연세대 석사논문, 25쪽].
12) 김기주(1993), 《한말 재일한국유학생의 민족운동》, 느티나무, 65~75쪽.
13) 대한흥학회(1909년 초 창설)는 이름에 나타난 바와 같이 '興學'에 설립 취지를 두고 있었고, 좀 더 구체적으로는 '국내 동포의 지덕을 계발'함으로써 이들과 더불어 문명에 공진하자는 것이었다(〈대한흥학회취지서〉, 《대한흥학보》 1, 1909. 3). 이러한 목적을 실현하기 위한 방법으로 《대한흥학보》(1909년 3월 창간, 월간으로 1910년 5월까지 모두 13호 발행)를 발행하여 국내에 배포하였고, 그 아래 교육부에서는 여름방학을 이용해 1909년 7월 국내에 강습소를 설치하였다(〈敎部活動〉,

한흥학회를 "표면상으로는 교육을 표방하고 있으나 내실은 국권회복 사상을 불어넣는 가장 위험한 단체"로 지목해,[14] 일제가 합병을 추진하던 1910년 8월에 강제로 해산시켰다.[15]

조선인의 유학권장 분위기는 1910년 일제의 극단적인 억압정책과 우민화 교육정책에 따라 표면적으로는 약화되었다. 그러나 조선인들 사이에서는 여전히 유학의 필요성에 대한 공감대가 있었으며, 1920년 이전의 조선 학생들 가운데는 이러한 사회적 분위기에 공감하여 일본 유학을 결심하는 경우가 적지 않았다. 신익희申翼熙는 신문화를 소개하는 신문과 잡지, 서구 문명을 소개하는 신간 서적을 구해 읽고 난 뒤, 호랑이 굴인 일본에 건너가서 근대적 학문과 세계의 움직임을 파악해 일본보다 더 앞서야 한다고 다짐한 것이 유학의 계기가 되었다고 하였으며,[16] 김도연金度演[17]은 선생님이 해외 유학을 권유

《대한흥학보》 5, 1909. 7. 20). 또한 국내 학생의 체육정신을 높인다는 목적으로 야구대와 정구대를 조직하여 국내에 파견하기도 했는데, 운동선수단은 조선의 각 도시들을 돌며 친선경기를 벌였다(〈運部活動〉, 《대한흥학보》 5, 1909. 7. 20). 유학생들의 이러한 의지와 활동은 이후 1912년 4월 창립된 재일본동경조선유학생학우회에 그대로 계승되었다.

14) 阿部洋(1974), 〈舊韓末の日本留學(1)〉, 《韓》 3卷 5號, 東京: 韓國研究院, 68쪽.

15) 한시준(1988), 〈한말국권회복기 일본유학생의 민족운동〉, 《한국독립운동사연구》 2, 독립기념관 한국독립운동사 연구소, 5쪽.

16) 유치송(1984), 《海公 신익희 일대기》, 해공신익희선생기념회, 98쪽.

17) 1927년 뉴욕에서는 김도연, 장덕수 등 재미조선유학생들의 모임이 있었다. 한민족 독립쟁취를 위한 혁명당 조직방안을 논의하기 위해서였다. 그들은 모임에서 과거 독립운동을 재검토하고 장래를 전망하면서 민족적 대동단결 방식의 혁명 운동을 구상했다. 혁명당의 주체로서는 대중, 선봉으로서는 지식청년, 유격대로서는 소상공업자를 설정하였는데, 모든 조선 사회 구성원의 구실도 일일이 규정했다. 표면적으로는 문화, 경제, 사회단체로 분립하되 그 배후에는 혁명당이 있어 이를 통제·연락한다는 행동지침도 마련했다[백선기(1986), 〈장덕수·김도연 등의 재미 활동의 단면〉, 《신동아》 4월호, 동아일보사]. 김도연과 장덕수는 일본 유학 출신이기도 했는데, 미국 유학 중에도 민족의 독립을 위해 활동했던 것이다.

하시면서 국가와 민족을 위해 보람 있는 일을 하라고 몇 번인가 말씀하시던 것을 듣고 유학을 결심하게 되었다고 했다.[18] 또한 박승철朴勝喆은 평소 그의 부친과 가까운 사이였던 이상재李商在 선생이 어느 날 "이렇게 한문만 공부하고 있을 때가 아니고 신학문을 배워야 되네. 미국에 가서 10년은 공부를 하고, 또 구라파에 가서도 학문을 배우고 15년 동안은 외국에서 모든 것을 배워 가지고 와야 하네"라고 하여 일본 유학을 결심하게 되었으며,[19] 김준연金俊淵도 경성제일고등보통학교 재학 시절 '호남학생친목회' 모임에서 만난 동경제국대학생 김우영金雨英과 남궁영南宮營의 권유를 받고 제국대학으로의 유학을 마음먹었다고 했다. "일본과 싸우기 위해서는 일본 유학을 해야 하며, 일본의 수재들을 압도하고 동경제국대학에 우수한 성적으로 합격하는 것은 일본 본토를 점령하는 것과 같다"고 생각하게 되었다는 것이다.[20]

그 후 유학권장 분위기는 1920년대에 다시 무르익기 시작했다. 일제의 문화정책으로 언론이 활발해지고, 조선인들에 의한 문화운동 방법으로 교육진흥운동이 일어난 데 힘입은 것이었다. 게다가 문화운동의 하나인 청년회 운동[21]은 이를 더욱 고조시켰다. 1919년 1월 20일 경성의 청년단체 '경성청년구락부'는 기관지 《신청년》을 발행

---

18) 김도연(1967), 《나의 인생백서: 常山 회고록》, 常山회고록출판동지회, 57～59쪽.
19) 김영애(1985), 《秋峰 朴勝喆 一代記》, 서문출판사, 3쪽.
20) 허도산(1998), 《건국의 원훈 朗山 金俊淵》, 자유지성사, 30～31쪽.
21) 조선의 청년운동은 일본 유학 출신인 최남선에서 시작했다. 그는 1908년 《소년》(1908. 11. 1.～1911. 5. 15. 통권 23호)을 발행하였고, 1914년에는 《청춘》을 간행하며 새롭게 태동하는 청년층이 앞으로 민족 활동의 주역임을 역설했다. 또한 《청춘》의 창간호에는 "다 같이 배홉시다 더욱 배호며 더 배홉시다"(《청춘》 창간호, 1914. 10, 5쪽)라는 내용의 글을 실으며, 청년들의 주요한 자질은 교육에서 형성됨을 강조했다.

하였는데, 이를 계기로 청년회 운동이 전국적으로 확대되어 수많은 청년단체들이 나타나[22] 청년들에 대한 사회적 기대[23]도 높아졌다. 각 청년단체들은 문화향상, 실력향상을 목표로 강연회·토론회·야학회·운동회 등을 열어 청년들의 각성과 신교육의 필요성 등을 강조했다.[24] 《동아일보》도 1923년 3월 23일자 1면에 〈구미유학歐美留學을 권勸함〉이라는 사설을 실었다.

일본 문명사를 검토하면 그 진화 발달의 몇 원리가 특출하나 그 중의 하나는 海外留學生制라 할 것이니 신라와 백제가 물질적, 정신적 제반학술을 전한 후로 自勉하여 수, 당, 명에 친히 유학생을 파견하여 仲介를 기다리지 않고 직접 문화 본원지에 나아가 그 寶貨를 探査하여 그 精華를 수입하였으며 명치유신에 있어서는 '지식을 널리 세계에 구할 것'을 흥국의 대책으로 결정하여 영국, 미국, 프랑스, 독일에 끊임없이 유학생을 파견하여 그 文化取來에 寧日이 없었다.…… 명치유신 당시의 일본의 문화 상태와 조선의 그것은 別段의 優劣이 있었던 것은 아니나 금일에 이르러서는 하나는 세계열강에 參伍하여 세계의 운명을 지배하고 하나는 제군이 아는 바와 같은 현상에 처해있다. 환언하면 하나는 하늘에 상승하고 하나는 땅에

---

22) 일본유학생 출신의 《동아일보》 기자 장덕수, 정노식, 김철수 등은 속출하는 청년단체들을 통합하고자 1920년 6월 28일 전국의 청년 지도자 30여 명을 규합하여 '조선청년회연합기성회'를 발족시켰다. 그 후 1920년 12월에는 116개 단체 대표가 모여 '조선청년연합회'를 창립하였고, 1921년 말에는 전국 청년단체가 488개로 늘어나 청년운동의 전성기를 맞이하였다(〈朝鮮社會運動의 去歲, 槪況과 今年의 趨勢〉, 《동아일보》, 1930. 1. 1).
23) 1920년 5월 25일자 《동아일보》에는 '사회 前進의 순책임은 청년에게 있다'며 청년들을 격려하는 기사가 실렸다.
24) 박찬승(1992), 《한국근대정치사상사 연구: 민족주의 우파의 실력양성운동론》, 역사비평사, 225~229쪽.

떨어진 것과 같다.

이 기사 작성자는 일본과 조선의 처지가 메이지유신(1868) 당시에
는 거의 비슷했으나 현재(1923)는 하늘과 땅만큼 달라졌다고 침통해
하고 있는데, 그 원인 가운데 하나로 일본의 해외유학생 제도를 꼽
고 있다. 일본은 "명치유신 이래로 그 문명의 발달을 위해 직접 문
화의 본원지로 나아가 문화를 탐사하고 수입할 것을 결정하여 외국
에 끊임없이 유학생을 파견했기 때문에 세계열강의 반열에 올라 세
계의 운명을 지배하게 되었으나 조선은 그러지 못했다"는 것이었다.
이어서 그는 "기회를 선용한 일본은 개국진취開國進就의 흥운興運에
머무르게 되었고, 조선은 영국보수領國保守의 부운否運에 처處하여 금
일 천만리千萬里의 서로 다름을 초래하였다"고 개탄하면서, 조선도
"사정事情이 허락하는 대로 많은 사람이 구미歐美에 가서 직접 문화文
化를 수입輸入하기를 희망希望한다"고 역설하였다. 특별히 구미 유학
을 권장한 이유는 다음과 같았다.

1. 歐米의 문명은 그 系統이 독특하여 東洋의 그것과는 다른 점이 많다.
   따라서 이를 直接輸入하는 것과 이를 間接으로 輸入하는 것과는 그 結
   果가 크게 다르니⋯⋯ 중국화한 혹은 일본화한 것을 조선에 수입하
   여 조선화하는 것과 본질 그대로의 순수한 구미 문명을 직수입하여
   조선화하는 것과 큰 차이가 있기 때문이다.
2. 文化를 구미로부터 직접 收入하는 것은 그 關係가 당연히 經濟關係를
   구미와 直接 相對하는 것과 같으니 이로 인하여 구미와 교통될 바가
   많아질 것이며 따라서 구미의 事情에 精通하는 경우가 많을 뿐 아니
   라 그 影響으로 朝鮮社會의 改革도 큰 便利를 얻을 것이다.

3. 目下 世界狀態를 觀察하건대 문명의 本源이 구미에 在할 뿐 아니라 活躍의 覇權을 또한 구미가 掌握하였으니 此 事情에 精通치 아니하고 이에 대한 方策을 정하라 함은 暗中에 提案함과 같아 能히 공을 이루지 못할 것이다.

4. 근래 英米가 가장 强大하며 富裕함은 世界各地에 分布한 이유이다. 나는 朝鮮人이 이후로 朝鮮內地에만 머무르지 말고 세계 各方面으로 活躍하기를 希望한다. 그러면 朝鮮人이 장차 무엇으로서 活躍할 것인가 하는 것은 우선 文化輸入으로서 이를 기대할 것이며 留學生으로서 그 先驅를 삼아야 할 것이다.[25]

이 글의 필자는 세계의 패권과 문명의 본원이 구미에 있다고 전제하고, 구미 사정과 세계정세에 능통해야만 조선 사회 개혁의 방책을 정하는 데 유리하다고 주장하고 있다. 그런데 이 기사에서 특이한 것은 1920년대 이전의 유학권장론과 분명한 차이가 있다는 점이다. 1920년대 이전에는 문명개화를 위한 학생들의 유학처를 주로 일본으로 생각했던 것과 달리, 이후에는 구미 유학을 권유하고 있는 것이다. 이는 당시 조선 지식인들이 문명은 단계적 발전과정이 있으며 그 최상의 위치에 있는 문명이 구미 문명이라는 인식 아래 세계정세와 사조에 대한 학문적 고찰을 하기 시작했으며, 그러한 사고를 바탕으로 그들의 공간적 인지 영역도 세계로 확대되고 있었음을 보여주는 사례이다. 그들은 조선이 닥친 문제들을 해결하여 독립을 이루려면 구미 문화의 직수입이 가장 중요한 방법이라고 생각했는데, 이는 당시 조선 사회에 널리 퍼져 있던 문화와 개조라는 구호가 구

---

25) 〈歐美留學을 勸함〉, 《동아일보》, 1921. 3. 23.

미 유학이라는 주제로 드러난 것이다.

그러나 구미 유학은 현실적으로 매우 어려운 일이었다. 먼저 미국 학교의 입학 허가 증명서를 받아 여권 원서와 민적등본, 재정보증서를 첨부하여 소관 경찰서에 제출하고 심사를 받아야만 했다. 이때 해당 경찰서에서는 유학하려는 이의 신분과 사상을 철저하게 조사했으며, 만일 조금이라도 의문점이 보이면 통과시키지 않았다.[26] 이러한 당시 사정 때문에 재미유학생[27]의 증가율은 저조했으나 재일 조선유학생의 수는 꾸준히 증가하고 있었고, 해외 유학에 대한 관심도 다시 일본으로 집중되었다.[28]

---

26) 오천석(1930), 〈미국 유학 안내 요람〉, 《우라키》 유미학생회 10주년기념호, 186쪽. 또한 1924년에 시행된 미국의 신이민법도 유학의 걸림돌로 작용했다. 이 법은 1910년을 기준으로 앞으로는 해당 국가 재미 거류민 수의 3퍼센트만을 추가로 이민이 가능케 한, 수학적으로 말하자면 할당제 법이었는데 실상은 동유럽인과 동양인의 자국 내 편입을 줄이려는 미국 정부의 치밀한 의도에 따라 제정된 일종의 인종차별법이었다〔한승인(1980), 《미국 유학시절의 회고》, 발행처 불명, 184쪽〕. 유학생은 잠시 살다가 돌아가는 학생 신분이므로 신이민법의 적용 대상에서 제외되었지만, 법률의 여파는 그들에게까지 미쳤다. 불법체류의 가능성을 염려한 미대사관 직원들의 심사가 더욱 강화되어, 15세 이상으로 미국 안의 인가된 학교나 대학의 입학 허가를 받았어도 도미의 목적이 학업뿐임을 따로 증명해야만 했다. 어렵게 미국에 도착한 뒤에도 안심할 수 있는 상황은 아니었다. 학업과 병행하여 사업체를 운영하거나 피고용자로 일을 하다 적발되면 바로 추방되었다〔오천석(1930), 위의 글, 192~193쪽〕. 특별한 사정에 따라 당국의 허가를 얻기 전에는 주당 12시간 이상씩 수업을 들어야만 했으며〔오천석(1930), 위의 글, 159~160쪽〕, 학생 신분 유지에 실패해도 사정은 마찬가지였다. 따라서 입학 허가를 얻는 것과 대사관의 심사를 통과하는 것도 힘들었지만, 도미 후 학비 충당이 어려울 것을 알고 계획 단계에서부터 미리 포기하는 경우가 많아 조선 학생들의 유학처는 대부분 일본으로 한정되었다.

27) 홍선표에 따르면 1920년대 전체 재미조선유학생 수는 공식·비공식을 합할 경우 약 350~400명 정도라고 한다〔홍선표(2001. 6), 〈일제하 미국유학연구〉, 《국사관논총》 96, 국사편찬위원회, 167쪽〕.

28) 해외유학생 가운데 일본유학생이 차지하는 비율은 1910년 78퍼센트, 1926년 86퍼센트, 1933년 96퍼센트였다(조선총독부학무국, 《조선교육요람》, 各年版; 조선총

이는 1926년 7월 13일 도지사道知事들과 각도시학관各道視學官들이 배석한 총독부 회의에서 학무국장이 조선인의 일본 유학을 막으라고 한 것을 《동아일보》가 강도 높게 비판하며, 일본 유학의 필요성에 대해 다음과 같이 역설한 상황으로도 알 수 있다.

朝鮮에는 中等學校도 그 收用力이 不足할 뿐 아니라 專門學校 더욱 最高學部라는 京城帝大(1924년 예과, 1926년 본과 개설)로 말하면 여러 가지로 入學에 制限을 받나니 相當히 學業을 修得할만한 사람으로도 입학을 못한다는 것보다 아니 시키는 고로 工夫를 하지 못하는 수가 적지 아니하니 어찌 일본에 가서 공부할 생각이 없기를 바라리오?…… 또는 學資가 없어 苦學을 하는 학생이 동경 등지에 많이 있는 것을 指稱할는지 알 수 없으나 조선의 현재 京城 등지에서는 고학은 殆히 絶望狀態에 있나니 그 대신 그러한 청년이 진행할만한 직업이나 다른 수양방도가 있으면 어느 부분은 고향인 조선에서 지내가기를 勵할 이유가 있을지도 알 수 없으나 그러나 그러한 청년을 修養시킬 敎化機關이 있는가? 하물며 그러한 청년에게 衣食을 줄만한 산업기관이 있는가? 사회적 시설이 있는가? 아무 것도 없다하여도 過言이 아닌 現狀이니 血氣方壯한 그 몸으로 장래 발전하기 위하여 좀 가기 쉬운 일본을 택하여 가는 것은 오히려 그 행동을 讚揚할 바가 있지 아니한가?…… 오인의 견해에 의하면 이와 같은 壓迫과 拘束으로 차 있는 사회에 있는 것보다도 차라리 좀 더 자유스럽고 좀 더 完備되어 있을 뿐 아니라 苦學을 하기에는 어느 편으로든지 조선에 비하여 나은 일본에 가서 배우기를 勵한다. 더욱이 중등학교를 마친 사람들은 될 수 있으면 같은 전문교육을 받으려면 일본에 가서 받는 것이 조선에서 받는 것보다 일반적으로

독부, 《통계연보》, 各年版).

보아서 유리하다고 믿는다.29)

위 기사는 당시 조선과 일본 교육 상황의 가장 주요한 단면을 보여주고 있다. 조선에는 학교가 많이 부족하여 입학이 어렵고 교화 기관이나 산업 시설 등의 형편도 몹시 열악하다는 것, 이와 달리 일본은 학교나 산업 시설이 잘 갖추어져 능력 있는 사람은 고학도 충분히 가능하다는 것이었다. 《조선일보》도 논설 〈유학론留學論〉으로 1926년 7월 13일 총독부 회의를 비판하면서, 일본 유학의 필요성을 다음과 같이 강조했다.

우리가 일본 유학의 필요를 인정하는 것은 교육계가 좀 자유로운 까닭이요, 좀 더 피교육자 본위가 되기 때문이다. 1925년 7월 말의 조사에 의하면 조선 사람이 일본 가서 학업에 종사하는 수가 막대하여 재학자만 하더라도 2,694명에 달한다고 한다. 이와 같이 다수한 학생이 있게 된 것은 종래에는 조선의 교육기관이 불완전하고 또 부족함에도 기인한 바 많겠지마는 또한 중대한 원인은 조선에 있어서의 교육은 피교육자를 본위로 하지 아니하고 어느 일정한 전형 안에 집어넣으려고 하는 것임에 있다.…… 조선에 있어서의 교육은 조선 사람을 일본 사람 만들자는 것이니 그곳에 허위가 없지 아니할 수 없고 또 인간미가 있을 수 없다. 지난 13일 각 도 시학관회의 시에 학무국장으로부터 조선 학생의 일본 유학에 관한 훈시가 있었는데 될 수 있는 대로 그것을 방지하려고 하는 태도를 보인다. 그들이 폐해있다고 우려하는 점은 과연 진정한 것인가? 우리는 그 폐해있다고 하는 곳에 자유사상이 활약할 여지가 있다고 생각하는 바이다.

---

29) 〈학무국의 방침과 일본 유학〉, 《동아일보》, 1926. 7. 17.

위 기사의 필자는 일본 유학의 큰 장점은 자유로운 면학 분위기라고 강조하고 있는데, 이는 당시 조선 교육이 획일적이며 억압적이었음을 반증한다 하겠다. 그런데 위의 두 기사에서 새롭게 발견할 수 있는 점은, 유학권장론이 차츰 유학의 필요성이나 중요성을 말하는 차원에서 벗어나고 있다는 것이다. 1920년대 중반부터 유학 관련 기사의 대부분은 유학 전에 준비해야 할 사항과 유의할 점 등 현실적이고 세부적인 측면의 유학 정보들을 다루고 있다. 이는 재일조선 유학생의 수가 꾸준히 증가하는 상황에서 유학의 필요성을 새삼스럽게 강조할 이유가 없어졌으며, 1910년대에 이미 일본 유학을 경험하고 돌아온 지식인들이 언론매체를 통해 구체적인 유학 정보와 조언을 전달할 수 있었기 때문으로 보인다.

유학과 관련된 개인적이고 실질적인 정보와 조언은 신문보다 잡지에 더 많이 실리고 있었다. 1920년부터 유학생들은 유학생 잡지 《학지광》에 "연령·지력(이해력과 기억력)·기초지식30)·학자學資 이 네 가지 조건을 구비하면 유학의 목적에 달할 수 있다"고 구체적으로 밝힌 바가 있었으며, 《학생》에서도 "덮어놓고 상급 학교만을 동경하지 말고 첫째, 자기 가족의 처지를 생각하고, 둘째, 내 체질과 재능을 생각하고, 셋째, 우리 사회가 지금 내가 되려는 인물을 요구하는가? 또 요구하더라도 어떠한 인물을 더 많이 요구하고 더 급히 요구하는가? 이 모든 것을 숙고한 후31)에 유학을 결정해야 한다"고 충고하기도 했다. 사회적 요구뿐 아니라 개인적인 경제 상황과 학업 능력 등도 유학 결정의 중요한 고려 대상임을 일깨웠던 것이다.32)

---

30) 수학은 정신적 과학, 물질적 과학을 배우고자 하는 이에게 필요하지만, 그 가운데 상공업, 자연과학을 배우려는 이에게 더 필요하다고 하였다.

31) 〈동경 고학의 길-할 수 있는가? 할 수 없는가?〉《학생》 1권 2호, 1929.

일본 유학 출신인 숭실전문교수 최능진崔能鎭33)과 김윤경金允經도
《동광》에 글을 실어 유학을 준비하는 학생들에게 충고를 했는데,
최능진은 유학을 떠나기 전 개인적으로 먼저 자아를 알아야 하고 신
체를 건강하게 해야 한다고 했다. 왜냐하면 자기가 누구인지 알아야
타인과 사회를 알아 그 관계를 깨달을 수 있으며, 자아를 아는 사람
이라야 언어·행동으로 외국인에게 조선인이 어떠한 민족인지 알릴
수도 있고 동정을 끌 수도 있다는 것이다. 또 병약한 자는 금전적
손해보다 공부에 손해를 보게 되고 정신적 타락으로 이어지기 쉽다
고 덧붙였다. 그는 이로써 일 년에 몇 차례씩 이런 주의자가 되다가
저런 주의자가 되다가 아예 번민생이 되어버리는 폐단을 막을 수 있
다고 했다. 그런 다음에는 조선의 현재를 이해하고 개인의 장래를
계획하되 사회적 이상도 확실히 가져야 한다고 하였다. 만약 조선을
떠나기 전에 조선인으로서 가져야 할 이상을 가지지 못했다면 유학

32) 이런 형태의 유학론은 1930년대에도 이어진다. 1934년 3월 5일자 《동아일보》의
〈해외로 유학가는 제군에게〉라는 논설이 그 예다. 이 기사의 필자는 "유학을 중
도에 포기하는 것은 노력의 낭비가 크니 신중한 고려가 필요하다"고 말한다. 이를
위해서는 "첫째, 건강한 신체와 견고한 의지, 둘째, 목적하는 학문의 수득연한까지
의 학비, 셋째, 타지에서의 일상기거에 그리 불편을 느끼지 않을 만한 어학 지식
과 목적하는 학교의 입학시험에 무난히 합격할 만한 학력의 준비, 넷째, 家鄕을 수
만리에 두고 수년을 돌아보지 않아도 괜찮을 정도의 주위의 제사정" 등을 구비해
야 하며, 이러한 준비를 마쳤더라도 "첫째, 一步를 해외에 내놓으면 그 사람의 모
든 행동은 곧 고국의 품위에 관계되나니 언행을 自省하여 한 사람의 행동이 고국
에 누를 끼치는 일이 없도록 할 것, 둘째, 유학 가는 국가의 단점은 버리고 장점
만을 수합하되 그 장점과 그 사회와의 관련을 동시에 정밀히 고찰하여 귀환 후의
응용에 誤錯이 없도록 할 것, 셋째, 유학 가는 국가의 학술뿐만 아니라 그 자연,
풍습 등의 표리와 今昔을 동시에 보아옴으로써 일거양득의 실을 거둘 것, 넷째, 민
족백년의 대계가 어깨에 지어졌으니 고국에 있는 부형과 동족의 원망을 잊지 않
을 것" 등을 당부하였다.
33) 최능진, 〈가옥팔아 유학은 금물〉, 《동광》 18(3권 2호), 1931. 2. 1.

국에 거주하는 조선인과 가깝게 지내면서 그들로부터 조선적 이상을 찾아보라고까지 권하고 있다.

김윤경도 유학을 준비하는 후배들에게, 최고학부 어느 과에 입학하거나 연구하려는 명확한 학업 계획을 가지고 유학을 떠나야 한다고 당부했다.[34] 또한 그는 학비[35]의 예산을 확립하고 전공과목도 확정해야 한다고 했는데, 전공과목을 정하는 데는 당시 조선에서 출판되었던 《일본 유학안내》나 〈동경 각 전문 이상 대학의 학생모집 연합광고지〉를 참고하도록 권유했다. 더불어 김윤경은 도쿄에 도착하면 기독교 청년회관에서 학교 선택과 기숙사 결정에 대한 안내와 도움을 받을 수 있다고 추천했으며, 유학하는 동안에는 학생, 유혹녀, 주인집 여자, 하녀 등의 성적인 유혹을 경계하라고 충고했다. 일본은 집 구조가 안팎이 틔어 있기 때문에 유학의 부산물로 여자까지 얻어 가지고 오게 되는 일이 많기 때문이라고 친절하게 덧붙였다.

그런데 최능진이나 김윤경의 견해에는 다른 일본 유학 선배들의 그것들과 견주어 특이한 점이 한 가지 있는데, 그들은 중등과정의 유학을 반대하고 있다는 것이다. 이는 "조선 사람으로서의 특징적인 문화가 아직 체득되지 않은 상태에서 외국에 나간다면 귀국 후 조선 사회에 대한 지식이 없을 것이며, 진정으로 조선인과 고락생사苦樂生死를 함께 할 수 없을 것"이라는 우려에서 비롯된 것이다. 이처럼 1920년대 조선인들은 일본 유학의 필요성에 대한 원칙론적인 강조에서 차츰 벗어나 실제적인 유학 생활에 대한 조언을 하기 시작하였

---

34) 김윤경, 〈일본에 유학가려는 학생에게〉, 《동광》 18(3권 2호), 1931. 2. 1.
35) 전문학교나 대학이상 학교의 한 달 학비는 50~100원 정도였다. 학비의 내역은 수업료 연액 50~150원, 운동비·교우회비·동창회비 등의 부대비용, 기숙사 월액 3·40원~5·60원, 공설식당의 식료 하루 60전, 1년 노트 20권 10원, 참고서 연액 100원 등이었다(김윤경, 위의 글).

다. 그러나 이러한 실제적 조언에도 해외 유학은 민족적 실력 양성
의 밑바탕이라는 원칙이 항상 자리하고 있었다.

2. 유학생 지원 활동의 강화

사비생은 1920년대에 본격적으로 증가하기 시작하였다. 이에 따
라 고학하는 학생36)도 많아졌으며, 고학이 힘들어 학업을 마치지 못
하고 귀국하는 수도 적지 않았다. 1925년 경우, 도쿄유학생 1,322명
가운데 625명(47퍼센트)이 고학생이었고,37) 같은 해 명치대明治大에
서는 재적 조선인 유학생 224명 가운데 2백 명이 수업료 체납 때문
에 제명되기도 했다.38) 고학생의 폐학 사태39)가 일본 유학의 주요

---

36) 고학생 조직은 1905년 이후 사비생이 유학생의 대부분을 차지하게 되면서부터
　　조직되었다. 1907년 苦學生同盟(조선고학생동맹회)은 정부의 학비 송금이 끊겨 폐
　　학하게 되자 이를 유감으로 생각한 관비생들이 만들었다. 그들은 麴町2丁目15번지
　　에 사무소를 세워 유지대가들에게 어느 정도의 보조금을 부탁하였고, 그 행동강령
　　으로 "1. 본회원은 졸업하기 전에는 죽어도 돌아가지 않을 것을 목적으로 한다. 2.
　　본부는 고학생의 생사고락을 동맹한다. 3. 찬성금은 본부원의 약간의 학비 及 병
　　비로 쓴다"고 정하였다. 회원이었던 명치 법률학교 2학년 엄주일의 경우, 학교에
　　서 그의 결심에 동정을 표시하고 학비를 전부 貸費하여 주기도 하였다(〈韓國留學
　　生の苦學同盟會〉, 《敎育界》, 1903. 7. 3). 1915년 新中俱樂部(《학지광》5, 1915. 5.
　　2, 64쪽), 1917년 동경조선고학생동우회, 1921년 형설회(1921) 등이 그것이다.

37) 내무성경보국(1925), 〈在京朝鮮留學生槪況〉[박경식(1975), 《在日朝鮮人關係資料集
　　成》(이하《집성》) 1, 337쪽]. 그러나 《조선일보》 1926년 6월 17일자 〈在東京朝
　　鮮苦學生合宿所期成會組織〉 기사에서는 재일조선유학생의 수가 약 3천 명이며, 그
　　가운데 고학을 하는 학생이 2천7백 명이라고 보도하고 있다.

38) 박기환(1998), 〈近代日韓文化交流史硏究-韓國人の日本留學〉, 대판대 박사논문, 89
　　쪽. 1924년 《조선일보》에 실린 다음의 기사는 이러한 상황을 잘 알려주고 있다.
　　기사 내용은 다음과 같다. "일본 동경에 있는 사립대학 중에 일본 明治大學 같은
　　데는 더욱이 조선 학생이 많이 유학하는 중인데, 그 중에는 학적만 두고 실제로는

한 문제로 나타나자, 일본 유학 선배들은 "고학생은 늘 자기의 주변 사정에 반역하여 나갈 것임으로 정신상으로 육체상으로 늘 피곤한 사람이며, 주변 환경에 타협하기 쉬운 사람인데, 이것이 실패의 큰 원인인 것을 잊어서는 안 된다"며, 도쿄에서 고학하려는 학생들에게 특별히 다음과 같이 당부하였다. "첫째, 고등보통 5년을 졸업하고 갈 것, 둘째, 자기의 나아갈 방면을 확정하고 중도에 고학은 그만둘지 언정 방면은 고치지 않겠다는 결심을 가질 것" 등이었다.[40]

1920년 초 도쿄 유학비용은 한 달에 보통 50원 정도(하숙비 20원, 수업료 10원, 도서비 10원)가 들었다. 고학생들은 현지에서 그만큼의 수입을 얻기가 힘들었으므로 보통 여러 명이서 방 하나를 얻어 같이 살았고, 수업도 권위 있는 학교 대신에 정칙영어학교正則英語學校나 연수학관研修學館에서 영어와 수학을 익히는 데 그치는 경우가 많았다. 이 때문에 이들은 학비를 충당하려고 대개 신문이나 우유배달을 하였으며, 더러는 인삼 봉지를 들고 가정방문을 하거나, 일정한 직업 없이 자유노동(인력거꾼 등)을 하면서 학업을 이어가기도 했다.[41]

학교에 상학하지 아니하는 이 많이 있으며, 겸하여 그 중에는 수업료를 내지 않은 학생이 많이 있는 중인데 진재 후로는 學敎 校舍가 좁음으로 인하여 정리 상 필요가 있어 금번에는 그러한 학생은 단연한 퇴학 처분을 하기로 되었다는데 일본대학에는 벌써 백여 명에 달하였다고 하는바 수업료를 내지 못하는 고학생들이나 학교에 잘 다니지 않은 학생들은 공황 중이라더라"(〈在日苦學生의 恐慌-수업료를 체납하는 자는 퇴학〉,《조선일보》, 1924. 6. 19).

39) 1920년 이전에도 유학생의 중도 폐학 사태는 심각한 수준이었다. 예를 들어, 1881~1919년에 많은 유학생들이 재학했던 명치·조도전·경응의숙 등의 학적부를 보면, 중퇴자가 각각 62퍼센트, 51퍼센트, 84퍼센트로 세 학교의 평균이 66퍼센트를 웃돌았다. 학적부에는 '月謝滯納·授業料未納·無屆缺席·長期缺席·家事都合·一身上의 都合·病氣·不受驗' 등의 중퇴 사유들이 적혀 있는데, 가장 많은 경우는 학자금의 부족 때문이었다[박기환(1998), 위의 책, 89쪽]. 이러한 폐학 사태는 고학생이 크게 증가했던 1920년 이후 더욱 늘어났다.

40) 〈동경고학의 길-할 수 있는가? 할 수 없는가?〉《학생》1권 2호, 1929.

1925년 10월 현재 도쿄에 살고 있는 고학생 625명(미입학자 포함)의 직업은 행상 216명(34퍼센트), 신문배달 174명(27퍼센트), 인부(시구 역소·부흥국·일총·체신성·공장잡역) 109명(17퍼센트), 직공(과자·제본· 조선소·자동차타이어 수선·악기제조·전구제조·제철소·제침) 59명(18퍼센트), 사무원 30명(5퍼센트), 인력거 12명(2퍼센트) 순이었다.[42] 고학생들은 "아침부터 저녁까지 약가방을 들고 이 집 저 집의 문을 두드리거나, 학생복을 벗어 놓고 배달부복을 입고 방울을 차고 신문을 옆에 끼고 이 집 저 집의 문간을 향하거나, 인력차를 끌며 조센진 소리를 들으면서 할 일을 다하여 1개월에 10원 내외"를 벌 수 있었는데, 그것으로 "밥 사 먹고 옷 사 입고 월사금 내고 책 사 보고 전차비 내고 그 밖에 모든 방면에 살려니까 10리 먼 길을 조석으로 도보하는 것, 한 벌 옷으로 한 계절을 넘기는 것, 월사금을 못 내어 퇴학당하는 것" 등은 다반사였다.[43]

고학생들에게는 숙소 문제를 해결하는 것도 어려운 일이었다. 1921년 일본인 부호 구마모토 리헤이熊本利平가 조선유학생들의 숙식 문제를 해결해 주겠다며 도쿄에 보인학사를 설립하자 유학생들 가운데 일부가 "조선의 재정공황과 동경의 현시 물가 등귀에 도저히 유학할 수 없으니까 여기에 눈알이 붉어져서 이를 찾으려고 하기"도 했다.[44] 또 1923년 동양협회 안에 유학생 독학부라는 기숙사가 생겨 그 곳을 유학생들이 자치적으로 관리하게 되자 고학생들은 이곳

41) 김을한(1986),《實錄 동경유학생》, 탐구당, 52쪽.
42) 내무성경보국(1925),〈在京朝鮮留學生槪況〉《집성》1, 336~337쪽.
43) 1921년에 박춘파는 도쿄 유학비가 1개월에 약 60원 정도 드는데, 그 가운데 식비가 25~26원, 방세가 5~6원, 학비가 5~6원, 교통·교제·책비가 20원 등이었다고 회고하였다(박춘파,〈유학하는 우리 형제의 현황을 들어써〉,《개벽》9, 1921).
44) 고영환,〈忍耐力의 修養〉,《학지광》21, 1921. 1. 31, 47쪽.

에 들어가려고 싸움질까지 했으며, 이를 계기로 독학부에서는 그 토
지를 팔아 땅값이 싼 곳에 기숙사를 많이 지으려 하기도 했다.[45]
1925년 10월에는 고학생 단체인 형설회 회원들이 어렵게 마련한 숙
소를 화재로 잃어버리게 되었는데,《조선일보》는 그 화재 소식을
다음과 같이 보도했다.

> 그 회원들은 굶는 중에 한끼를 더 굶으면서라도 돈을 모아 가지고 또는
> 기타 뜻있는 자의 동정으로 적지 아니한 돈을 모아서 금년 봄에 동경 府下
> 戶塚町 215번지에 집 한 채를 셋집으로 빌어가지고 다수한 고학생이 한곳
> 에 모이어 죽이 되나 밥이 되나 自炊를 하면서 지내왔으나 그 역시 세금을
> 낼 수가 없어서 朔風雪寒의 엄동을 멀지 아니한 앞에 두고 그 집에서 나가
> 게 되었음으로 그들은 난폭한 집주인을 백방으로 달래어 그 날을 겨우겨
> 우 넘기어 오던 중 아! 이 무슨 악마의 장난이랴? 지난 15일 오전 2시 경
> 에 그 이웃집에서 불이 일어나서 부근 일대가 불바다가 되는 바람에……
> 그들은 불의의 송장이 될 뻔하였을 뿐 아니라 피와 눈물이 엉킨 책과 의
> 복가지와 솥 그릇이 터무니도 없이 타버렸으며 다행히 목숨만 부지한 그
> 들은 둥우리를 잃은 새 모양으로 밤중에 길거리로 나와 허둥대던 그 광경
> 도 참혹스러웠을 뿐 아니라 이역풍토에서 설움 많은 사람을 위하여 한술
> 의 국물이나마 끓이던 솥 그릇개가 모진 불에 타고 남은 부시럭이의 산란
> 한 그 현장, 지나가는 사람의 발을 멈추게 할 때에 목석이 아니면 뉘라서
> 눈물을 흘리지 아니하리요.[46]

---

45) 〈독학부기숙사 그 땅을 팔아서 부하에다가 넓혀짓는다〉,《동아일보》, 1923. 5. 10.
46) 〈몸 둘 곳이 없는 螢雪會員 기구한 慘狀을 將奈何—삭풍 설한을 앞에 두고 굶는
   끝에 얼어죽을 판, 밥 짓는 솥까지 불 속에〉,《조선일보》, 1925. 10. 21.

이처럼 고학생들의 생활은 힘겨웠고, 그에 비례해 중도에 폐학하는 사례도 많았다. 그러자 조선인들은 고학생에게 조언하는 것을 넘어서 구체적으로 그들을 후원하기도 했다. 1923년 일본 열해선 공사지에서 일하던 조선인들은 형설회원들이 찾아오자 의연금을 모아 전달했고, 기숙사에 금침衾枕 한 벌을 마련해 주었다.[47] 1925년 12월에는 재일본해주학생학우회在日本海州學生學友會에서 특파원(유현劉鉉)을 조선에 파견하여 교육보급회를 조직하도록 하고 그 회의 경비로써 도쿄에 있는 고학생들에게 도움을 주고자 했으며,[48] 1926년 6월에는 도쿄에 살던 조선인 김병상金柄相 외 제씨 유지들이 재동경조선고학생기숙사기성회在東京朝鮮苦學生合宿所期成會를 조직하여 고학생들을 찬조했다.[49]

동포 조선인들은 고학생뿐만 아니라 전체 유학생들도 지원했다. 1923년 도쿄에서 진재震災[50]가 일어나 그곳에 유난히 많았던 유학생들이 곤란에 처하자, 그해 9월 2일 《동아일보》는 도쿄에 특파원을

---

47) 〈螢雪會에 感淚의 同情, 일본 열해선 공사지에 있는 동포가 고학생에게 뜨거운 동정으로 원조〉, 《조선일보》, 1923. 3. 22.

48) 〈在日滿洲學生 古學生救濟策討議〉, 《조선일보》, 1925. 12. 15. 朝(1)

49) 〈在東京朝鮮苦學生 合宿所期成會組織〉, 《조선일보》, 1926. 6. 17. 동회의 임원은 다음과 같다. 회장: 김병상, 총무: 최제익, 서무: 김자평·조병화, 사교: 김병상·조병화, 경리: 김자평·노원칠, 조사: 최제익·문찬규, 평의: 채두병·이영찬·정국현·노원칠·문찬규.

50) 1923년 관동대진재로 수많은 조선인 유학생들이 일본인에게 무고한 사상을 당하자 일본유학생이 크게 줄어들었다. 이 사건의 영향으로 일본 유학은 대지진 발생 전후로 3,222에서 992명으로(〈日本朝鮮留學生狀況〉, 《동아일보》, 1924. 9. 27) 한꺼번에 줄었지만, 이 기간에도 조선인 학생들은 대상 국가를 바꾸어 대거 유학의 길을 떠났다. 이 때문에 일본이 아닌 다른 국가로의 유학은 이때 한동안 절정을 이루었다(〈北京留學生〉, 《동아일보》, 1924. 6. 12). 이후에는 구미 국가로의 유학이 크게 감소하고, 다시 일본 유학이 급격히 늘어 1926년에는 3천여 명에 이르는 등 이전 수준을 회복하였다.

파견하여 "일각이라도 속히 조선인들의 안부를 전하고자" 하였고, 9월 6일에는 〈조난동포遭難同胞를 회懷함〉이라는 사설을 발표하는 등 유학생들에 대한 구호 활동을 펼쳤다.

> 동경에 재류하는 남녀 학생 2,000여 명 중 하기휴가로 귀국하였다가 다행히 아직 본국에 있는 이도 있으나 그것은 9월 10일 이후에 개학하는 전문학교 이상의 학생들뿐이요, 그 밖에는 9월 1일 이전에 이미 동경에 돌아갔을 것인즉 이번 재변을 동경에서 당한 우리 유학생만 하여도 1,500~1,600명 이상은 될 것이다. 그 중에는 중등 정도 이하의 소년들도 있고 보호할 자 없는 여학생도 있을 것인즉 그들이 어떻게 이 혼란 중에 지내는지 모르겠다. 원컨대 한 사람도 사상함이 없을 지이다. 이들은 조선의 주인이 될 사랑하는 우리 형제자매이며…… 우리는 본국에서 울고 있는 그네의 부모와 함께 울고 함께 축도할 뿐이다.…… 동포야 우리는 이제 울고만 있을 때가 아니다. 우리는 저 피가 흐르고 기아에 우짖는 동포를 구제하기 위하여 일어나야 할 것이다.…… 9월 5일에는 경성에 있는 일본유학생들이 조난동포 구제 문제를 위하여 대회를 한다 하니 그 회의 결과가 성공이기를 바라거니와 이것은 결코 유학생만의 일이 아니요, 진실로 조선인 전체의 일인즉 가장 인구가 많은 경성부민을 머리로 하여 일대 구제 운동을 속히 개시하여야 할 것이다.

국내에서는 9월 19일에 《동아일보》 주관으로 '동경이재동포구제회東京罹災同胞救濟會'가 결성되었는데, 주요 도시마다 각 지부가 생겨나 1원 이상 기부한 사람을 회원으로 가입시켰다.[51]

---

51) 〈一回震災救護資金千六百萬圓支出〉, 《동아일보》, 1923. 9. 19.

일본에 있던 조선인들도 유학생들 구제에 나섰다. 오사카에서는 누가 발의하기도 전에 구제의연금이 답지했으며, 그곳의 조선인 부호들도 모여 구제책을 논의하였다. 도쿄에 있던 조선인들도 '이재동포위문罹災同胞慰問'을 기치로 내걸고 모금운동을 벌여, 국내 모금을 담당했던 동아일보사와 같이 2천여 원을 이재자罹災者들에게 기증하였다. 또한 재동경조선기독교와 천도교 두 청년회 간부들의 발기로 '조선인 학살사건 조사회'도 만들어졌다.[52]

이처럼 1920년대 조선 사회는 일본 유학권장론을 진전시켜 나갔을 뿐 아니라 유학생들의 실제 생활을 지원하기 위한 각종 활동을 전개함으로써 유학생들을 응원하는 한편, 지속적으로 유대 관계를 강화해 나갔다.

---

52) 독립운동사편찬위원회(1984), 《독립운동사자료집》 별집 3(재일본한국인민족운동자료집), 30~31쪽.

제2절 조선총독부의 문화정치와 유학생 후원 정책1)

　러일전쟁(1905) 이전 대다수 일본인들은 조선에서의 우위권을 확보하고자 하였고, 그 방법의 하나로 조선 학생들을 자신들이 개화시켜야 한다고 생각했다. 일본 유학을 이용해 그들에게 친일의식을 심어주려 한 것이다. 그러나 이와 같은 정황은 1905년을 고비로 달라지기 시작했다.

　러일전쟁의 승리로 동아시아에서 기선을 제압한 일본은 그 여세를 몰아 조선 침략을 본격화했고, 이에 조선 학생들의 반일감정도 나날이 높아졌기 때문이다. 따라서 유학을 억제하는 것이 조선 통치에 더 유리하다는 쪽으로 일본의 태도도 자연스럽게 달라졌다. 이는 1907년 3월 7일에 유학 관련 여러 절차들로 법제화되었는데, 이 법은 1911년 6월 27일에 더 까다로운 절차로 개정되어 1910년대 후반까지 이어졌다.

　그러나 1919년 3·1운동 발생을 계기로 조선총독부의 유학 억제책

1) 제1장 제2절은 〈1920년대 일제의 재일조선유학생 후원 사업과 그 성격〉(《한국교육사학회》 30권 1호, 한국교육사학회, 2008. 4)으로 발표된 논문을 수정·보완하였다.

에 변화가 일어났다. 일본 안에서 제기되었던 조선 식민정책에 대한 다양한 비판들을 바탕으로 조선 통치의 기본 방침이 강압적 무단정치에서 자발적 동화를 유도하는 문화정치로 바뀌자, 유학 억제책도 완화하는 방향으로 수정되었던 것이다. 이에 조선총독부는 1920년 11월 6일, 사비생에 대한 각종 유학 절차를 완전히 철폐하는 등의 내용이 담긴 유학 규정을 발표했으며, 2차 조선교육령(1922. 2. 4)으로 조선에도 일본과 같은 학제를 마련하여 관비생·사비생 모두 유학 기간을 줄일 수 있도록 하였다.

일제는 조선총독부 주관으로 소수 관비생을 선정하여 유학을 후원하던 이전의 방식을 변경해 사비생 유학 절차를 모두 자율화했으며, 유학 중인 모든 학생을 조선총독부 학자금 후원 사업의 대상으로 상정했다. 후원 사업의 내용은 학교 선택, 학자금 지급 등의 교육 지원뿐만 아니라 고학생에게 일자리와 숙식 등을 제공하는 생활 안정 지원으로 강화하고, 시행 주체도 조선총독부 이외에 조선인 관련 교화사업 기관, 곧 관민 교육사업 단체나 사회사업 단체로 확대했다.

한편으로는 유학생 통제를 더욱 강화했다. 일제는 유학생들의 입학난과 취직난, 고학생들의 반일 세력화 등 사회문제가 발생하는 상황에서, 유학생 포섭의 규모와 정도를 확대·심화시킴으로써 배제의 범위를 축소시키는 전략을 구사했던 것이다. 결국 일제의 재일조선 유학생 후원 사업은 교화敎化와 형정刑政이라는 일제 식민지 지배체제의 기본적 두 방편을 모두 고려한 양면 정책의 하나였다. 그러나 이러한 일제의 유학생 정책은 유학생이 급속히 증가하는 계기가 되었다.

1. 유학생 후원 정책의 전사前史

조선통감부 설치(1905) 이전, 일제는 조선 정부에 조선인들의 일본 유학을 적극적으로 요구했다. 실제적으로 개항(1876) 직후인 1877년 대리공사代理公使로 부임한 하나부사 요시타다花房義質는 예조판서 조녕하趙寧夏에게 '유학생 파견 추진의 서한'을 보내, 의술醫術, 기기機器, 군수軍需, 측량測量 등을 학습하기 위한 진사縉紳 자제의 일본 파견을 제의했으며,2) 김홍집金弘集은 수신사로 일본을 사행할 때 외무경外務卿 이노우에 가오루井上馨으로부터 일본어 학습을 위한 유학생 파견을 권고받았다.3) 또한 하나부사 요시타다는 1881년 1월 10일 김홍집에게 "조선 정부에서 군사 공업을 전수할 학생을 파견한다면 일본 정부에서 학교를 알선해 주겠다"고 제안했으며, 12일에는 영의정 이최응李最應에게 서한을 보내 유학생 파견의 결행을 촉구하기도 했다.4)

그 후 갑신정변(1884)으로 중단된 유학생 파견은 갑오개혁(1894) 때 다시 논의되었다. 1894년 7월 일본 공사 오토리 게이스케大鳥圭介는 조선 내정개혁을 요구한 내정개혁안 제5조에서 학생 가운데 준수한 자를 뽑아 외국에 유학시킬 것과 이를 2년 안에 실시할 것을 강력하게 권유하였고, 1894년 11월 그와 교체된 이노우에 가오루井上馨도 이 문제를 연이어 제기했다. 이에 따라 20개조로 된 내정개혁 강령 가운데 "인재를 양성하고 각 과목을 연구하기 위해서 일본으로 유학생을 파견해야 한다"는 조항이 들어갔고, 유학생 파견은 재개되

2) 팽택주(1969),《明治初期日韓淸關係の硏究》, 東京: 搞書房, 340쪽.
3) 송병기(1985),《근대일한관계사연구》, 단대출판사, 141쪽.
4) 김정명(1966),《日韓外交史料集成》2, 東京: 巖南堂書店, 47~50쪽.

었다.5) 결국 1895년에 학부대신 이완용李完用과 후쿠자와 유키치福澤
諭吉는 유학생 파견 협약을 체결하였다.6)

이처럼 당시 일제가 조선인의 일본 유학을 권장한 까닭은 조선에
서 우위권을 확보하는 일이 매우 중요했기 때문이다. 일제가 동아시
아로 진출하려면 그 디딤돌인 조선 친일세력의 도움이 꼭 필요했다.
1894년 청일전쟁 승리 직후 일본 《교육시론》에 발표된 다음 글은
이러한 일제의 의도를 잘 드러내 준다.

> 조선의 國勢는 어떠한 인재를 양성하는가에 있고, 이것이 일본에 유학
> 생을 파견하도록 권고하는 이유이다.…… 이들이 유학을 마치고 돌아가서
> 는 내각의 고위를 점하고 국정의 기밀에 참여하고 각종 의무에 종사하므
> 로, 조선 교도의 대임을 맡은 일본으로서는 조선유학생 교육에 심려를 다
> 해야만 한다. 그러나 조선의 유학생이 지식을 개발하고 구미 전래의 과학
> 적 지식을 습득하는 것은 순리이지만, 동시에 그들에게 일본 國制를 외경
> 하는 정념을 야기하는 것을 잊어서는 안 된다.…… 그러므로 조선유학생
> 을 지도하는 것은 열국의 대세, 약육강식의 실상을 알려서 그들의 식견을
> 넓히고, 만약 조선이 은둔하고 고지식하다면 국가의 장래는 없을 것이므
> 로 일본이 조선을 위해서 적지 않게 노심초사하고 있으니 장래에 일본과
> 서로 제휴하여 국외의 세력을 제압하지 않는다면 조선의 독립은 도저히
> 기약할 수 없을 것이라는 것을 알리는 것이다.7)

---

5) 최덕수(1996), 〈개화기 일본의 조선인 유학정책의 성격〉, 《국사관논총》 72, 국사
  편찬위원회, 288~289쪽.
6) 이 협약의 내용과 이행 정도에 관해서는 차배근(2000), 《개화기 일본 유학생들의
  언론출판 활동연구》 1, 서울대학교출판부, 64~69쪽 참조.
7) 〈朝鮮留學生の前途如何〉, 《敎育時論》, 1895. 9. 15.

위의 글은 일제가 조선인 개화에 앞장서야 할 의무가 있으며, 그에 따라 조선인들의 일본 유학을 권장해야 한다고 주장하고 있다. 조선인이 일본에서 유학하는 동안 일본에게 호의를 가지고 일본과 협력에 대한 필요성을 절감하도록 해야 한다는 것이다.

이러한 견해는 을사늑약(1905. 11. 乙巳保護條約, 第2次韓日協約) 직전까지 이어졌다. 1905년 6월 일본《중앙공론》에 실린 조선인 일본 유학 관련 기사의 필자는 당시 경성에 대학을 설치해야 한다는 의견에 반대했다. 그 이유는 조선인의 고등교육만큼은 일본에서 실시해야 원래 유학留學을 좋아하는 조선 학생들이 일본으로 한꺼번에 건너올 것이고, "일한日韓의 화친은 공고해질 것"이라고 생각했기 때문이었다.[8] 이처럼 1905년 이전 일본인 사이에서는 조선인들의 일본 유학을 적극 권유하고 권장하는 분위기가 대세였다. 유학 기간 동안 친일감정을 느끼게 하여 이들을 친일세력으로 키우는 일이 그만큼 절실했던 때였다.

그러나 일제가 일본 유학을 권장하던 분위기는 을사늑약을 기점으로 급변했다. 아관파천(1896) 이후 거의 중단되었던 일본 유학은 1905년을 전후한 시기 교육진흥운동에 따른 사비 유학생들의 증가로 활기를 띠게 되었고, 동경부립제일중학교東京部立第一中學敎 유학생(한국황실파견유학생) 동맹 휴학사건(1905. 12), 국화인형 전시회사건(1906. 10), 조도전대학 모의국회사건(1907. 3), 동경권업박람회 한인 장치사건(1907. 3), 고종황제퇴위 반대운동(1907. 7), 국채보상운동 참여(1907), 한국병합논의 반대운동(1909. 9) 등이 연이어 일어났다.[9] 러일전쟁의 승리로 동아시아에서 기선을 제압한 일제는 조선

---

8) 〈韓國學生をして日本留學の氣風を昌ならしむ可し〉,《中央公論》, 1905. 6.
9) 김기주(1999. 2), 〈한말 재일유학생의 민족운동〉,《순국》 8, 순국선언유족회, 23

침략을 본격화했으며, 조선유학생들의 반일감정과 반일활동도 날마
다 증폭되었기 때문이다.

반일 정서의 크기는 교육의 정도와 비례한다[10]고 인식한 일제는
이때부터 조선인의 일본 유학을 전면적으로 막아야 한다는 쪽으로
태도를 바꾸었다. 명분은 유학생들의 학습 능력이 부진하다는 것에
서 찾았다. 곧, 1907년 구한국 정부가 80명의 학생들을 일본에 유학
시키려는 정책을 "다액의 국비 낭비"[11]라고 깎아내렸고, 1912년 총
독부 기관지 《매일신보》를 통해 조선 학생의 유학은 "돈과 시간의
낭비"[12]에 지나지 않는다고 주장했다. 그래도 꼭 유학을 가려면 실
업 쪽을 전공하라고 덧붙였다. 당시 일제의 일본 유학권장론은 거의
사라졌다.

한편으로 일제는 이미 유학 중에 있는 조선인 학생들에 대한 단
속을 강화했다.[13] 일제는 1905년에 그동안 일본에서 유학생 감독을

~26쪽.

10) 실제로 이러한 상황이 조선에서 일어남에 따라 일본의 식민지 교육정책을 연구한
Tsurumi는 "일본의 식민통치 시기 대만인에게 있어 교육은 신분 상승을 뜻하였고,
조선인에게 있어 교육은 반일자가 되는 것을 의미했다"[E. Patricia Tsurumi(1984),
"Colonial Education in Korea and Taiwan", *The Japanese colonial Empire 1895~1945*,
Princeton University Press, 302쪽]고 평가했다.

11) 〈무익한 유학생〉, 《경성신보》, 1908. 2. 29

12) 〈조선유학생〉, 《매일신보》, 1912. 11. 27.

13) 을사늑약 직전부터 일제는 "근래 청한淸韓 유학생의 수가 차츰 증가함에 따라서
입학하려는 사립학교도 적지 않으므로, 문부성文部省에서는 이들 학생들의 취체
규칙을 제정해서 발표 실시할 예정"(〈淸韓留學生取締規則〉, 《敎育時論》, 1905. 9.
5)이었다. 1905년 11월 을사늑약으로 조선의 외교권을 강탈한 일제는 문부성에서
"일찍이 이들 유학생 취체에 관한 규칙을 제정하겠다고 말하였지만, 이들에 대한
감독은 이들 나라의 공사나 외교관이 처리하는 형편으로 오늘까지 그 제정을 미
루고 있었다. 그러나 그들의 현상이 더욱더 나빠져 만약 그것을 방관한다면, 그
폐해가 늘어나 일본 학생 사회에까지 끼치게 될 것을 우려하면 그냥 내버려두기
가 어려움으로 이 정도에서 이들 유학생에 대한 취체 규칙 제정에 착수했다"(〈留

담당했던 구한국 정부의 주한공사관을 없앴다. 대신 공사관 안에 유학생 기숙사를 지어 약 50~60명의 조선인 관비생들을 수용하고 철저히 감독했다. 이어 1907년 3월 7일에는 모두 22조로 이루어진 '학부소관일본국유학생규정學部所管日本國留學生規程'14)을, 1908년에는 그 개정안을 공표함으로써 관비생의 선발과 사비 유학의 절차·감독에 관한 여러 사항15)을 법제화했다. 이에 따라 "유학생은 유학 중 유학생 감독의 지휘감독을 받아야(제4조)"했으며, 유학생 감독은 학부대신의 지휘 아래 관비생은 말할 것 없이 사비생에 대해서도 일본에 도착할 때부터 귀국할 때까지의 행동을 감시해16) 그 내용을 매년 3회 보고서로 제출해야 할 의무(제20조)가 있었다.

그 뒤 조선을 병합(1910. 8. 22)한 일제는 이 규정을 계승하여 '조선총독부 유학생규정'17)과 '유학생감독규정'18)을 제정했다. 이 규정은 관비생에 대해서 '내지유학內地留學을 필요로 하는 학술기예學術技藝'인 실업 교육으로 유학할 수 있는 학과와 분야를 한정하고,19) 사

學生と取締規則〉,《敎育界》, 1905. 11. 3)고 밝혔다.

14) 〈學部所管 日本國留學生規程〉學部令 3號,《統監府官報》, 1907. 3. 7.

15) 일본은 1906년 일본공사관 서기관이었던 한치유를 유학생 감독으로 임명하였고, 1911년부터는 조선총독부 유학생감독부를 일본에 설치하여 한국인 감독 말고 일본 문부성 보통학부 국장을 추가로 임명하였다. 한국인 감독으로는 1914년 6월까지 이만규, 이후에는 서기은이 맡았으며(박경식,《集成》 1, 東京: 三一書房, 1975, 48쪽), 일본인 감독으로는 1912년 2월부터 1919년 4월까지 육군 헌병대위인 다치하라 기치타로立川吉太郎와 아라키 스테사쿠荒木捨作가 맡았다(朝鮮敎育會,〈朝鮮敎育會 獎學部 一覽〉, 1935. 3).

16) 1907년 유학생규정을 제정한 뒤, 일제가 가장 먼저 한 일은 일진회 파견 유학생들의 단지사건(1907)과 관비생의 품행에 대한 제재였다(〈韓國留學生の取締〉,《同仁》, 1973. 10).

17) 〈朝鮮總督府 留學生規程〉府令 78號,《朝鮮總督府 官報》, 1911. 6. 27.

18) 〈朝鮮總督府 留學生監督規程〉訓令 59號,《朝鮮總督府 官報》, 1911. 6. 27.

19) 병합 초기 관비생 수는 매해 50명 정도였다. 농수산 분야가 20명, 공업과 의학

비생은 유학 절차를 어렵게 만들어 일본 유학을 막으려는 것이었다. 사비생은 유학 전에 입학할 학교, 이수학과, 출발과 입학 시기를 갖춘 이력서를 지방장관을 거쳐 조선총독부에 신고(제17조)해야 하고, 일본에 도착한 뒤에도 유학생 감독이 입학할 학교, 학과와 거주지 등이 적당하다고 인정해야만 입학 절차를 밟을 수 있었다(제18조). 더욱이 이 조항은 1911년과 1913년의 개정을 거쳐[20] 면장의 증명이 있는 보증인 보증서를 첨부하는 내용이 더해졌으며, 이는 1910년대 후반까지 이어졌다. 1910년대 사비생은 일본 학교에 입학하려면 면장, 지방장관, 조선총독부, 유학생 감독이라는 4단계의 승인을 거쳐야만 했다.

이처럼 일제는 유학생 관련 사안, 곧 그들의 반일 활동을 다른 무엇보다 예민하게 고려하고 있었는데, 그 정황은 조선총독의 행보로도 알 수 있다. 조선 최초의 총독 데라우치 마사타케寺內正毅는 조선으로 부임하기 직전 유학생들을 자신의 관저로 불러 그 행동에 세심한 주의가 필요하다는 취지의 연설을 했다.[21] 또 부임 직후에는 일본 유학을 계획하고 있는 학생의 학부형들을 상대로 "일본의 물가가 뚜렷이 올라서 조선의 학비보다 매우 비싸므로 앞으로 더 각오를 해

분야 각각 10명 정도였다. 1915년부터는 규모가 전반적으로 축소되어 사비생은 외국인 특별입학규정을 적용받을 수 없게 되었고, 진학을 원할 때는 일본 학생들과 경쟁해야만 했다. 따라서 전문학교나 대학에는 입학하기가 힘들었으며, 대부분 본과생이 아닌 특별생이나 청강생으로 수업하는 경우가 많았다[김근배(1996), 〈일제시기 조선인 과학기술인력의 성장〉, 서울대 박사논문, 58~61쪽].

20) 〈留學生規程 改正〉府令 43號, 《朝鮮總督府 官報》, 1913. 4. 22.

21) "寺內總督은 오는 7일 조선에 歸任하게 됨으로써 지난 4일 官費朝鮮留學生을 永田町의 관저에 초대하여 면학에 노력하여 나쁜 感化를 받지 않을 것과 졸업 후 사회에 나가서 나라에 충성을 다할 것 등에 대한 일장 교훈을 한 뒤에 만찬회를 개최했다"(〈總督と留學生〉, 《教育時論》, 1911. 5. 15)는 기사로 알 수 있다.

야만 하니 되도록 조선의 학교에서 면학함이 편리할 것이다"[22]라는 훈시를 했다.

1910년대 일제는 조선 학생들의 일본 유학을 억제하는 것이 반일 사상 증가를 막는 가장 효과적인 대책이라고 여겼다. 조선의 동화는 우민화 교육을 바탕으로 하는 것으로만 구상되었다. 이에 따라 1910년대 일본의 유학 후원 사업은 최소한의 관비생을 유지하는 정도로만 실시되었다.[23] 당시(1911. 10. 1~1921. 2. 12) 총독부 학무과장學務課長 유게 고타로弓削幸太郎의 다음 글은 이를 요약적으로 표현해 주고 있다.

조선교육령 실시 당시 內地에 유학 중인 자는 관비생 50명 사비생 약 5백 명을 헤아린다. 이들 사비 유학생 중에는 상당히 과격한 사상을 소유하는 자가 많고 내지 유학 중에는 시종 경찰의 미행을 받는다는 자들도 적지 않았다. 이들 청년도 한번 歸鮮하여…… 총독부 학무국의 중개로 취직함과 동시에 穩健한 인물로 바뀌었지만 그 중에는 언제까지나 排日적인 행동을 하는 자들도 있었다. 요컨대 조선교육령의 아래서 교육받은 자는 온건한 사상의 소유자가 많았지만 내지 유학생 중에는 排日者가 되는 자가 적지 않아서 당시 유학생 지도에 관하여 문부 및 학교당사자 등과도 연락을 취하여 최선을 다하였지만 충분한 효과를 보지 못하여 마침내 내지 유학은 가능한 한 장려하지 않는 것을 방침으로 하였다.[24]

---

22) 〈鮮人留學生取締〉, 《同仁》, 1911. 8. 1.
23) 1909년 모두 52명이었던 관비생의 규모는 1910년대에 30~50명 정도로 유지되었다. 모집 학과도 농수산, 공업, 상업, 의학, 교육 등의 분야로 한정되었으며, 정치나 법률 분야는 제외되었다(통감부, 《第三次韓國施政年報》, 1910, 249~520쪽; 조선총독부, 《朝鮮總督府施政年報》, 1910~1913, 1916; 《朝鮮總督府統計年報》, 각 연도판).

2. 문화정치와 유학생 후원 정책의 실시

3·1운동 이후 일본에서는 조선 통치와 관련된 다양한 정책안이 제시되었다. 자치제의 실시, 기존체제의 강화, 내지연장주의 등이 그것이다. 1918년 새로이 정권을 잡은 하라 다카시原敬의 정우회는 그 가운데 내지연장주의를 채택했다. 기존의 구세력이 실시한 억압적 조선 지배정책에 비판적이었던 하라 정부는 조선 사회를 일본의 유기적 연장지로 만들려면 많은 조선인의 자발적 동화가 필수적이라고 판단했던 것이다. 이러한 자발적인 동화정책은 3·1운동 직후 조선총독으로 부임한 사이토 마코토齊藤實(1858~1936)의 유학생 후원 정책으로 이어졌다.

1920년 사이토 총독은 "조선 문제 해결의 사활은 친일 인물을 많이 얻는 데 있으므로 친일 민간인들에게 편의와 원조를 주어, 수재 교육이란 이름으로 친일 지식인을 긴 안목으로 키운다"는 방침을 세웠다.25) 그에 따라 조선총독부는 이전의 유학생 탄압·억제책을 발전적으로 해체·수정하여 유학생 후원 사업 확대 정책을 치밀하게 준비했다.

먼저 조선총독부는 1920년 11월 6일, 관비생의 지원학과를 제한하는 규정을 제외한 나머지 사비생에 대한 여러 조항을 완전히 철폐하는 유학 규정을 발표했다. 곧, 재내지관비조선학생규정在內地官費朝鮮學生規程26)을 발표하고 기존의 유학생 규정은 폐지했다(동규정, 부

---

24) 유게 고타로弓削幸太郎(1923), 《朝鮮の敎育》, 東京: 自由討究社, 221~222쪽.

25) 강동진(1980), 《일제의 한국침략정책사》, 한길사, 167~168; 제등관계문서 742호, 〈朝鮮民族運動ニ對スル對策〉 3조, 1920. 8. 27; 송이랑(1999), 《일제의 한국식민지 통치방식》, 세종출판사, 154쪽.

26) 〈在內地官費朝鮮學生規程〉, 《朝鮮總督府 官報》, 1920. 11 .6.

칙). 재내지관비조선학생규정은 그 이름에서 알 수 있듯이 관비생에 관한 것이었고, 사비생에 관한 규정은 아니었다. 사비 유학은 법적으로 자유로워진 것이다. 관비생 규정은 1922년에 다시 개정되어[27] 관비생이라는 이름은 재내지급비생在內地給費生으로 바뀌었으며, 급비생은 현재 유학하고 있는 이공계 전공 학생들을 대상으로 선발했다. 또 급비생의 지원액을 반으로 줄이는 대신 그 규모를 이전의 2배 정도로 늘렸다. 지원 대상을 관비생에서 유학 중인 전체 조선 학생들로 확대하겠다는 상징적 조치였다. 일제가 그동안 배제와 단속의 대상으로만 여기던 전체 유학생들을 포섭을 포함하는 관리의 대상으로 삼았던 것이다. 유학생 증가 현상이 돌이킬 수 없는 시대적 대세인 상황에서, 일제는 그들을 적극적인 동화세력으로 편입시키고자 유학생 후원 방식을 수정·보완했던 것이다.

그 후 1920년대 유학생이 증가해 유학생들의 반일 활동의 격화뿐만 아니라 취직난[28]으로도 이어지자, 일제는 이에 효과적으로 대처할 수 있는 일본 유학 후원 사업의 운영 방안을 모색했다. 즉, 1924~1925년, 사이토 총독의 정책 참모였던 아베 미쓰이에阿部充家는 다음과 같은 유학생 후원 정책을 제안했다.

  1. 관학과 사학에 몸담고 있는 학생의 교도 방법을 달리할 것
  2. 학생의 '성적·인품 등을 조사'해서 관·공·사학의 구분 없이 '우수한 자로 학자금이 달리는 학생'에게 학비를 빌려줄 것

---

27) 〈在內地給費生規程〉, 《朝鮮總督府 官報》, 1922. 4. 1.
28) 1923년 7월 현재 일본에서 전문학교 이상의 학교를 졸업하고 귀국했던 학생들의 국내 취직상황을 살펴보면 농업 288, 학교교원 177, 관공리 140, 은행회사 119, 상업 103, 의사 50, 변호사 16명 등이었고, 무직이 284명으로 전체의 21퍼센트를 차지했다(〈일본 유학출신의 취직상황—21퍼센트는 무직자〉, 《동아일보》, 1924. 3. 4).

3. 졸업생에게는 '성적·인물을 조사'해서 취직의 편의를 줄 것
4. 구락부를 마련해 주어서 '서로 의사소통을 하게'하고 전문대가를 초
   청해서 강연회를 열고 그 내용을 소책자로 만들어 나누어 줄 것
5. '학생이 나아갈 방향을 암시해주기 위해' 이화학과理化學科·농공
   과·사법과·의과에 관해 학생에게 특수한 주의를 줄 것
6. 이상의 일을 실행에 옮기기 위해 총독부 학무국과 조선에 관계가 있
   는 회사의 후원을 얻을 것[29]

　아베 미쓰이에는 유학생들의 교도 방법을 달리해야 한다는 취지
아래 성적과 인물이 적당한 학생들에게 학비를 원조하고, 졸업 뒤
취직을 알선해야 한다고 했다. 또 강연회를 열어 사상적 교화를 하
고, 이와 관련하여 여러 단체의 후원을 받아야 한다고 주장했다. 그
의 유학생 관련 정책은 대부분 유학생 후원 사업 내용의 근간으로
채택되었다. 즉, 일제는 민간단체를 후원 사업의 주체로 만들어 후
원 주체에 대한 유학생들의 본능적인 거부감을 어느 정도 감소시키
고, 후원 대상의 범위를 유학생 전체로 상정함으로써 일제 측 학자
금 지원의 수혜 여부에 따른 학생들 사이 반목과 거리감을 무마하려
했다. 후원 내용도 입학과 취직까지 고려하는, 유학생 현안 문제를
해결하는 체계적 후원 사업으로 바꾸어 유학생들의 호응도를 높이
고자 했다. 그 과정에서 토론회나 강연회 개최 등의 교화사업을 함
께 실행하였다.
　일제는 조선 사회의 문화 성장이 가시화되어 사회적 갈등으로 분
출되는 상황에서, 유학생들의 의식 밑바탕에 자리한 친일과 반일이

---

29) 강동진(1980), 앞의 책, 199~200쪽.

라는 극단적 긴장 관계를 마비시키고자 했다. 더불어 유학생 후원
사업으로 자연스럽게 친일 감정과 행동이 몸과 마음에 밸 수 있도록
조처했다. 일제는 교육과 사회사업이 통합된 유학생 후원 사업으로
장기적인 친일 양성 정책을 운영한 것이다.

3. 유학생 후원 정책의 내용

1) 교육사업 단체

조선총독부는 1919년 3·1운동 이후 유학생 감독 업무를 민간단체
에 넘겨주고, 이 단체들이 유학생 감독과 후원 사업 업무를 모두 수
행토록 했다. 즉, 조선총독부는 1919년 4월 유명한 민간 일선동화단
체인 일본 내 동양협회(대표 나가타 히데지로永田秀次郎)에 조선유학생
감독부朝鮮留學生督學部를 설치하여 유학생 감독 업무를 관장하도록
했다.30) 동양협회 조선유학생감독부는 1923년부터 유학생 감독 업
무와 관비생 관련 업무 말고도 유학생들의 숙소 마련을 위한 유학생
기숙사(유학생독학부)도 운영했다.31)

---

30) 조선교육회, 《朝鮮教育會 獎學部一覽》, 1935, 3쪽; 조선총독부학무국, 《朝鮮教育要
  覽》, 1926, 220쪽; 〈市道學官 會議召集〉, 《동아일보》, 1923. 5. 10.
31) 〈독학부기숙사 그 땅을 팔아서 부하에다가 넓혀짓는다〉, 《동아일보》, 1923. 5.
  10. 독학부가 실제로 어떠했는지는 "일본으로 건너가서 공부를 하는 조선유학생들
  을 보호하며 모든 편의를 도모하여 준다는 의미로 생긴 동경 조선유학생 독학부
  에는 田中玄黃이란 신 부장이 취임한 이래로 그 부장이 기숙사 방과 기금을 사사
  로 쓰고 학생 보호는커녕 도리어 학대함으로써 그곳에 유숙하는 유학생들에게 호
  감을 얻지 못하여, 최근 金剛洞舍生 60~70여 명이 단결하여 기숙생 일동은 회의
  를 열고 田中部長 불신임안을 가결하고 집행위원을 선정하였다"(〈朝鮮留學生督學部
  留學生이 田中部長 不信任〉, 《동아일보》, 1924. 2. 16; 〈東京留學生一同이 田中督學部
  長을 排斥〉, 《조선일보》, 1924. 7. 13)라는 기사로 잘 알 수 있다.

유학생 감독 업무는 1925년 9월에 조선 안의 교육단체인 조선교육회 조선장학부朝鮮獎學部32)로 넘어갔다. 조선교육회는 1910년대 조선의 일본인들 중심으로 조직된 조선교육연구회를 1923년에 확대 개편한 관변 교육단체였다.33) 총독부 정무총감(아리요시 주이치有吉忠一)이 회장, 학무국장(나가노 미키長野幹)이 부회장이었던 이 단체는34) 거의 매년 《재내지조선학생조在內地朝鮮學生調》나 《장학학보獎學學報》 등을 편찬하고, 이 문건들로 연도별 유학생 수의 추이, 출신도별 재학 상황, 재학 지역별 인원수와 졸업생 명단 등을 자세히 파악했다. 조선교육회 장학부는 이러한 감독 업무와 함께 급비생 학비 지급 업무를 주로 하였으며, 그 밖의 외부 사업도 수행했다.35) 외부사업으로는 첫째, 각 학교 당국과 조선 학생 특별 선발에 대해 교섭하는 입학난 구제사업36), 둘째, 내선인 사이의 온당한 기회 균등을 주장하는 취직난 구제사업, 셋째, 유학생 회관 건립 사업, 넷째, 1개월에 1~2회 실시하는 유학생 좌담회 개최 사업 등이 있었다.37)

이와 더불어 1920년부터 일본에는 일본인 개인이나 온건한 조선인 개인이 운영하는 조선유학생 후원 민간 교육단체가 많이 설립되

---

32) 《文教の朝鮮》, 1925. 10, 121쪽; 조선교육회, 〈朝鮮教育會 獎學部一覽〉, 1935. 4;
   〈동경유학생의 뒤를 조선교육회에서 거둔다고〉, 《조선일보》, 1925. 6. 1.

33) 《朝鮮教育》, 1923. 4, 1쪽.

34) 《文教の朝鮮》, 1929. 8, 96~97쪽.

35) 1930년대 후반에는 조선교육회 장학부를 해체한 뒤 재단법인 '조선장학회 유지
   재단'을 조선총독부 안에 설립하고 그 실행기관으로 '조선장학회'를 설치하였다
   〔쓰보에 센지坪江汕二(1980), 《朝鮮民族獨立運動秘史》, 고려서림(복각본), 281쪽〕.
   조선장학회는 '조선유학생의 보호지도, 충량한 황국청년학도의 자질연성, 내선일
   체의 심화, 국가사회에 공헌할 용기의 육성'을 그 설립취지로 표방하며〔박경식
   (1976), 《집성》 4 2, 1217쪽〕, 유학생 사상 선도에 주력하였다.

36) 박상희, 〈東京朝鮮人諸團體歷訪記〉, 《朝鮮思想通信》, 1927. 11. 14, 5쪽

37) 박상희, 〈東京朝鮮人諸團體歷訪記〉, 《朝鮮思想通信》, 1927. 11. 16, 109쪽.

었다. 당시 일제가 용인했던 일본의 대표적 유학생 후원단체로는 남
바 도우하츠南波登發의 여택회麗澤會, 구마모토 리헤이熊本利平의 보인
회輔仁會, 야나기하라 기치베에柳原吉兵衛의 기념회, 민석현閔奭鉉의 자
강회自彊會 등이 있었다. 이들 단체의 설립 취지와 활동에 대해 차례
로 살펴보자.

첫째, 여택회는 1921년, 일시동인一視同仁의 구호 아래 조선유학생
들의 학비 후원 사업을 했다. 여택회의 설립 취지는 다음과 같다.

> 동경에서 공부하는 조선의 청년 학생들은 시국의 소동과 외부의 유혹
> 을 피해 촌음을 아껴 학생 본래의 의무인 문화 창달과 인지 상달에 경주
> 하여 공工 · 예藝 · 이화理化는 물론이고 법정, 경제, 의술에 이르기까지 목
> 적하는 바를 연구하고 규정의 학과를 졸업하여 후일의 비약을 도모하여
> 야 한다.…… 이 회의 목적은 조선의 독립에 있는 것이 아니고 전 아시아
> 민족의 합동 단결에 있으며, 학생들로 하여금 일시동인一視同仁의 은혜로
> 운 혜택으로 공부하고 후일 전 아시아의 비약흥진飛躍興振을 도모함으로
> 써 조선 학생의 진면목을 발휘하여 전 아시아 동맹의 대경륜大經綸을 담
> 당하게 하려는 것이 본회 창립의 취지이다.[38]

이 회는 전 아시아 민족의 협동 단결이라는 창립 취지 아래 그 실
천 방안으로 일본에서 중학 이상에 유학 중인 조선 학생들의 후원을
도모하였다(회칙 2조). 입회 대상은 이 회의 취지에 동의하는 조선
학생(회칙 3조) 가운데 회원 추천이나 본회 찬성자의 소개를 얻고 이
력서를 첨부하여 회원 신청을 한 학생이었다. 이 회는 구체적 유학

---

38) 남바 도우하츠南波登發(1923), 《朝鮮學生の曉鐘》, 東京: 麗澤會, 126~128쪽.

생 후원 사업으로 매월 1회 첫 번째 일요일 오후 1시에 본회를 개최
하여 대가 석학의 강연을 회원에게 무료 청강(회칙 4조)하게 하였고,
본 회원으로 학업을 마친 사람에게는 취직을 알선했다(회칙 10조).
사이토 조선총독이 여택회의 고문으로 참여하여 1921년 봄에 회장
(남바 도우하츠南波登發)이 유학생들의 곤란한 상태를 털어놓자 재정적
도움을 주었으며, 1921년 6월에 그가 명교중학교 교장 가메타니 가
오루龜谷馨와 함께 명교중학교名敎中學校 증축 때문에 찾아왔을 때는
지원금을 하사하기도 했다.

둘째, 보인회는 1920년 3월, 전라북도 군산부에 살았던 일본인 부
호 구마모토 리헤이熊本利平가 도쿄의 조선유학생을 후원하려고 설립
한 교육단체였다. 그는 1920년 5월부터 도쿄에 조선인 고학생 구제
를 위해 보인학사라는 기숙사를 운영하였다. 기숙사는 저렴한 비용
으로 14개 분실에 70여 명의 유학생들이 기숙할 수 있도록 꾸며졌
다.[39] 그는 1923년 관동대진재 이후 선량한 고학생 10명에게 학자
금으로 1인당 매월 40원씩 지급하기 시작해[40] 1927년에는 모두 34
명까지 확대 지급했다. 학자금을 지원받은 학생 모두는 일본과 조선
의 고등교육 기관에 다니고 있는 학생들이었다.

보인회는 매년 봄 학년이 시작하기 전에 급비생 모집광고를 내고,
응모자 가운데 학력·학업성적·품행·가정사정 등을 엄밀히 조사해서
1년에 10명을 선발했다. 1927년 봄의 경우, 응모자가 약 3백여 명에
이르러 예정보다 많은 12명을 선발하기도 했다. 지원 학비 규모는
1927년 현재 국가 급비생과 같은 1인당 30원이었다.[41]

---

39)《매일신보》, 1920. 3. 20.
40) 조선총독부경무국동경출장원,〈在京朝鮮人狀況〉, 1924. 5[박경식(1975),《집성》
　　1, 146~147쪽].

셋째, 기념회는 야나기하라 기치베에柳原吉兵衛가 1920년에 창설한
조선 여자 유학생 후원단체였다. 그는 고등보통여학교 최우등 졸업
생들을 표창하고, 그들 가운데 일부를 일본으로 유학 보내 후원했
다. 그는 기념회의 학자금 후원을 받은 유학생들을 대상으로 담화회
를 개최하여 일본의 명망가와 만날 수 있도록 했고,[42] '건전한' 학생
에게는 취직을 알선했다.[43]

넷째, 자강회는 앞의 단체들과 달리 조선인이 운영한 유학생 후원
단체였다. 이 회는 1924년 11월 15일 조선인 청년 유지인 이사장 민
석현閔奭鉉이 조직하였다. 민석현은 1924년 일본 중앙대학 경제과를
졸업한 뒤에 이 회를 설립하고, 뜻을 같이한 도쿄 코이시카와小石川
구내 일본인 유지들에게 운영 자금을 지원받았다. 1927년 당시 이
회의 후원자는 도쿄의 일본인 유력자가 모두 포함되어 있었다.

이 회의 유학생 후원 사업은 고등교육을 이수한 수재 가운데 사
상이나 학력 모두 건전한 이를 뽑아 학비의 전액 또는 반액을 보조
하는 장학부獎學部 사업과, 고등교육을 받을 능력이 있는 학력 소지
자로 고학을 목적으로 상경한 청년에게 직업을 소개하거나 숙식을
제공하는 고학생 지원 사업으로 나누어져 있었다. 1927년 현재 자강
회의 보호를 받는 고학생은 약 90명이었고, 자강회 본부 안에 기숙
하는 고학생은 13명이었다.[44]

이처럼 일제는 극히 제한적으로 실시했던 유학생 후원 사업의 주
체와 내용을 3·1운동 이후 크게 확대시켰다. 일제는 유학생 후원 사

41) 박상희, 〈東京朝鮮人諸團體歷訪記〉, 《朝鮮思想通信》, 1927. 11. 13, 5쪽.
42) 〈內鮮融化の將來〉, 《社會事業硏究》 16권 9호, 1928. 9, 95쪽.
43) 내무성경보국, 〈大正14年中ニ於ケル在留朝鮮人ノ狀況〉, 1925[박경식(1975), 《집
성》 1, 185쪽].
44) 박상희, 〈東京朝鮮人諸團體歷訪記〉, 《朝鮮思想通信》, 1927. 11. 17, 117쪽.

업을 그들과 밀접히 관련된 사립 교육단체로 넘기는 한편, 새롭게
생겨난 유학생 후원단체들을 재정적으로 지원하였다. 그리고 일제가
인정한 유학생 후원단체들은 전체 유학생을 대상으로 학자금 보조
를 비롯해 학교 선택, 기숙사 제공, 취직 알선, 좌담회 개최 등의 포
괄적인 후원 사업을 펼쳐나갔다.

2) 사회사업 단체

1920년대 유학생 후원 사업은 유학생 후원 교육단체에만 국한된
것이 아니었다. 1910년대 후반부터 도쿄에는 관민 공동의 조선인 사
회사업 단체가 많이 설립되었고, 이들 대부분은 재일조선인들을 위
한 상담소 설립과 간담회, 다과회 등을 개최하였다. 또한 이들 단체
들은 빈곤층의 생활보호를 위한 사업의 하나로 유학생 기숙사를 설
립하는 등 유학생 후원 사업에도 일부 동참했다.

이처럼 당시 일본에서 사회사업 단체가 크게 확장된 이유는 일본
의 자본주의 위기가 커지면서, 일제가 사회사업 정책에 바탕을 둔
기관을 설치하고 사회사업 행정을 실시했기 때문이었다.45) 일제는
1917년 일본 내무성에 구호과를 설립하고 1919년에는 이를 사회과
로, 이듬해 1920년에는 사회국으로 승격시켰다. 그런데 내무성의 강
력한 지도 아래 실시된 일제의 사회사업은 밑으로부터의 국민 감화,
즉 국가와 사회에 도움이 되는 선량하고 유력한 국민을 육성하는 사
업과 전통적인 인보상조鄰保相助 사업을 강화시키는 것에 그 목적이
있었다.46) 다시 말해 일제의 사회사업은 그 이전부터 전개된 감화
구제사업이 확대된 것으로, 구제의 초점은 육체적 보호뿐만 아니라

---

45) 우다 기쿠에右田紀久惠(1989), 《講座社會福祉 2, 社會福祉の歷史》, 213~214쪽.
46) 우다 기쿠에右田紀久惠, 위의 책, 194~195쪽.

정신적 교화에도 있었다. 따라서 증가하는 고학생들의 생활난과 유학생들의 반일단체 증가는 일제 사회사업의 중요한 관리 대상이 되었다. 일본의 조선인 관련 사회사업 기관의 중요한 목적 가운데 하나는 조선인 고학생들의 반일 세력화 저지였던 것이다. 1920년 6월 30일 현재 도쿄에서 일본인이 경영하는 조선인 관련 사회사업 기관과 그 활동 내역을 살펴보면 〈표 1〉과 같다.[47]

이 사회사업 단체들의 창립 목적은 모두 일선동화, 그 연장선에서 동양과 인류 평화에 두고 있다. 그들 단체의 일부는 교화 강습회 개최, 상담소 운영, 취직과 의료 편의 제공, 노동자 지원뿐 아니라 유학생·고학생 기숙사 제공 사업 등을 실시했다. 사실 고학생에게 숙소를 해결하는 문제는 생존이 걸린 긴급한 과제였다.

고학생들의 생활 문제가 심각해지자 고학생 지원에 동참하는 일제의 조선인 사회사업 기관은 그 뒤에도 증가했다. 더욱이 1923년 9월 관동대진재 이후 많은 조선인 이재민이 발생하자 일제는 관민 공동의 조선인 사회사업 기관을 더욱 확대했고, 유학생 후원 사업을 전체 사업의 일부로 수행하는 단체들도 함께 늘어났다. 이들 단체들은 주로 조선인 노동자 구제사업을 실시하면서 고학생 구제사업까지 같이하는 경우가 대부분이었는데, 노동자에 고학생들이 많이 포함되어 있었기 때문이었다.

---

47) 1923년 관동대진재 후 관민 공동 사회사업 단체는 더욱 늘어났다. 그 가운데 대표적인 단체가 1924년 5월에 설립된 大阪府內鮮協和會, 1925년 2월에 설립된 神奈川縣內鮮協會, 1925년 1월에 설립된 兵庫縣內鮮協會 등이다. 이들은 표면적으로 공동숙소, 직업소개소, 야학교, 진료소, 등의 활동을 한다고 했으나, 실질적으로는 부·현의 내무부장을 이사장으로 한 경찰 관료들이 실권을 잡고 운영하면서 조선인을 통제하였다〔히쿠치 유이치樋口雄一(1986), 〈日本人の在日朝鮮人對應-柳原吉兵衞と協和會〉, 《協和會-戰時下朝鮮人統制組織の研究》, 東京: 社會評論社, 20쪽〕.

〈표 1〉 1920년 일본에 있는 일본인 경영의 조선인 사회사업기관

단체명	설립 날짜	창립 목적	활동 내역
동양협회 東洋協會	1897. 3	동양평화 문명사업	회장 고토 산페이後藤新平 회원 3천5백여 명
신불교도동지회 新佛敎徒同志會	1919. 3	불교를 통한 日鮮동화	조선강연회(1919. 5) 조선인간담회
조선학생회 朝鮮學生會	1919. 11	조선 학생의 동화	東光學會에 조선 남자 유학생 230명 수용
조선협회 朝鮮協會	1919. 8	조선의 문화·산업 발달	–
조선향학회 朝鮮向學會	1919. 3	日·鮮人의 융화와 재일 조선학생의 사상개선	조선유학생 기숙사 설립 계획
대일본평화협회 大日本平和協會	1906. 10	세계 평화와 인류 행복 증진 및 동화정책 연구	회원 50명 《평화》 발행
동아경제동맹회 東亞經濟同盟會	불 명	조선 산업 향상 도모와 日·鮮人의 복리	조선사정 강연회 (1919. 11)
아세아학생회 亞細亞學生會	1919. 3	아시아 민족의 융화 단결과 문명개발	강연회(1919. 3)
불교조선협회 佛敎朝鮮協會	1919. 6	불교에 바탕을 둔 인류 평화와 복지증진	조선교화 강습회 조선인 사상상담소 개설 (취학·취직·집회·하숙·의료 제공)

〈자료〉 내무성경보국, 〈朝鮮人槪況 第三〉, 1920.

1927년 현재 일본 안의 조선인 관련 단체 40개 가운데 유학생 후원 사업을 주요 사업의 하나로 실시했던 사회사업 단체는 모두 6개[48])였다. 상애회相愛會, 계림장鷄林莊, 신화회新和會, 황인사黃人社, 역행사力行社, 장백료長白寮 등인데, 이들 단체의 설립 목적, 전체 사업 내용, 유학생 후원 사업 내용을 표로 정리하면 〈표 2〉와 같다.

상애회는 1921년 조선인 박춘금朴春琴[49])이 설립한 도쿄의 조선인

---

48) 박상희, 〈東京朝鮮人諸團體歷訪記〉, 《朝鮮思想通信》, 1928. 1. 18, 5쪽.
49) 설립자 박춘금은 일본 내 조선인 반동 단체의 대표로, 이 단체를 설립하려고

〈표 2〉 1927년 일본에서 유학생 후원 사업을 한 사회사업 기관과 그 활동

명 칭	설립 날짜	설립 목적	전체 사업 내용	유학생 후원 사업 내용
상애회	1921. 12	일선융화, 조선인 노동자의 정신적 교화와 경제적 구제	무료숙박소, 무료직업소개서, 고학생기숙사 조선일요학교, 인사상담소, 상애의료원	1923년부터 고학생 기숙사 상애관을 운영하여 약 80여 명을 수용
계림장	1922. 1	조선인 노동자·고학생 구제 인간 평등과 사회 연대	노동자 간이숙박소 1927년부터 수양단 내 선인숙박소(야방한애료) 운영	1922년 조선인 20명 수용 1927년 수양단 야방한애료(조선인숙박소)에 조선인 55명 수용(고학생 25명)
신화회	1927. 7	동양평화 조선 대중의 교육·생활·문화 향상	정치부·산업진흥부·교화부·사회부·유설선전부·재정회계부	총 2백 명 회원 중 1/3은 학생, 2/3은 노동자
황인사	1921. 4	내선양민의 이해 촉진 황색 인종의 문화 향상	황인시론 발행 강연회 개최	아세아 여자 공학회 설립 계획
역행사	1925. 5	조선인 노동자·고학생 구제	고학생기숙사 노동자숙박소 노동야학원 노동자 상담과 직업 소개 노동자 위안회 개최 《역행の 조선》 간행	기숙사에 고학생 수용(19명), 학비 지원
장백료	불 명	조선인 노동자 구제	노동 숙박소	숙박소에 고학생 일부 수용

사회사업 단체였다. 이 단체는 도쿄에 있는 조선인 단체 가운데 최대 규모를 자랑하는 일선융화 조직이었는데, 관동대진재 당시 회원

1920년에 이미 조선총독부 경무국장 마루야마 쓰루키치丸山鶴吉와 사이토 마코토 齋藤實 총독을 만났으며, 마루야마 쓰루키치의 지원을 얻어 1921년 12월 이 회를 정식 사회사업 단체로 설립했다[M·リングホーフアー(1981. 12), 〈相愛會─朝鮮人同化團體の步〉, 《在日朝鮮人史研究》, 48쪽].

3백 명으로 노동봉사대를 편성하여 조선인 시체 처리와 복구 작업을 자청하는 등 열성적으로 일제에 협력함으로써 일제의 신임을 얻었다. 그 뒤 일본 진재선후회震災善後會로부터 3만 엔, 일본 내무성 사회국과 그 밖의 사회단체로부터 3만여 엔, 조선총독부로부터 약 4만 원의 보조금을 얻었다. 이 보조금으로 불하 받은 일본 육군 양식창 구내 공지 약 2백 평 대지에 2층의 목조 기숙사를 짓고, 여기에 조선인 노동자 공동 숙박소, 간이 진료소, 직업소개소, 인사 상담소 등을 운영했다.

그 후 이 단체는 각 지방에도 본부를 설치하였고, 1926년에는 회원이 모두 10만 명에 이르렀다. 또한 1926년 말 조선총독, 사회국 장관 이하 관계 당국자와 일본 명사들에게 회관 건립에 대한 원조를 간청하여 국유지 6백 평을 불하 받았고, 내무성 사회국으로부터 5만 원, 미쓰이三井·미쓰비시三菱·조선은행 등 여러 회사로부터 5만 원, 은사재단恩賜財團 경복회50)로부터 4만 4천 원, 그 밖에 도쿄·조선총독부 등으로부터 보조금을 얻어 총 29만원 상당의 금액으로 5백~6백 명의 인원을 수용할 수 있는 3층짜리 철근 건물을 지어 회관을 만드는 일에 착수하기도 했다.51)

---

50) 경복회慶福會는 내무성 사회국 관련 민간 사회사업 기관으로, 대정 13년 1월 16일 일본 황태자 결혼식을 축하하자 천황이 사회사업 조성금으로 1백만 원을 하사함으로써 설립되었다. 이 회의 운영자는 총리대신 자작 기요라 게이고淸浦奎吾였으며, 회장은 자작 기요라 게이고, 부회장은 내무대신, 평의원 회장은 사법대신, 고문은 궁내 사법 문부 3대신 및 공작 도쿠가와 이에사토德川家達, 이사는 사회국 국장 등이었다. 이 회는 사회사업 조성을 위한 보조금을 지급하고, 사회사업 임시 시설에 자금을 융통해 주는 것을 주 사업 내용으로 하였다. 이 단체가 창립 이후 소화 3년까지 지원금을 준 단체는 내지, 조선, 대만 지역을 포함해 일반 사회사업 기관 177개에 이르렀으며, 165개 사회사업 단체의 건축 설비 개선, 확장 등에도 사업비를 지원했다[慶福會(1940. 8. 5), 《恩賜財團 경복회事業槪要》, 東京: 稻葉인쇄소, 1~2쪽, 99~100쪽].

미쓰우라 요시로松蒲淑郞는 1922년 1월 9일 조선인 노동자와 재일
조선고학생 구제를 목적으로 자신이 운영하는 도쿄의 계림장에 이
들 20여 명을 수용했다. 관동대진재 후인 1924년 2월, 계림장은 일
본 내무성 사회국과 동경부로부터 건책비 3만 엔과 건축 재료를 보
조 받아, 그해 9월 고학생을 위한 간이 숙박소를 설립했다. 그러나
1927년 9월 계림장 사업은 재단법인 수양단修養團의 사회사업부로
이동되어, 이곳에 다시 야방한애료野方汗愛寮라는 조선인 노동자 숙
박소가 설치되었다. 야방한애료에는 1926년 말 현재 55명의 조선인
기숙자가 있었으며, 이들 가운데 두부 장수, 신문배달 등을 하면서
야학을 하는 고학생이 25명, 동회의 사무원이 2명, 자유노동자가 28
명이 살고 있었다. 이곳에는 숙박소 말고도 간이식당, 야학부 등도
있었고, 이곳의 운영금은 경복회 1천 원, 동경부 1백 원, 동경시 1백
원, 지방 유지와 의학박사의 지원으로 채워졌다.52)

1927년 7월 이희성李熙成은 여러 명의 동지와 함께 신화회新化會를
조직하고 그해 9월 말 무렵 신화회新和會로 개명했다. 이 회의 설립
취지는 동양평화 촉진·충량한 국민 양성·조선 대중생활 향상·조선
향토 문화 미화 등이었고, 회원 수는 1926년 말 현재 모두 2백 명으
로 3분의 1은 학생, 3분의 2는 노동자였다. 이 단체는 정치부, 산업
진흥부, 교화부, 사회부, 유설遊設 선전부, 재정회계부로 조직되었으
며, 산업 개발에 필요한 인물을 양성하고 그 선도에 노력했다. 주요
사업 내용은 내지유학생이 귀국하면 고등 유식민이 되는 폐단을 교
정한다는 미명 아래 선전 포스터나 강연회 팸플릿 등으로 그 방면의

---

51) 박상희, 〈東京朝鮮人諸團體歷訪記〉, 《朝鮮思想通信》, 1927. 11. 19, 132쪽.
52) 조선총독부경무국동경출장원, 〈在京朝鮮人狀況〉, 1924. 5[박경식(1975), 《집성》
   1, 146쪽]; 박상희, 〈東京朝鮮人諸團體歷訪記〉, 《朝鮮思想通信》, 1927. 11. 9.

사상을 높이는 것이었다. 운영비는 일본인 명망가로 이루어진 찬조
회원들의 회비로 충당했다.53)

황인사는 내선양민의 이해 촉진과 황색인종의 문화 향상을 위해
1921년 4월 8일에 설립된 현정구락부顯正俱樂部에서 생겨난 단체이
다. 이동화李東華, 김창준金昌俊, 박태신朴泰信은 일선관계의 친선을 도
모할 목적으로 현정구락부를 조직하여 당시 고학생 등 10여 명을 회
원으로 두었다. 그 뒤 이동화는 혼자 황인사를 조직하고, 기관지
《황인시론黃人時論》을 발행했으며, 김창준金昌俊은 아시아 문화 진흥
과 민족 공존·공영을 도모한다는 목적으로 각 지방에서 연설을 하
면서 1925년 4월에 일본 동양연구회東洋硏究會의 후원을 얻어 민족경
애회民族敬愛會를 조직하였다. 박태신은 도쿄 시내 각 고등여학교 간
부의 도움을 받아 아세아여자공학회亞細亞女子共學會를 설립했다. 그
뒤 세 명이 다시 모여 아시아 민족의 공존공영을 주제로 한 내선융
화 강연 등 많은 사업을 실시했다.54)

역행사는 1924년 무렵 강창기姜昌基가 조직한 단체였다. 팸플릿
《역행의 조선》을 출판해 고학생들에 대해 알리면서 사업이 차츰 진
전되어 1925년 5월 고학생 기숙사, 노동자 숙박소, 노동 야학원 등
을 설립하고 구체적 활동에 들어갔다. 1926년 말 현재 이 단체는 50
원에 2층 건물 1채를 빌려 19명의 조선 학생을 합숙시키고 있었는
데, 학생들은 의전醫專·물리物理·공수工手·철도鐵道 등을 전공하고 있
었다. 그 뒤 이 단체는 고학생 학비 지원, 노동자 직업 소개, 일반적
인사상담, 노동자 위안회 등을 사업 내용으로 하였다. 이 단체는 관
변단체로 민정단民政黨 고문顧問, 전 중의원의장衆議院議長 등 일본 내

---

53) 박상희, 〈東京朝鮮人諸團體歷訪記〉, 《朝鮮思想通信》, 1927. 12. 27, 189쪽.
54) 박상희, 〈東京朝鮮人諸團體歷訪記〉, 《朝鮮思想通信》, 1928. 3. 14, 13쪽.

지인 유지 150여 명의 동정(회비와 찬조금)을 받아 운영되었다.[55]

마지막으로, 장백료는 이토 나나오伊藤七雄가 설립한 조선인 노동자 구제 기관으로, 1926년 말 현재 36명의 고학생을 수용하고 있었다.[56]

이처럼 일본의 조선인 사회사업 단체는 1920년 이후 크게 늘어났다. 일본 정부와 조선총독부는 동화를 궁극적 목적으로 하는 이들 사회사업 단체에 막대한 재정을 지원했다. 일본의 유력자들도 이들 단체에 지원금을 하사하거나 회원으로 대거 동참했다. 일제가 지원하거나 용인했던 이들 단체들은 민족차별 관념을 없애고 일선융화의 철저함을 도모하려고, 더 구체적으로는 반정부 세력의 성장을 막고자 조선인과 조선인 노동자를 위한 정신적 교화사업과 경제적 구제사업을 펼쳐 나갔다. 그리고 그 사업의 하나로 조선인 고학생들에게 강연회를 개최하고 학비나 숙식을 제공하는 유학생 후원 사업도 함께 진행하였던 것이다.

---

55) 박상희, 〈東京朝鮮人諸團體歷訪記〉, 《朝鮮思想通信》, 1928. 1. 6, 21쪽.
56) 조선총독부경무국동경출장원, 〈在京朝鮮人狀況〉, 1924. 5[박경식(1975), 《집성》 1, 146~147쪽].

제3절 유학생 수와 활동의 확대

1920년대 이르러 전체 유학생 수는 크게 증가하였다. 이에 따라 고등교육기관의 진학 수효도 더불어 늘어났으며, 그들의 전공 분야도 확대되었다. 유학생들의 전공학과가 법률·정치·경제 분야뿐만 아니라 철학·역사·문학·공학·사범·의학·미술·음악·가정 분야 등으로 다양해진 것이다.

당시 재일조선유학생학우회라는 단체로 결집하여 조선 국내와 끊임없이 연관된 활동을 펼쳤던 유학생들은 1920년 전반기를 거치면서, 자유주의와 사회주의로 그 사상적 지향과 활동 영역이 달라졌다. 사회주의계 유학생들은 사회주의 사상단체를 조직하여 자본주의·제국주의 타도를 위한 정치운동의 하나로 민족운동에 헌신하였고, 자유주의계 유학생들은 자신들의 전공 학문 분야를 중심으로 학술이나 예술단체를 조직하여 주로 문화 방면의 활동에 매진했다. 자유주의계 유학생들은 근대적인 서구 문화 수입의 근원지인 일본에 머무르면서, 이를 수용하여 당시 조선에 없거나 부족했던 다양한 사상·학문·예술·체육 등 문화 분야에서 국내 지식인들의 요구에 호응할 수 있었던 것이다.

1. 유학생 증가와 전공 분야의 확대

조선총독부는 1922년 2월 2차 조선교육령을 발표하면서 "일본인과 조선인의 교육적 차별을 철폐하였다"고 선전하였다. 그 근거로 조선의 교육제도를 일본과 같게 하고, 내선공학內鮮共學 실시와 대학 설치에 관한 규정을 신설한 사실을 들었다.[1] 그러나 실제로 교육비, 학교 수, 학생 수 등에서 민족차별은 보통학교에서 경성제국대학에 이르기까지 넓게 이루어지고 있었고,[2] 조선의 초등교육기관[3]과 중고등교육기관[4] 수는 상승하는 교육적 요구[5]에 견주어 턱없이 부족했다.[6]

예를 들자면, 조선인 학생들의 고등교육 진학 예비학교인 고등보

---

1) 오노 겐이치大野謙一(1936), 《朝鮮敎育問題管見》, 京城: 朝鮮總督府朝鮮敎育會, 130쪽.
2) 유용식(1994), 〈1920년대 전반기 한국인의 교육진흥운동에 관한 연구〉, 중앙대 박사논문, 35~38쪽.
3) 오성철(2000), 《식민지 초등교육의 형성》, 교육과학사, 2장.
4) 김종철(1979), 《한국고등교육연구》, 배영사; 한국대학교육협의회(1979), 《한국 고등교육의 역사적 변천에 대한 연구》; 정재철(1995), 〈韓國における日帝植民地主義高等敎育政策史 硏究〉, 《中央敎育史學會論文集》 창간호, 중앙대학교 교육사학회; 古川宣子, 〈일제시대의 중고등교육〉, 《교육사학연구》 6·7집, 서울대학교 교육사학회.
5) 오성철은 "1920년대 나타났던 교육열은 일반적인 의미에서 '배우려는 열의'가 아니라 '신식학교에 취학하려는 열의'라는 제한적 의미로 사용되어야 한다"라고 보았으며[오성철(2000), 앞의 책, 32쪽], 한우희는 '실력양성론의 전파, 학교의 선발 배치 기능과 지위 획득 요구, 관리가 되기 위한 수단' 등을 그 이유로 들었다(한우희, 〈보통학교에 대한 저항과 교육열〉, 《교육이론》 6권 1호, 서울대학교사범대학 교육학과, 53~76쪽). 1920년대 교육열에 대해서는 한우희(1991), 〈보통학교에 대한 저항과 교육열〉, 《교육이론》 6권 1호, 서울대학교사범대학 교육학과; 한우희(1990), 〈일제식민지통치하 조선인의 교육열에 관한 연구〉, 《교육사학연구》 2·3집, 서울대학교 교육사학회 참조.
6) 김병준金秉濬은 교육열이 박약했던 조선이 1921년부터는 입학난을 겪을 정도로 향학열이 높아졌다고 하였다(김병준, 〈신학년입학난과 우리의 각성〉, 《개벽》 23, 1922. 5. 1).

통학교 취학률[(취학자 수/만11세 이상-만16세 이하의 취학인구수)×100]은 1910년대에 평균 0.23퍼센트였으나 1920년대에 와서 평균 0.97퍼센트로 증가했다.[7] 이처럼 학생들은 심한 경쟁을 치르고 입학하였는데, 1922년 3월 경성 지역의 경우, 고등보통학교 7개교(보성, 중앙, 휘문, 양정, 배재, 경신, 동광)의 전체 정원 1천3백여 명 모집에 입학 지원서를 가져간 학생은 자그마치 2만 5천여 명이었다.[8] 만약 지원서를 가져간 이들이 모두 지원한다면 입학 경쟁률이 평균 19대 1에 이르게 되는 것이다. 다음 〈표 3〉은 1918년부터 1930년까지 고등보통학교와 여자고등보통학교의 입학 경쟁률[(입학자/지원자)×100]이다.

〈표 3〉에 따르면, 1918~1930년 사이 남학생의 고등보통학교 입학경쟁률은 평균 3.23대 1이었다. 지원자 3명 가운데 2명은 탈락의 고배를 마셨던 것이다. 여자고등보통학교의 경우에는 평균 입학 경쟁률이 2.18대 1로 여학생의 고등보통학교 입학이 남학생보다는 쉬웠지만, 여학생도 2명 가운데 1명 이상은 입학할 수 없었다. 더욱이 여자고등보통학교의 경우, 1920년대 들어서면서 갑자기 배 이상으로 입학 경쟁률이 치열해졌다. 이는 여학생들의 중등교육에 대한 욕구가 이 시기 남학생들에 견주어 상대적으로 크게 상승했기 때문이다.

고등보통학교 취학자의 증가에 비례해 졸업생도 해마다 증가하여 졸업생 가운데 전문학교나 제국대학에 진학하는 학생도 늘어났다. 다음 〈표 4〉는 1919년에서 1930년까지의 고등보통학교 졸업생 수와

7) 학생 수는 조선총독부, 《統計年報》, 연령별 인구는 조선총독부(1925)(1930)(1935), 《朝鮮國勢調査報告》와 조선총독부(1941), 《朝鮮人口ニ關スル資料》 참조.
8) 김병준, 〈신학년입학난과 우리의 각성〉, 《개벽》 23, 1922. 5. 1.

〈표 3〉1920년대 고등보통학교와 여자고등보통학교의 입학 경쟁률

연 도	졸업생	학생 수	진학률(%)
1919	447	121	27.1
1920	351	142	40.5
1921	337	157	46.6
1922	412	192	46.6
1923	437	192	43.9
1924	518	247	47.7
1925	1,025	225	22.0
1926	1,014	260	25.6
1927	1,284	298	23.2
1928	1,317	353	26.8
1929	1,320	296	22.4
1930	1,258	325	25.8
합 계	9,720	2,808	28.0

〈자료〉1. 조선총독부학무국(1918)(1919), 《朝鮮諸學敎一覽》
      2. 조선총독부(1923. 6. 30)(1923. 12. 17)(1927. 4. 15), 《官報》
      3. 조선총독부학무국(1926~1930), 《學事參考資料》

진학자 수, 그리고 진학률〔(진학생수/졸업생수)×100〕을 나타낸 것이다. 이 표에 따르면 1919~1930년 사이 고등보통학교 졸업생은 꾸준히 증가하였다. 더욱이 1925년을 기점으로 그 수가 배 이상 늘었는데, 이는 1920~1923년 사이 고창高敞, 광주, 경성 제2京城第二, 신의주, 공주, 해주, 경성 등에 고등보통학교가 신설되었기 때문으로 보인다. 졸업생 수 증가에 비례하여 상급 학교로 진학하는 학생 수도 연이어 증가해 평균 28퍼센트에 이르렀다.

그러나 1922년 현재, 조선에 있던 관공립고등교육기관은 경성법학전문학교·경성의학전문학교·경성고등상업학교·경성고등공업학교·수원고등농림학교·사범학교9)뿐이었고, 사립고등교육기관은 연

〈표 4〉 1920년대 고등보통학교 졸업생 진학률

연 도	고등보통학교			여자고등보통학교		
	입학자	지원자	입학경쟁률	입학자	지원자	입학경쟁률
1918	3,892	1,256	3.09:1	186	167	1.11:1
1919	3,259	956	3.4:1	127	115	1.1:1
1923	9,026	2,790	3.23:1	1,109	482	2.3:1
1926	8,385	2,931	2.86:1	1,732	673	2.57:1
1927	8,910	3,098	2.87:1	2,948	1,212	2.43:1
1928	11,927	3,399	3.5:1	2,918	1,346	2.16:1
1929	11,764	3,243	3.62:1	3,070	1,309	2.34:1
1930	10,602	3,252	3.26:1	2,758	1,500	1.83:1
합 계	67,765	20,925	3.23:1	14,848	6,804	2.18:1

〈자료〉 1. 조선총독부(1919~1924),《官報》
2. 조선총독부학무국(1925),《朝鮮敎育領改正參考資料》
3. 조선총독부학무국(1926~1930),《學事參考資料》

희전문·보성전문·사립사범학교가 전부였다. 일제강점기 조선의 유일한 대학이었던 경성제국대학[10]은 1924년에 예과가 설치되었으며, 본과는 1926년이 되서야 비로소 만들어졌다. 이 가운데 관공립고등교육기관이 학생을 선발할 때는 조선 안의 일본인 학생들을 먼저 뽑았는데,[11] 1926~1945년 사이 경성제국대학의 일본인 평균 입학생

---

9) 소학교 교원양성기관으로 수업 연한은 보통과 5년, 연습과 1년이었다.
10) 경성제국대학에 대해서는 이충우(1980),《경성제국대학》, 다락원; 장세윤(1993),〈일제의 경성제국대학 설립과 운영〉,《한국 독립운동사 연구》6집, 독립기념관 한국독립운동사연구소; 정규영(1995),〈京城帝國大學に見る戰前日本の高等敎育と國家〉, 동경대 박사논문; 정선이(2002),《경성제국대학 연구》, 문음사; 정규영(1997),〈경성제국대학의 설립과정〉,《청주교육대학교 논문집》35집, 청주교육대학교 등 참조.
11) 이광수(1919년 早大 大學部 文學科 哲學科 中退),〈東京雜言〉, 1916. 9. 27(《매일신보》, 1916. 11. 9. 所載)《이광수전집》10권, 又新社, 1979, 299쪽; 朝鮮總督府 (1922),《施政年報》.

수가 104명이었던 데 비해 조선인은 54명에 지나지 않았다[12]는 사실이 이를 단적으로 보여준다고 하겠다.

이와 달리 일본의 고등교육기관들은 그 수나 질에 있어 매우 풍요로웠다.[13] 제1차 세계대전 뒤의 경제 호황으로 고급 인력이 많이 필요하게 된 일본은 1918년 12월 대학령을 공포해 사립학교였던 경응의숙, 조도전[14] 등을 정식 대학으로 승격시켰고, 기존의 제국대학들에게도 국가적 차원의 지원을 아끼지 않았다. 1920년 현재 일본에는 대학이 제국대학 5개, 관공립대학 3개, 사립대학 8개가 있었고, 고등학교가 15개, 전문학교가 106개나 있었다.[15] 대학이나 전문학교 가운데는 관립학교보다 입학이 더 쉬웠던 사립학교도 많아 학생들

---

12) 정선이, 앞의 책, 77쪽. 1924년 현재 조선에서 경성제국대학에 지원할 수 있는 조선인 학생 수는 관립고등보통학교 14개교의 431명, 사립고등보통학교 8개교의 506명을 합한 937명이었다〔조선총독부(1924), 《統計年報》〕. 1925년 경성제국대학 예과 합격자 47명〔경성제국대학교(1942), 《京城帝國大學一覽》〕은 관·사립고등보통학교 졸업생 총수의 5퍼센트에 지나지 않아 조선인 학생들의 극소수만이 경성제대에 입학할 수 있었던 것이다.

13) 대학들이 몰려있던 도쿄 간다쿠神田區 거리의 서점가 책장에는 세계 각지에서 모여든 책들이 즐비하게 꽂혀 있었는데, 장덕수는 "이곳 책들의 숲이 바로 신흥 일본 활력의 저수지"라는 생각이 들었다며 당시 정경을 회고한 바 있다. 1929년, 조선의 《학생》도 도쿄 유학에 대해 다음과 같이 말하였다. "동경이란 곳이 오늘 동양에 있어서는 제반 문물이 제일 발달된 도시요, 각방면으로 다수한 학교와 다수한 학자를 가진 곳인 것은 여러분이 먼저 아실 것이거니와 사실에 있어 학비만 허락한다면 미국, 독일에 가는 것보다 신학문을 배워오기에는 동경만한 곳이 없을 것을 단언합니다"(〈동경고학의 길—할 수 있는가? 할 수 없는가?〉, 《학생》 1권 2호, 1929).

14) 조도전대학의 경우, 학부는 대학부·전문부·고등사범부·고등예과·연구과로 나뉘어 있었다. 대학부는 중학졸업 학력의 학생이 1년 반 정도의 고등예과 과정을 마치면 입학할 수 있었으며, 전문부와 고등사범부는 단순한 직업학교로 중학졸업 정도이면 입학할 수 있었다. 연구과는 대학원에 상당하는 것이었다(이광수, 〈동경잡언〉, 《이광수문집》 10, 302쪽).

15) 아마노 이쿠오天野郁夫(1986), 《高等教育の日本的構造》, 玉川大學出版部, 51쪽.

이 고등교육기관으로 진학하는 데 많은 도움을 주었다.16)

　2차 조선교육령(1922)으로 조선에도 일본과 같은 학제를 마련하여, 관비생·사비생 모두 유학 기간을 줄일 수 있도록 하였다. 일본 고등교육령이 개정됨에 따라 조선유학생들의 일본 대학 입학도 쉬워졌다. 조선 학생들도 다른 국가의 학생들과 마찬가지로 외국인으로 여겨 일본인과 경쟁하지 않고 관립대학이나 전문학교에 진학할

16) 관립고등교육기관 입학은 학제적 규제가 강했다. 일본 중학교 졸업자만이 고등학교에 입학할 수 있었으며, 일본 고등학교 졸업자만이 제국대학에 입학할 수 있었던 것이다. 더구나 관립고등교육기관들은 조선 학생의 입학을 꺼렸다. 일본 경찰이 담당 교원을 방문하여 해당 생도의 소행을 조사하고 여러 가지 사항을 주문했기 때문이었다. 이와 달리 일본의 사립대학들은 그 문호가 널리 개방되어 있었다. 일본 중학교 출신이 아니더라도 입학할 수 있었는데, 예비학교 졸업 후 일본 중학교 수준에 상당하는 시험을 치른 뒤에 예과나 전문과에 입학할 수 있었다. 이는 학교의 부족한 재정 탓이 컸는데, 더러는 학력에 관계없이 무차별적으로 학생을 받아들이기도 했다[남바 도우하츠南波登發(1923), 《朝鮮學生の曉鐘》, 東京: 麗澤會, 13쪽]. 당시 일본에서 중학교를 졸업했던 일부를 제외한 유학생 대부분은 정칙영어학교 등의 예비학교 출신이었기 때문에 유학생은 대부분 사립대학에 진학했다. 실제로 1925년 9월 현재, 일본에서 전문학교 이상에 재학(1,220명)했던 조선유학생 가운데 관립학교 학생은 45퍼센트(553명), 사립학교 학생은 55퍼센트(667명)였으며, 1927년 12월에는 1,672명 가운데 각각 28퍼센트(477명)와 72퍼센트(1,195명)로 그 격차가 더 벌어졌다. 그러나 사립대학의 자유로운 학문적 기풍을 선호해 사립대학을 진학하는 학생들도 있었다. 조선 고등교육 기관의 교수들은 그 대다수가 학자라기보다 차라리 정치적 하수인에 지나지 않았기 때문에, 비교적 학문의 자유를 누리던 일본에서 공부하겠다는 것이 그들의 생각이었다. 1920년대 《동아일보》 기자였던 박찬희(1923년 조도전대학 전문부 정치경제과 졸업)가 "일본 사립학교는 매우 자유의 풍이 있고 신진 교수가 많아서 지도를 받기에 편리하다고 생각했다"고 한 것이나, 숭실전문대 교수였던 양주동(조도전대학 졸업)이 "사립학교인 부大에 문과교수로 우수한 이가 많다는 말을 풍문으로 들었고 또 자유연구의 학원이라기에 적지 않은 동경조차 가졌다"(〈학교선택체험담〉, 《동광》 18, 1931. 2. 1)라고 한 것, 장덕수가 조도전대학을 선택하게 된 이유는 "이곳이 사학의 명문으로 이름이 높으며 그 자유스러운 교풍과 설립자인 오쿠마 시게노부大隈重信의 건학 정신 등이 자신의 취향이나 기분에 어울리기 때문"이라고 한 것 등이 이를 말해준다 하겠다.

수 있게 되었던 것이다.[17] 시험을 치른 후 합격하는 사람에 한해서였지만, 대부분 관립이라 조선 학생의 진학이 어려웠던 이공계 대학이나 제국대학도 이때 비로소 입학할 수 있는 길이 열렸다.

1919년 3·1운동 이후 조선 사회의 교육열이 상승하고 일본 유학의 물꼬가 트이자 1920년부터 유학생 수가 급속히 증가했다. 1910년대 5백~6백 명을 유지하던 유학생은 1920년 1천 명을 넘었고, 1930년에는 4천 명 대에 이르렀다.[18] 이처럼 유학생이 1920년을 기점으로 급격히 증가하고, 1945년까지 증가세를 유지했다는 것은 당시 조선 사회에 해외 유학에 대한 수요가 이미 늘어나고 있었음을 말해준다.

이에 따라 1920년대 재일조선유학생은 급속히 증가했고, 유학생 증가는 일반적인 사회 현상으로 자리 잡았다. 게다가 일본의 고등교육기관에는 조선에 없는 전공학과들도 많이 갖추어져 있어,[19] 일본 유학은 교원[20]·의사·변호사·약제사·신문사나 잡지사 기자, 예술가 등 새로운 전문 직업의 자격 획득 통로로도 널리 인식되고 이용되었다.[21] 더욱이 여학생들의 경우 교원이나 의사가 되려고[22] 일본 유

---

17) 〈在內地朝鮮學生取扱〉, 《朝鮮總督府 官報》, 1921. 5. 27.
18) 조선총독부학무국, 〈在內地朝鮮學生狀況〉, 1920; 朝鮮敎育會獎學部, 〈在內地朝鮮學生狀況調〉, 1930.
19) 《동아일보》 기자였던 설의식(일본대학 졸업)은 "사회학을 공부하고 싶었는데 독립된 사회학과를 둔 데는 일본뿐이었으며, 신문학회가 있어서 신문 연구도 하고 실제로 발행도 하니까 일거양득이란 생각에 일본 유학을 가게 되었다"고 했으며, 평양의 정두현(동북제국대학 이학부 생물학과 졸업)도 "생물계의 현상과 그 理法을 알아보기 위하여 생물학과가 있는 일본으로 유학을 갔다"고 했다(〈학교선택체험담〉, 《동광》 18, 1931. 2. 1).
20) 이러한 상황은 사립중등 교원의 경우 더 두드러졌다. 관공립중등학교 진출이 거의 막혀있는 상태에서 사립중등학교는 일본 유학 출신자들의 중요한 취직처였기 때문이다.

〈표 5〉 1920년대 학교 종류별 재학 유학생 수(%)

학교 종류별	1920년	1926년	1927년	1929년	1930년
대학학부	–	214(5.4)	222(5.7)	336(8.9)	423(11.1)
대학예과	29(2.5)	169(4.3)	177(4.6)	299(7.9)	340(9.0)
고등학교	40(3.5)	153(3.9)	155(4.0)	135(3.6)	96(2.5)
전문학교	–	1,035(26.2)	952(24.7)	1,106(29.3)	1,102(29.0)
실업전문	384(33.6)	142(3.6)	166(4.3)	–	–
사범학교	–	91(2.3)	79(2.0)	69(1.8)	8(0.2)
소 계	453(39.7)	1,804(45.7)	1,751(45.3)	1,945(51.6)	1,969(51.9)
중(高女)학교	99(8.7)	424(10.7)	385(10.0)	540(14.3)	662(17.4)
실업학교	72(6.3)	207(5.2)	281(7.3)	478(12.7)	744(19.6)
각종학교	517(45.3)	1,510(38.3)	1,444(37.4)	806(21.4)	418(11.0)
합 계	1,141(100)	3,945(100)	3,861(100)	3,769(100)	3,793(100)

〈자료〉 1. 조선총독부학무국(1920), 〈在內地朝鮮學生狀況〉
2. 조선교육회장학부(1926)(1930), 〈在內地朝鮮學生狀況調〉

학을 결심하는 예가 많았으며,23) 고등교육기관에 진학했던 조선의 고급 인력 가운데 대부분은 바로 재일조선유학생들이었다.24) 1920

21) 1910년부터 1923년 7월까지 일본에서 전문 정도 이상 학교를 졸업하고 귀국한 학생들의 국내 취직 상황을 살펴보면 농업 288, 무직 284, 학교교원 177, 관공리 140, 은행회사 119, 상업 103, 의사 50, 변호사 16명 등이었다(〈일본 유학출신의 취직상황-21퍼센트는 무직자〉, 《동아일보》, 1924. 3. 4).

22) 동양부인병원 의사였던 이덕요(동경여자의학전문학교 졸업)은 "여자도 경제적으로 꼭 독립하여야겠다는 각성(〈학교선택체험담〉, 《동광》 18, 1931. 2. 1)으로 의사가 되었다"고 하였으며, 박봉남(명화여자 치과의전생)도 "여성도 남성에 조금도 지지 않고, 또 남자의 기생충이 안 되고, 자기가 먹을 일은 자기가 한다는 각오하에 치과 의사가 되었다"고 했다.

23) 이러한 경향은 1930~1940년대로 갈수록 심화되었다. 박선미는 당시 일본 유학을 경험했던 조선인 여학생 64명의 회고담을 바탕으로, 그들 가운데 78.1퍼센트(50명)가 사회 진출을 목적으로 유학을 결심했다고 분석했다. 그 진출 분야는 교원이 68퍼센트(34명), 의사가 14퍼센트(7명)였다[박선미(2004), 〈植民地時期における朝鮮人女子日本留學生の硏究〉, 경도대 박사논문, 39쪽].

24) 1920년대에는 조선의 전문학교나 대학에 재학했던 학생보다 일본의 전문학교나 대학에 재학했던 학생이 더 많았다. 예를 들자면, 1921년 조선에서는 532명이 재

〈표 6〉 1910년대 학과별(전문학교 이상) 재학 유학생 수

연 도	공업	상업	농림업	수산	의학	법률·경제	교육	기타	합	전체 유학생 수
1915	8	11	33	2	39	132	3	–	228	578
1918	29	21	27	2	28	196	11	–	314	770
1920	34	63	8	–	34	308	14	60	525	1,135

〈자료〉 1. 조선총독부학무국(1913)(1915)(1920)(1926)(1928),《朝鮮敎育要覽》
  2. 1920년25): 양재하, 〈國民學校와 義務敎育–附 內地留學生 奬學問題〉,
  《春秋》 총2호(제2권 2호), 1941. 3. 1. 참조.

년대 유학생들이 다니던 학교 종류별 재학자 수를 표로 나타내면
〈표 5〉와 같다.

〈표 5〉에 따르면 재일조선유학생은 연이어 늘어나고, 일본에서
전문학교 이상에 재학했던 조선 학생의 총 유학생 수 대비 비율도
1920년 39.7퍼센트에서 1930년에는 51.9퍼센트로 증가했음을 알 수
있다. 이처럼 고등교육기관에 재학하는 유학생들이 많아짐에 따라,
그들의 전공도 다양해졌다. 〈표 6〉은 1910년대 일본에서 전문학교
이상에 재학하던 조선유학생들의 학과별 분류표이다. 이 표에 따르
면 1910년대 유학생 대부분은 법률·경제·상학을 전공했으며,26)
1915년과 1918년에는 그 밖에 공업·농림업·수산·의학·교육 등의
학과를 전공했다.

학하고 있었던 것에 견주어 일본에서는 1,002명이 재학하고 있었으며, 1929년 조
선에서는 1,549명의 학생이 재학하고 있었던 것에 견주어 일본에서는 2,311명이
재학하고 있었다[조선총독부(1921)(1929), 《朝鮮學生一覽》; 내무성경보국(1929),
《社會運動の狀況》 참조]. 또한 1930년 경성제대를 졸업한 조선인 학생 수는 38명
이었는데, 일본 유학으로 관·사립대학을 졸업한 조선인 학생 수는 95명(〈졸업하
는 재일본 유학생 409명〉, 《동아일보》, 1930. 3. 25)에 이르렀다.

25) 1920년 기타 학과와 인원은 문화(철학·역사·문학) 42명, 이과 6명, 음악 5명,
미술 7명, 잠업 4명이다.

26) 〈표 6〉을 보면 1910년대 법률·경제·상업학과로 편중 현상이 1915년에 63퍼센
트, 1918년에 69퍼센트, 1920년에 71퍼센트였다.

〈표 7〉1920년대 학과별(전문학교 이상) 재학 유학생 수(%)

연 도	법률	경제	상업	문과	이과	공업	농림	수산	의학	사범	음악	미술	가정	총계
1920	308	−	63	42	6	34	12	−	34	14	5	7		525
	(58.6)		(12.0)	(8.0)	(1.1)	(6.5)	(2.3)		(6.5)	(2.7)	(2.7)	(1.3)		(100)
1926	607	205	447	320	61	514	115	10	149	243	33	36	−	2740
	(22.1)	(7.5)	(16.3)	(11.7)	(2.2)	(18.8)	(4.2)	(0.4)	(5.4)	(8.9)	(1.2)	(1.3)		(100)
1927	448	213	474	369	106	547	157	13	146	182	45	50	−	2750
	(16.3)	(7.7)	(17.2)	(13.4)	(3.9)	(19.9)	(5.7)	(0.6)	(5.3)	(6.6)	(1.6)	(1.8)		(100)
1928	531	183	571	441	117	656	190	17	208	167	44	48	−	3173
	(16.7)	(5.8)	(18.0)	(13.9)	(3.7)	(20.6)	(6.0)	(0.5)	(6.6)	(5.3)	(1.4)	(1.5)		(100)
1930	667	290	215	433	80	58	141	7	103	95	14	42	30	2175
	(30.7)	(3.3)	(9.9)	(19.9)	(3.7)	(2.7)	(6.5)	(0.3)	(4.7)	(4.4)	(0.6)	(1.9)	(1.4)	(100)

〈자료〉 1. 조선총독부학무국(1920)[27], 〈在內地朝鮮學生狀況〉
　　　 2. 조선교육회장학부(1926)(1930), 〈在內地朝鮮學生狀況調〉

그러나 1920년부터 철학·문학·음악·미술·잠업 등의 새로운 학과
를 전공하는 유학생들이 생겨났는데, 1920년대 학과별(전문학교 이
상) 유학생 전공 분야와 수는 〈표 7〉과 같다. 1920년대에도 학과 편
중 현상은 여전했지만[28] 유학생의 증가에 따라 문과(철학·역사·문

---

27) 1920년대 법률은 법률·경제·사회를 포함한다.

28) 이러한 추세는 일제강점기 내내 지속되었는데, 1909~1923년 사이 일본에서 전
　 문학교 이상을 졸업한 유학생 가운데 위 학과를 졸업한 학생의 비율은 74.8퍼센
　 트(486명/723명)[조선총독부학무과, 〈내지면학조선학생의 귀환후의 상황〉, 《조
　 선》(朝鮮文版) 79, 대정 13년 4월호], 1930년에는 53퍼센트(1172명/2175명)[조선
　 교육회장학부(1930), 〈재내지조선학생상황〉, 7~8쪽], 1939년에는 68퍼센트(3463
　 명/5075명)[양재하, 〈국민학교와 의무교육-내지유학생 장학문제〉, 《春秋》 2(2권
　 2호) 3월호, 1941. 3. 1]였다. 이러한 학과 편중 현상은 '학과에 대한 편견적 관
　 념'(권오익, 〈在東京學生의 現狀과 將來〉, 《朝光》 7권 3호, 1941, 221~222쪽), '관
　 직 진출이라는 사회적 성공에의 몰두'(이광수, 〈東京雜言〉, 《이광수전집》 10, 301
　 쪽), '민족적 권리 회복을 위한 수단 획득'[김학준(1990), 《고하 송진우 평전》, 동
　 아일보사, 50~51쪽, 59쪽; 이경남(1982), 《설산 장덕수》, 동아일보사, 52쪽] 등
　 이 이유였다. 그러나 그들은 귀국한 뒤 취업난에 직면했는데, 1910년부터 1923년
　 7월까지 일본에서 전문학교 이상을 졸업하고 귀국한 조선인 1,312명 가운데 21퍼
　 센트가 무직자였다(〈일본 유학출신의 취직상황-21퍼센트는 무직자〉, 《동아일

학)·이과·공업·의학·사범·의학·미술·사범·가정 등의 학과를 전공하는 유학생도 늘었고, 그 가운데 문과와 공업29)이 전체에서 각각 차지하는 비율도 차츰 높아졌다. 이에 조선 사회에 필요하지만 조선에 없거나 부족했던 다양한 사상·학문·예술을 선도할 수 있는 바탕이 마련되었던 것이다.

2. 유학생 단체와 활동의 다양화

1919년에 재일조선인 단체는 전체를 다 해도 고작 10여 개에 지나지 않았다. 그러나 1921년부터 눈에 띄게 늘어나기 시작하여 1926년 10월에는 215개에 이르렀다.30) 그 단체들은 거의 도쿄와 오사카 지역에 있었는데, 이는 재일조선인이 대부분 이 도시들에 살고 있었기 때문이었다.31) 그러나 그들 가운데 절반 정도는 창립 이후 별다

보》, 1924. 3. 4).

29) 1920년대에는 이공학과 이수가 민족의 장래에 도움이 된다는 생각도 생겨났다. 평양의 오정수(매사추세츠 공업대학 졸업)는 "우리 민족의 발흥에는 우리 자체의 완성이 급무임을 각오하였으며 공업을 무시코는 민족의 부강이 절대 불능일 줄 생각했다. 소년시대의 영웅심을 만족하게 함에는 절대로 공학은 아니었고, 영웅은 반드시 정치가요 정치가는 반드시 법률이나 정치학을 공부한 자라야 되는 줄 알았다. 그러나 '우리 사회의 요구는 공업이다'라는 일종의 의무감이 영웅심을 압도시킴에 따라 중학시대부터 공학교 입학준비를 하였다"라고 술회했다(〈학교선택체험담〉, 《동광》 18, 1931. 2. 1).

30) 일본 경찰은 조선인 단체가 증가하는 원인이 일본 도항 조선인의 증가, 문화주의 사조의 영향, 사상 사이의 충돌 등에 있다고 보았다[독립운동사편찬위원회(1984), 《독립운동사자료집》 별집 3, 50~51쪽].

31) 1925년 10월 현재, 재일조선인 단체는 161개였는데, 도쿄에 50개, 오사카에 45개가 있었고(내무성경보국, 〈大正14年中ニ於ケル在留朝鮮人ノ狀況〉, 《집성》 1, 195쪽), 1926년 10월에는 전체 215개 가운데 도쿄에 63개, 오사카에 62개가 있었다

른 움직임이 없었고, 비교적 활발하게 활동했던 단체들도 일제의 요시찰이나 요주의 규제를 견뎌야만 했다.[32]

이러한 상황에서 활발한 활동을 전개한 재일조선인 단체는 유학생 단체였다. 더욱이 1910년대[33]와 1920년대에 재일조선유학생 단체들의 중심 기구로, 가장 많은 유학생들이 소속[34]되었던 단체는 재일본동경조선유학생학우회(1912. 10. 27~1931. 2)[35]였다. 학우회는

(내무성경보국, 〈大正15年中二於ケル在留朝鮮人ノ狀況〉, 《집성》 1, 238~239쪽).

32) 독립운동사편찬위원회(1984), 《독립운동사자료집》 별집 3, 51쪽.

33) 1910년대 유학생들의 친목단체로는 학우회(1913), 재판조선인친목회(1914. 1), 경도조선유학생친목회(1915), 조선여자친목회(1915. 3), 반도중학회(1914), 노동동지회(1917. 1), 기성구락부(1917, 평양 출신 학생들), 호남친목회(1917, 호남 출신 학생들), 송죽구락부(1913, 개성 출신 학생들)가 있었고, 학술단체로는 조선학회(1916. 1), 흥농회(1914), 종교단체로는 동경조선기독교청년회(1906. 11) 등이 있었다[내무성경보국(1916), 〈朝鮮人槪況〉, 《집성》 1, 48~49쪽; 내무성경보국(1920), 〈朝鮮人槪況 第三〉, 《집성》 1, 89~91쪽]. 이 가운데 동경기독교청년회와 조선학회의 회원들은 학우회 회원들과 거의 같았다. 조선학회는 학문을 통한 조선 연구를 내세우며, 1915년 12월 말 조도전대 학생 신익희(甲号) 외 이광수(甲号), 김량수(명치대학생), 장덕수(동아일보 주필), 최두선(정칙영어학교생) 등이 발기하여 1916년 1월 29일 조선기독교청년회에서 제1회 창립총회를 개최한 단체였다[내무성경보국(1916), 〈朝鮮人槪況〉, 《집성》 1, 49쪽]. 1916년 10월 30일 새로 서춘(甲号, 고등사범학교학생)과 나용균(조도전대학생)이, 1918년 1월 27일에는 장덕준(甲号, 정칙예비교생)이 입회하였다. 1918년 1월 27일에 있었던 회의에서는 임원으로 간사 현상윤, 서기 전영택, 회계 김도연[내무성경보국(1918), 〈朝鮮人槪況 第二〉, 《집성》 1, 67쪽] 등이 선출되었으며, 1920년 6월 30일 현재 간부로는 간사 김철수(甲号), 서기 전영택(甲号), 서기 백남훈(甲号), 서기 김도연(甲号)(내무성경보국, 〈朝鮮人槪況 第三〉 《집성》 1, 84쪽) 등이 있었다. 이상으로 볼 때 조선학회는 학우회 안의 조대 재학생을 중심으로 결성·운영되었던 단체였다(황석우, 〈동경유학생과 그 활약〉, 《삼천리》, 1933. 1).

34) 1924년 학우회 회원 수는 1천 명, 1930년 회원 수는 1천6백 명이었는데(《집성》, 138쪽), 이는 전체 재일조선유학생의 65퍼센트(재일조선유학생 1,531명)와 42퍼센트(재일조선유학생 3,793명)에 해당했다.

35) 최초의 재일조선유학생 단체는 유학생의 친목과 본국 동포의 계몽을 목적으로

회원들의 지덕체 발달, 학술 연구, 의사소통을 꾀할 목적으로 조직
되었으며, 도쿄에 있는 유학생이라면 누구나 본회에 가입할 의무가
있었다.36) 처음에는 출신 지역별 모임의 연합체로 출범했으나,37)
1916년 1월 총회에서 지역별 분회가 해산되고 중앙통일제로 개편되
어38) 회원들의 회비와 외부 인사들의 의연금으로 운영되었다.

설립된 대조선인일본유학생친목회(1895. 4~1898. 2)였다. 이 단체는 제국청년회
(1898. 9~1903. 2)로 이어졌으나 곧 해체되고, 1905~1906년 동안 10여 개의 유
학생 단체로 나뉘어졌다. 주로 유학생들의 출신 지역별로 조직되었던 이들 단체는
배타적 지역주의에 따라 서로 반목을 지속했다. 그러나 유학생계의 당파적 성격에
대한 본국의 비난과 효율적 국권수호운동을 위한 단결 필요성 때문에 1909년 1월
돈의연학과 국민의 지덕계발을 목적으로 하는 대한흥학회로 다시 단일화되었다
(대한흥학회, 《대한흥학보》 1, 1909. 3, 3쪽). 그러나 대한흥학회도 합병으로
1910년 8월 강제 해체되고, 또다시 분열되었다. 이 가운데 여러 유학생 단체를 통
합해서 하나로 만들어 보자는 의견이 모아져, 유학생들은 1912년 4월 간사장으로
김병로를 선출하고[최승만(1985),《나의회고록》, 인하대학교출판부, 185쪽] 1912
년 10월 27일 재동경조선유학생학우회를 창립하였다[내무성경보국(1925), 〈在京
朝鮮留學生槪況〉,《집성》 1, 334쪽]. 그러나 학우회 설립 시기에 대해서는 1913년
가을설도 유력하다(〈學友會創立略史〉,《학지광》 3, 1914. 12. 3, 51~52쪽; 황석
우, 〈동경유학생과 그 활약〉,《삼천리》, 1933. 1).
36) 〈조선유학생학우회규칙〉,《학지광》 5, 1915. 5. 2, 66쪽.
37) 〈조선유학생학우회규칙〉에 따르면 학우회 창립 이전 유학생들은 출신 지역별로
7개 단체에 각각 소속되어 있었다. 호남다화회(전라도), 낙동동지회(경상도), 삼
한구락부(경기·충정도), 해서친목회(평안도), 동서구락부(평안도), 철북친목회(함
경도), 영남구락부(강원도)가 그것이다. 학우회는 창립할 때 각 도 지방 분회의
연합 평의기관으로 조직되었는데, 황석우가 잡지《삼천리》(1933. 1)에 실었던 회
고담에 따르면, 이는 일제의 감시를 피하기 위한 것이었다. 창립 멤버들은 정상적
인 단체의 형식을 피하고, '친목 증진과 풍기 감독을 위한 각 지방 대표자 합의기
관'임을 내세웠는데, 그러므로 "학우회의 간판을 어디다가 부쳐 놓는 것도 아니고
지방 분회 대표자가 모일 때에만 명칭을 사용하겠다고 떼를 쓰니, 일제 당국자 측
에서도 이맛살만 찌푸렸지 그것에 무어라고 손대일 길이 없었다"(황석우, 〈동경유
학생과 그 활약〉,《삼천리》, 1933. 1)는 것이다.
38) 《학지광》 10, 1916. 9. 4, 27쪽. 신석우는 〈귀로에 임하여〉(《학지광》 6, 1915.
7. 23)라는 글에서 학우회 발전을 위한 제언을 했는데, 그 가운데 중앙통일제로
개편이 포함되어 있었다.

학우회는 1919년, 모임 안에 조선청년독립단을 발족시켜 2·8독립
운동을 주도하였고, 조선 민족의 독립 열의를 해외에 알리려는 외교
전39)도 수행했는데, 이후에도 유학생들의 민족 활동을 이끄는 중심
기구 구실을 했다. 1920년 9월 2일, 회원 가운데 몇몇은 조선 독립의
의지를 알리고자, 도쿄에 도착한 미국 위원단에게 접근하다가 체포
되었으며,40) 1921년 11월 5일에는 조선청년독립단 명의로 제2독립
선언서를 작성하여 주일 각국 공사관, 신문사, 지식인들에게 배포하
기도 했다.41) 또한 워싱턴회의(1921. 11. 12~1922. 2. 6)에 조선독립
청원서를 제출하려던 계획이 사전에 발각되어 일본에서 검거된 회
원들도 있었다.42) 학우회는 집회를 이용해 일본 안 유학생들의 민족

---

39) 제1차 세계대전 이후인 1919년 11월 11일에 워싱턴에서 군축회의(1919. 11~
  1922. 2)가 개최된다는 것을 안 재일조선유학생들은 이를 조선 독립의 기회로 활
  용하고자 하였다. 11월 5일 조선청년독립단 명의로 선언서를 작성하여 주일 각국
  공사관과 해외 동포에게 보냈으며, 도쿄에서 3백여 명의 유학생이 시위운동을 펼
  쳤다. 시위 당일 대표 5명과 19명의 학생이 체포되자 나머지 학생들은 동맹휴교
  에 돌입하였다(《동아일보》, 1920. 9. 4). 1921년 9월 2일에는 미국 의원단 일행
  이 제국호텔로 향할 때 조선 청년 한 명이 무슨 구호를 외쳤다. 그리고 부근을 배
  회하던 5명의 조선 청년이 의원단이 타고 있는 자동차를 향하여 달려들었다. 연도
  를 경계하던 사복 순사들이 차를 둘러막고 청년들을 포박하여 일비곡서로 데려갔
  는데, 조선유학생 학우회 회원으로 밝혀졌다. 그들은 중앙대학에 재학중인 홍승로
  洪承魯 외 4명(김송은, 이정윤, 전민철, 이동제)으로 체포 당시 조선독립청년단기,
  미국기, 한국기 등을 가지고 있었다(《동아일보》 1922. 1. 14; 1922. 1. 18; 1922.
  1. 29; 1922. 11. 2). 이들은 일본 법정에서 금고 9개월을 선고받았다.
40) 〈조선독립청년단원 홍승로 외 5명, 의원단 자동차에 달려들다가 현장에서 전부
  체포〉, 《동아일보》, 1920. 9. 4.
41) 독립운동사편찬위원회(1984), 《독립운동사자료집》 13집, 153쪽. 1921년 임시총
  회를 가장해 조선기독교청년회관에 모였던 학우회 회원들은, 조선청년독립단의 대
  표 격이었던 이동제·김송은·문원성·이홍삼·전민철 등의 명의로 선언서와 결의문
  을 발표하였다.
42) 조선청년독립단은 임시정부와 공동으로 작성했던 제2독립선언서를 워싱턴회의
  에 제출하고자 단원이었던 방원성을 먼저 상하이로 파견하려 했으나, 일본 경찰에

의식을 높였는데, 신도래유학생환영회·웅변회·체육회·망년회 등의
모임을 주로 이용했으며, 조선에 강연단과 경기단을 보내 동포들의
참여도 유도했다.

조선에서는 다른 단체와 연대하여 활동하기도 했다. 《동아일보》
는 1924년 1월 2일부터 6일까지 '민족적 경륜'이라는 주제로 사설을
연재했는데, 그 가운데 1월 3일자에 〈정치적 결사와 운동〉이라는 글
을 발표했다. 이에 대해 학우회는 조선 안에서 허락되는 범위에서
정치적 결사를 조직한다는 내용은 암묵적으로 총독정치를 시인하는
것이고 종국적으로 민족운동을 저해한다고 비판하며, 재동경조선인
대회의 이름으로 《동아일보》의 사죄와 논설의 취소를 요구했다.
《동아일보》에서 회답이 없자 학우회는 그해 2월 5일 북성회, 동경
조선노동총동맹, 조선여자학흥회, 형설회, 노우사, 평문사, 전진사,
대판조선노동동맹회, 조선무산청년회, 조선교육연구회 등 11개 단체
와 함께 성토문을 작성하여 조선과 일본 각지의 조선인 단체에 보내
고, '《동아일보》 배척운동'을 전개했다.[43] 1924년 10월 11일에는 학
흥회, 무산청년회, 동경노동동맹회, 북성회, 해방운동사, 흑우회, 형
설회 등 14개 단체와 함께 조선기근구제회朝鮮饑饉救濟會를 발기시켰

포착되어 수포로 돌아갔다. 이 사건으로 당시 검거된 학생은 이동제, 김송은, 전민
철, 이정윤 등 4명이었고, 그들은 모두 일제 법정에서 9개월 금고형을 언도받았다
(〈華府會에 독립청원 하려던 동경유학생의 공판〉, 《동아일보》, 1922. 1. 14; 〈선
언사건의 유학생, 이동제 등 4명은 금고 각 9개월〉, 《동아일보》, 1922. 1. 29;
〈제2차 독립을 선언한 김송은, 전민철, 이정윤 3氏, 昨日 동경에서 출옥〉, 《동아일
보》, 1922. 11. 2).

43) 독립운동사편찬위원회(1984), 《독립운동사자료집》 별집 3, 33~34쪽. 성토문
(1924. 2)은 현재 대원사회문제연구소에 소장되어 있는데, 당시 총대표는 이헌으
로 기록되어 있다. 그 후 이 사건은 기독교청년회, 천도교청년회 등의 반대, 1924
년 3월에 있었던 《동아일보》 사장 송진우의 사죄와 이헌, 변희용, 백무 등 운동의
주요 인사들이 귀국함에 따라 4월에 소멸되었다.

고, 학우회 춘계 육상 운동회 매점 이익금을 기근 구제용으로 사용하기도 했다.[44] 학우회는 1927년 조선에서 발생했던 학생 동맹휴학 사건에 대해 1928년 5월 '전조선의 학생대중에게 격함'이라는 격문을 뿌려 찬동하기도 하였는데,[45] 이는 신흥과학연구회, 재동경조선여자학흥회와 공동으로 작성한 것이었다.

학우회가 이처럼 다른 단체와 연대하거나 다양한 활동을 펼쳐나갔던 것은 구성원들이 2중 3중으로 다른 단체에 소속[46]되어 있었으며, 그 안에는 자유주의와 사회주의 진영이 섞여 있었기 때문이었다. 그러나 민족주의라는 기치 아래 함께했던 둘은 1926년 이후 대립하기 시작했고,[47] 갈등도 차츰 심해졌다. 이는 당시 학우회 회장

---

44) 학우회는 당시 재일본조선청년동맹과 근우회가 식당을 경영해 마련한 이익금을 기근 구제를 위해 《동아일보》에 송금했다(〈고국동포의 기근구제〉, 《학지광》 29, 1930. 4. 5).

45) 독립운동사편찬위원회(1984), 《독립운동사자료집》 13집, 1131쪽. 격문에는 "작년에 숙명여고·중앙고보·제일고보·보성고보 등에서 있었던 용감한 학생 청년들의 전제교육에 대한 과감한 항쟁은 진실로 오늘날 각성된 조선 청년의 기혼과 분노의 표현이 아니고 무엇인가? 오늘의 소위 조선학교 당국자는 제국주의 노예교육의 집행자이다. 경성여자상고에 내린 이 잔학한 폭압은 우리 전조선의 학생 대중이 받은 폭압이다"라는 내용이 담겨 있었다(《사회운동통신》 1, 1928. 5. 17; 김인덕(1995), 〈학우회의 조직과 활동〉, 《국사관논총》 66, 국사편찬위원회, 141쪽).

46) 1920년대 중반 이후 학우회는 재일조선인 단체인 재일본조선노동총동맹·재일본조선청년동맹·일월회·신흥과학연구회 등과 긴밀한 관계를 맺어 연대활동을 전개했다(김인덕, 〈학우회의 조직과 활동〉, 《국사관논총》 66, 국사편찬위원회, 140~141쪽). 더욱이 1927년에는 일본 지역 조선인들의 상설적 연합체 설치를 제의하고, 재동경조선인단체협의회를 상설기관으로 설립하여 그 단체 서무부의 한 조직으로 활동했다. 재동경조선인단체협의회 구성은 다음과 같다. 서무부: 천도교청년당·기독교청년회·신흥과학연구회·협동조합운동사·동부노동조합·학우회, 조사부: 교육연구회·형설회·북부노동조합운동사·흑우회·을축구락부·서부노동조합, 사교부: 청년동맹·고려공업회·서부노동조합·조선여자청년동맹·무산학우회(〈在東京朝鮮人 各 團體協議會 成立〉, 《동아일보》, 1927. 3. 2).

47) 쓰보에 센지坪江汕二(1980), 《朝鮮民族獨立運動秘史》, 고려서림, 224쪽.

〈표 8〉1920년대 학우회 회장 명단

연 도	회 장
1920. 6	김준연(회장)
1920. 6. 2	김종필(회장)
1922. 2. 5	김성현(대표위원)
1925. 12~1926. 5. 19	한림(대표위원)
1927. 12	박형채(대표위원)
1929. 5~1929. 6	류원우(위원대표)
1929. 12	이창인(위원장)
1930. 4	황규섭(위원장)
1930. 5	김광휘(임시대회위원장)

〈자료〉《학지광》의 학우회 기사 참조.

들의 면면들로도 알 수 있는데, 1920년부터 1930년까지 회장 명단을
정리하면 〈표 8〉과 같다.

1925년의 한림韓林(일월회와 신흥과학연구회[48]) 회원, 조선공산당 일본

---

48) 신흥과학연구회는 일월회의 후속 단체로 1926년 11월 1일 학우회의 공산주의계
학생들이 중심이 되어 만든 단체이다. 조선공산당 일본부였던 이 단체의 주요 구
성원은 최익한, 한림, 현철, 황병석, 강철, 안병수, 송창렵, 박원근, 홍양명, 이병호,
이우적, 김형식, 권대형, 김동훈, 서상석, 김상혁, 박천, 정희영, 신현길, 김일선, 최
돈, 유영준, 박태원, 박원태, 조학제, 장지형, 홍기문, 박형채, 강소천, 김상봉, 이종
모, 박인규, 송현순, 양재도, 천용근 등 50명 안팎이었다[전준(1973),《조총련연
구》, 고대아세아문제연구소, 198쪽].《동아일보》1926년 11월 6일자 신흥과학연
구회 기사에는 "동경유학생 유지의 발기로 된 신흥과학연구회는 예전과 같이 지
난 일일에 東京 早稻田 三朝岩에서 창립총회를 개최하였다는데 내빈 이십 여인을
합하여 구십 여인의 참석이 있었다 하며 催益翰군의 사회 하에 全日本 學生科學聯合
會 代表 山林神君의 적극적으로 제휴하자는 축사 등이 있은 후 결의사항과 임원선
거는 아래와 같다더라(동경) 一.全 日本 學生科學聯合會하의 提携에 關한 件, 一.自由
擁護同盟支持에 關한 件. 任員은 組織部: 催益翰·朴泉·宋昌濂, 教育部: 金日善·姜徹·宋
炳珠, 圖書出版部: 玄喆·黃炳碩·梁在道, 經濟部: 朴元熙·金□·林源允, 秘書: 趙鶴濟·洪
陽明"의 내용이 실렸다.

총국 책임비서), 1927년의 박형채朴炯埰(신흥과학연구회 회원, 고려공산
청년회 일본부 회원), 1929년의 이창인李昌仁(재일본조선노동총동맹 일본
지부 회원)은 사회주의 진영49)으로 1925년 이후 학우회 중심 세력이
자유주의계에서 공산주의계로 이동하고 있음을 알 수 있다.50)

두 진영의 대립이 격화되는 가운데 1928년 12월 러시아에서 코민
테른 집행위원회 정치서기국에서 '12월 테제'51)를 발표했다. 12월
테제에는 공산주의 인터내셔널 지부에 소속된 공산당은 각국에 하
나씩만 존재할 수 있다는 이른바 일국일당주의 원칙이 포함되어 있

---

49) 사회주의 경향을 띤 일본 학생 단체는 1904년(명치 37) 조도전대의 사회학회
창립에서부터 시작되었다. 그 뒤 1918년 동경제대에 '신인회'가 만들어지면서 다
음 해 기관지 《데모크라시》(1920년에는 '先驅', '同胞'로 개칭)를 창간하였고,
1919년 조도전대에 '민인동맹회'가 만들어지면서 1920년 일본 사회주의동맹에
학생단체가 참가하기 시작하였다. 이어 1922년 5고와 1고에 '사회사상연구회'가
만들어지면서 일본학생사회과학연합회가 결성되었다. 1923년에는 2·4·6고에 '연
구회'가 만들어지고 고등교육기관 학생들의 사회참여는 더 활성화되었다. 더욱이
1925년 치안유지법이 발표되면서 많은 학생들이 정치사건으로 투옥되기도 하였
다[가라사와 도미타로唐澤富太郎(1955), 《學生의 歷史─學生生活의 社會史的考察》, 東
京: 倉文社. 여기에 수록된 '학생연표' 참조]. 이러한 경향은 조선유학생들의 사회
주의 활동에 큰 영향을 끼쳤다.

50) 학우회는 1925년 일월회 소속의 한림이 조직을 장악하면서 사회주의 색채를 띠
게 되었고, 1926년 이후 일월회의 이여성과 안광천까지 가입하면서, 기존의 학우
회원들과 대립이 생겨났다. 또한 1928년에는 고려공산청년회 일본부 소속의 박형
채가 학우회 대표위원으로 선출되면서 고려공산청년회 일본부 소속의 강춘순, 김
강도 학우회에서 활동하였고, 1929년에는 재일본조선노동총동맹 동경지부 소속의
이창인이 학우회 위원장이었다[김인덕(1996), 《식민지시대 재일조선인운동 연
구》, 국학자료원, 96쪽, 140~141쪽, 225쪽]. 그러나 1925년부터 사회주의 색채를
띠게 되었다는 것은 재고의 여지가 있다. 왜냐하면 이여성은 이미 1923년 학우회
가 고국순회강연을 할 때 연사였으며, 당시 강연 내용 가운데 일부 사회주의 사상
을 알리는 것들이 등장하는 것으로 보아 1925년 이전부터 학우회는 어느 정도 사
회주의 경향을 띠었을 것이기 때문이다.

51) 12월 테제는 1920년대 말에서 1930년대 초에 걸쳐 조선혁명운동의 지침서 구실
을 했다[김인덕(1996), 앞의 책, 275~276쪽].

었다. 이에 따라 일본 안의 조선공산당은 해산하여 일본공산당에 흡수될 것을 러시아로부터 명령받았으며, 그 영향으로 주로 좌익 계열이었던 재일조선인 민족해방운동 단체들도 해체 분위기에 휩싸였다.

좌익계 유학생들이 주도권을 잡고 있던 학우회 내부에서도 자체적으로 해소 논의가 일어나 1930년 12월 24일, 학우회 정기 대회에서 모임 해체를 결의했다.52) 일본대학 동창회의 제안을 바탕으로 표결에 부친 결과, 찬성 12대 반대 9로 가결된 것이다. 다음은 1931년 2월 1일에 발표된 해체선언서의 요지이다.

우리는 현 단계에 있어 어떠한 운동이건 간에 계급적 입장을 망각한 운동은 올바른 운동이 아니라고 단언한다. 물론 현재는 어떠한 운동이건 혁명운동이라면 필연적으로 참된 세력에 의해서 추진된다. 동일한 이익을 추구하는 피압박 민족과 프롤레타리아의 공동의 적인 자본주의 제3기에 있어서 혁명운동은 국제적인 연대 속에서 발전한다. 특히 조·일 프롤레타리아는 합세하여 일정한 슬로건 아래 동방 자본주의의 지주이며 선두에 서서 소련을 공격하는 일본 제국주의와 맹렬히 싸우고 있다. 이러한 현 단계에서는 학생운동도 혁명운동의 일부분인 이상 조·일 학생운동은 합류하여 동일한 전선을 형성하고 투쟁하지 않으면 안 된다. 우리는 이러

---

52) 재경도조선유학생학우회와 재대판조선유학생학우회도 1930년 해소파(공산주의계)와 반대파(자유주의계)로 나뉘었다가 결국에는 해체되었다. 전자는 1924년, 경도제대, 동지사대, 입명관대를 중심으로 창립[坪江汕二(1980), 앞의 책, 226쪽]되었던 단체였으며, 후자는 1923년 12월 9일에 관서대학, 고등공업학교를 중심으로 창립된 단체였다(《조선일보》, 1923. 12. 16). 창립 당시 임원진은 회장 박경수, 총무 김우용, 서무부장 최진영, 문예부장 손덕봉, 경리부장 김연복, 체육부장 김종성, 서기 김종수였다. 1930년 현재 재동경조선유학생학우회에는 1천6백 명, 대판조선인유학생학우회에는 2백 명, 경도조선인유학생학우회에는 470명의 회원이 소속되어 있었다[독립운동사편찬위원회(1984), 《독립운동사자료집》 13집, 1134쪽].

한 이유 때문에 단연코 개량주의적·기회주의적인 해당파를 분쇄하고 동
시에 학생 대중을 우리의 입장 투쟁 속에서 획득하며 청년 학도가 단결하
여 학우회의 해체를 감행할 것을 선언하는 바이다.53)

재일본조선노동총연맹, 재일본조선청년동맹, 신간회, 근우회 등도
잇따라 일본 사회운동 단체에 편입되었는데, 이후 1930년대 재일조
선인유학생운동은 각 학교별 동창회를 중심으로 전개되기 시작했다.
그 단체들의 주요 관심사는 민족 독립이었기에 일본 사회주의 학생
운동에는 합류하지 않았다.

이처럼 1920년대 초기 동경유학생학우회에 소속된 유학생들은 사
상의 영향에 따라 자유주의와 사회주의계로 나뉘기 시작했다. 1920
년대 중반에 이르러 그 주도권은 사회주의계 학생들이 잡았고, 자유
주의적 유학생들과의 사이에 갈등이 빚어지면서 학우회 해소로 이
어졌다. 양자는 사상적인 지향점이 달라 더 이상 함께할 수 없었던
것이다.

동경학우회의 갈등과 분열은 그 당시 다른 지역 학우회를 포함
한 전체 유학생계의 상황을 단적으로 보여주는 것이었다. 1920년
대 당시 유학생들이 조직했거나 소속된 단체로는 1910년대부터 있
던 기독교청년회·동경학우회·조선여자유학생친목회(1920년부터 여
자학흥회)가 있고, 이 밖에 조선불교유학생회(1919)·동경천도교청
년회(1921) 등의 종교단체, 재경도조선유학생학우회(1924)·재대판
유학생학우회(1923) 등의 친목단체, 흥농회(1914)·조선교육연구회
(1923)·과학문명보급회(1925)·색동회(1923) 등의 학술단체, 창조사

53) 정철(1970), 《在日韓國人の民族運動》, 東京: 洋洋社, 340~341쪽.

(1919)·토월회(1922)·극예술협회(1920)·해외문학회(1926) 등의 예술단체, 동경조선고학생동우회(1917)·형설회(1921) 등의 고학생 부조단체, 흑도회(1921)·풍뢰회(1921)·흑우회(1922) 등의 무정부 사상단체, 북성회(1923)·일월회(1925)·신흥과학연구회(1926) 등의 공산주의 사상단체 등도 있었다.

사회주의계 유학생들은 1920년대부터 고학생 부조단체와 사회주의 사상단체를 조직하여 활동하였으며, 동경조선노동동맹회(1922), 재일본조선무산청년회(1923), 동경조선무산청년동맹(1925), 대판조선노동동맹회(1924), 조선노동공생회(1924), 재일본조선노동총동맹(1925) 등의 사회주의 사상단체와 조선단체협의회(1927) 등의 사상통합 단체 등에 많이 소속되어 있었다.[54] 그들은 이러한 단체들을 중심으로 자본주의·제국주의 타도라는 기치 아래 조국 독립을 위한 정치운동에 헌신했다.

이와 달리 자유주의계 유학생들은 사회주의계 유학생들과 단체나 활동을 달리하며 이론적 정합성을 쌓아 나갔으며, 사상단체보다 자신들의 전공 분야를 중심으로 학술이나 예술단체를 만들어 사상·교육·예술·체육 등 문화적 방면의 활동에 노력을 기울였다. 정치운동보다 문화운동이 시간은 오래 걸리지만 민족해방에 실질적이고 효과적이라는 생각에서였다.

---

54) 박찬승(2004), 〈1920년대 도일유학생과 그 사상적 동향〉, 《한국 근현대사 연구》 30, 한울; 김인덕(1996), 앞의 책; 오장환(1997), 〈1920년대 재일 한인의 아나키즘 운동 소고〉, 《한국민족운동사 연구》 17, 국학자료원.

제2장

이념적 기반:
문화운동론의 확립

제1절 기본 논리의 정립[1]

유학생들의 자유주의적 문화운동론은 자유주의 전통 위에 개조론과 문화주의 수용, 사회주의와 분화라는 과정을 거치며 완성되었다. 이는 개인의 정신적·도덕적 자각을 바탕으로 신문화를 세우려던 운동론으로, 모든 논의는 외부 간섭이 없는 개인의 자유와 인격 함양에서 출발하였다. 신문화 건설을 위한 사회개조도 그것의 연장이었다.

그런데 문화운동이 개인의 인격가치를 강조하는 차원에만 머문 것은 아니다. 그들은 식민지 조선의 지식인으로서 문화운동론을 어떻게 민족문제 해결의 논의인 민족개조론으로 확대시킬 것인가를 고민하였다. 고민을 공유했던 유학생들 가운데 대다수는 먼저 식민지로 전락한 원인이 조선 문화의 황폐화에 있다고 진단했다. 그러나 조선 문화 황폐화의 근본적 이유는 무엇인가 하는 것에서는 의견이 갈리기 시작했다.

---

1) 제2장 제1절은 〈1920년대 재일조선유학생의 자유주의적 문화운동론 연구: 학지광의 분석을 중심으로〉(《사회와 역사》 74, 한국사회사학회, 2007)라는 제목으로 발표한 논문을 수정해 수록하였다.

한편의 유학생들은 본디 우리 민족의 민족성과 민족문화가 열악했기 때문이라고 판단했고, 다른 한편의 유학생들은 고대의 강건했던 민족성과 찬란했던 민족문화가 조선왕조의 유교 숭앙 이후부터 타락·쇠퇴하여 마침내 지금에 이르렀다고 파악했다. 둘 사이에 민족성과 민족문화에 대한 근본적 인식이 달랐던 것이다. 그러므로 이를 극복하기 위한 민족개조 방안 또한 다를 수밖에 없었다. 전자는 전통적 구습을 타파하고 발달된 근대 서구문화를 수용하는 것에 치중하자고 하였고, 후자는 본디 순수했던 민족문화를 재발견하여 이를 계승·발전시키는 것이 민족개조의 방법으로써 중요하다고 보았다. 그러나 여기에서 유의할 점은, 후자의 유학생들이 곧바로 국수적인 자세를 취하며 고대 민족문화로의 복귀를 주장한 것은 아니라는 것이다. 그들은 민족 고유의 문화를 계승함과 동시에 이를 세계적인 것으로 발전시켜야 하며, 이를 위해서는 민족문화에 대한 주체적 인식 위에 서구문화를 연구·수용해 민족문화 발전의 기폭제로 삼아야 한다고 주장했다. 문화의 다양성을 인정하는 전제 아래 민족문화와 서구문화를 상호보완적인 관계로 이해함으로써 고유한 민족문화를 근대적으로 재편성하고자 했던 것이다.

1. 문화운동론의 정립 과정

1) 자유주의의 전통

자유주의는 최초의 근대적 학술 결사인 메이로큐샤明六社(1874~1875) 회원들이 일본으로 가져왔다. 회원들은 메이지유신 때 국가발전과 계몽을 위해 서양 학문을 적극적으로 수용하고자 했고, 그 일부로써 자유주의 사상서를 번역해 소개했던 것이다.[2] 그런데 일본에서는 자유주의가 두 가지 길로 나뉘어 구축되었다.

먼저 정치적으로 자유주의는 국가주의에 차용되었다. 부국강병이라는 목표에 이르는 가장 좋은 수단으로 여겨졌기 때문이다. 일본에는 처음부터 자연권 사상과 사회계약론을 바탕으로 하는 고전적 자유주의 정치이념에 대한 개념이 없었다. 일본에게 서양의 자유주의란 납득하기조차 어려운 사상이었다.[3] 이에 메이지 시기(1868~1912) 지식인들은 자유주의를 일본 사회에 맞는 '국가주의적 자유주의'로 변형시켰다. 당시 지식인들 가운데 일본 평민주의를 주장한 도쿠도미 이이치로德富猪一郎(1863~1957), 일본 자유당의 창시자 이타가키 다이스케板垣退助(1837~1919) 등은 자유주의란 사회진화론적인 국제사회에서 개인이 국가를 위해 활동할 수 있는 영역과 신분이 확대되는 것이라고 역설했던 것이다.[4]

이러한 사정은 다이쇼 시기(1912~1926)로 이어졌다. 국가주의로 변형된 자유주의에 대한 대항으로 일어난 것으로 보이는 다이쇼 데모크라시의 사도使徒 요시노 사쿠조吉野作造의 주장은 그 사실을 여실히 드러낸다. 다이쇼 시기는 급진전되는 산업화 속에서 무역을 확장하고 그 이익을 누렸던 부르주아들이 자신들의 이익은 군국주의

---

2) 최경옥(2005), 〈메이지기 일본의 서양 문명 수용과 번역〉, 《번역학연구》 6(2), 한국번역학회, 192~193쪽.
3) 자유주의는 대중이나 어떤 효율적인 사회계층이 소유한 정치적 이념으로 메이지 과두정부에 대한 싸움을 수행할 정치적 방편으로 간혹 이용되었다. 그러자 일본에서 자유라는 용어는 법규나 사회도덕적 통념에서 이탈한 행동을 비판할 때 쓰여졌다. 후쿠자와 유키치福澤諭吉가 《서양사정》이라는 저서에서 "영어의 리버티 Liberty 원뜻에는 불법적, 반사회적인 뜻이 없다"는 것을 밝혔던 이유도 그 때문이었다〔민두기(1967), 〈일본적 자유주의〉, 《논단》 3(1), 미국공보원, 21쪽〕.
4) 민두기(1967), 위의 논문, 24쪽.

와는 어울릴 수 없음을 알고, 자유주의 추진 세력인 정당 지도자와 함께 보통선거와 정당내각제를 이룩하고자 노력하여 그 성과를 얻어낸 시기이다.

그러나 이러한 정치개혁의 사상적 근거가 된 요시노 사쿠조의 민본주의는 국가가 시장과 사회를 합리적으로 규율하는 자유주의였다. 그는 이미 1905년 출판된 《헤겔 법철학의 기초》라는 저서에서 개인의 권리와 이익을 국가의 권리와 이익에 어떻게 통합할 것인가 하는 문제를 해결하고자 고민했다.5) 그것에 대한 해답이 국가유기체설에 근거한 그의 민본주의였다. 그는 국가를 도덕적 유기체로 생각하고, 개인은 국가의 성원이 되는 것에서 행복의 의미를 찾을 수 있도록 규율되어야 한다고 주장했다. 결국 그가 보통선거권의 확보를 추구한 것은 정치제도의 합리화를 통해 더욱 효율적으로 개인을 통합하고 국가와 사회를 조화롭게 일체화하기 위한 것이었다. 정치적으로 일본의 자유주의는 그 외형과 형식면에서는 체제를 정비하였으나, 개인의 자유를 우선 가치로 삼아 사적 영역에 대한 국가 개입의 질을 면밀히 따져보는 내면적·실질적 측면에서는 인식이나 경험이 부족한 채 국가주의에 종속되고 말았다.

한편으로, 지식의 일부로 들어온 일본의 자유주의는 러일전쟁 이후 국가지상주의에서 벗어나 사적인 개인의 내면적 자립, 그 연장선에서 세계와 문명이라는 보편주의 지향으로 발전했다.6) 정치적 측면은 보류하고 문화·예술방면에서 개인의 감성과 인격을 중시하는 사조가 성장하기 시작했던 것이다. 그러한 자유주의는 일본에서 교

---

5) 한정선(2004), 〈다이쇼민족주의 재평가—요시노 사쿠조와 신자유주의를 중심으로〉, 《동양사학연구》 87, 동양사학회, 244쪽.
6) 마쓰모토 산노스케松本三之介(1996), 《明治思想史》, 新曜社, 215~218쪽.

양·인격주의라 불렸다.

1910년대 후반 일본에 교양주의를 퍼트린 가라키 준조唐木順三에 따르면, 교양주의란 '지식층 사이의 새로운 개념'이었다. "물질과 정치만이 우리가 추구해야 할 가치가 아니며, 개인의 고유성과 정신성도 중시해야 한다"는 것이다.[7] 또한 인격주의란 그 대표자 아베 지로阿部次郎에 따르면 "인격의 성장과 발전을 지상의 가치로 삼기에 물질주의적 인생관과 날카롭게 대립하고 있고, 또 절대적 국가주의의 전제에 반대하여 인격적 이상 생활의 실현을 위해 현실과 싸우려는 사상"이었다. 아베 지로는 《산타로의 일기》를 1914년부터 1918년까지 3부로 간행했다.[8] 이 책은 대정·소화 시기에 널리 읽혔는데, 여기에서 그는 내면적 반성을 언급하며 자유로운 인격 형성을 인간 최대의 의무이자 권리라고 주장했다.[9] 당시 발간되어 유행했던 잡지 《시라카바白樺》(1910~1923)는 이러한 사조와 상황을 단적으로 나타내 주는 문예지였다.[10]

일본 자유주의의 특성은 1910년대 후반 일본에 머물던 조선유학생들에게도 어느 정도 영향을 끼쳤다. 당시 조선유학생들의 사회관은 사회진화론에 바탕을 둔 민족적 결집과 힘을 강조하는 경향이 지배적이었다. 정치적으로 개인이 첫째이고 사회는 개인들의 집합에 지나지 않는다는 고전적 자유주의 사상은 유학생들이 마음으로 받

7) 가노 마사나오鹿野政直(1999), 김석근 역(2004), 《근대일본사상길잡이》, 소화, 170쪽, 180~181쪽.
8) 가노 마사나오鹿野政直(1999), 위의 책, 170쪽.
9) 김진송(1999), 《현대성의 형성: 서울에 딴스홀을 허하라》, 현실문화연구, 38쪽.
10) 《시라카바》는 이상적 인도주의를 내세운 잡지로 그 주도자들은 연설회, 미술전람회, 음악회 등 수많은 기념행사를 열었다. 당시 많은 조선유학생들도 영향을 받아 자아의 개성을 살리고 이를 인류라는 보편으로 연결해 조화시키려는 태도를 갖추게 되었다[김윤식(1987), 《염상섭연구》, 서울대학교출판부, 80쪽].

아들이거나 논할 수 없는 극단적 이기주의에 지나지 않았다. 물론 그들은 자유주의를 개인주의라고 불렀지만, 고전적 자유주의에 대한 원리적 이해가 없지는 않았다. 김량수金良洙는 사회문제의 해결 방안을 개인주의·사회주의·온건적 국가간섭주의로 나누었고,11) 당남인 塘南人은 건전한 개인주의란 "개인의 가치를 자각하고 개인의 진보 발달의 범위를 확장하며 자기를 충분히 실현하는 것"이라며, 그 목적은 "개인, 민족, 국가, 사회, 인류를 위하여 가치 있는 공헌적 인간을 만들려하는 것"이라고 이해했다. 그러나 우리 민족 사이에는 "이같은 개인주의가 아니고 당시 사회를 그릇되게 하는 사상으로 극단의 이기주의와 정신과 인격을 무시하는 물질적 실리주의만 들어왔다"는 것이다.12)

이러한 개인주의의 단점을 보안하는 견해를 밝힌 사람은 장덕수張德秀였다. 그는 우리 사회의 잘못된 사회관을 사회지상주의와 개인지상주의로 나누었다. "사회지상주의는 개인의 재능과 창의를 무시하는 결점"이 있으며, "개인지상주의는 사회유기체설을 무시하는 결점이 있다"는 것이다. 곧 "근대문명은 개인의 권리를 주장하는 기초 위에 선 것이지만, 개인은 사회에 대해 권리가 있으며 동시에 의무가 있다"는 점을 강조했다.13) 말하자면 그의 사상은 사회유기체론에 바탕을 둔 신자유주의에 가까웠다.

그러나 "개인은 능동적인 주체로서 생각하고 행동하며 저마다 개성과 주관이 다르다"는 인식은 문화·예술 방면에 있어서 크게 공명되고 확대되었다. 감성을 가진 주체로서 자아가 강조되고, 그 자아

---

11) 김량수, 〈사회문제에 대한 관련〉, 《학지광》 13, 1917. 7. 19.
12) 당남인, 〈우리 사회의 亂波〉, 《학지광》 17, 1918. 8. 15, 9〜10쪽.
13) 장덕수, 〈사회와 개인〉, 《학지광》 13, 1917. 7. 19.

가 추구하여야 할 가치는 진·선·미라는 보편적 이상이면서 민족적 고통의 타파이고, 전 인류적 행복이기도 하다는 생각이 나타났다. 자아에 대해 처음으로 물음을 던지기 시작한 것은 장덕수의 "대저 자기실현과 자기표현은 우주의 근본 사실이 아닌가?"라는 문제 제기였다.14) 이어 문희천文羲天은 "후계적, 고식적 이상을 희망치 말고 동화적, 초월적 이상을 요구하라"면서, "아我로 시작하여 아我로 귀歸하여 자아의 중심적 생명을 몰각치 말라"고 했다.15)

이러한 경향은 문학 분야를 시작으로 그 모습을 보이고 발전했다. 최두선崔斗善이 인간심리를 지정의知情意로 나누고 "정의情意가 만족하면 비로소 생명을 경험할 수 있다"16)고 한 것과, 최승구崔承九가 "사람들이 오관은 다 가졌으나 그 작용은 조금도 하지 않는다"면서, "예술이 생활에 근저되고 확실히 긍정되는 날이 자신이 갱생하는 날"17)이라고 한 것이 그 시작이었다.

이상과 같은 유학생들의 자유주의에 대한 인식과 발전은 개조론과 문화주의의 수용을 계기로 통합·정리되었다. 그들은 정치적으로 독립을 목적으로 하는 상황에서, 국가유기체설에 근거한 국가 개입의 긍정적 측면을 민족의 해방과 통일을 추구하는 형태로 해석하였고, 그 해석을 개인의 발견이라는 문화적인 점에서 성숙해 있던 자유주의와 결합시켰다. 현상윤玄相允이 "이광수李光洙가 민족적 이상으로 정치와 문화 두 가지는 불가겸득不可兼得하다면서 문화 한 가지만을 말한 것"에 대해 비판하면서, "민족적 이상이란 장래 희망을 말

---

14) 장덕수, 〈학지광 제3호 발간에 임하여〉, 《학지광》 3, 1914. 12. 3.
15) 문희천, 〈我學友 사상계를 논함〉, 《학지광》 4, 1915. 2. 27, 22쪽.
16) 최두선, 〈문학의 의의에 관하여〉, 《학지광》 3, 1914. 12. 3, 28쪽.
17) 최승구, 〈감정적 생활의 요구(나의 갱생)〉, 《학지광》 3, 1914. 12. 3, 18쪽.

하는 이상에, 지금 현재의 경우를 보아가지고 그런 희망을 버린다는
것은 졸렬하다"[18]고 비난한 것은 그들의 새로운 운동론의 미래를
예고한 것이라 하겠다.

2) 개조론과 문화주의의 수용

제1차 세계대전이 끝나고 1919년 6월을 전후로 전쟁 뒤처리를 위
한 파리회의가 개최될 무렵, 유학생 사회 곳곳에서 열광적인 환영을
받으며 개조론이 크게 유행하였다.[19] 김준연은 "무엇에든지 개조 2
자가 들어가지 않으면 신문이나 잡지 등 어느 것에서도 도저히 환영
을 못 받았을 뿐만 아니라 거절을 당하였으며, 도리어 구시대의 부
패적 유물이라고 하여 배척을 받았다"고 하였다.[20] 실제로 유학생들
가운데 처음으로 '개조'라는 용어를 사용한 사람은 김량수金良洙였다.
그는 1917년 《학지광》 13호(1917. 7. 19)에 〈사회문제에 대한 관념〉
이라는 글을 발표하면서, 사회문제 해결을 위한 방안이라는 의미로
'개조'라는 말을 썼다. 이후 박석윤朴錫胤, 최승만崔承萬, 김준연金俊淵,

---

18) 현상윤, 〈이광수 군의 '우리의 이상'을 독함〉, 《학지광》 15, 1918. 3. 25, 56쪽.
19) 같은 시기 일본에서도 정의와 인도 아래 세계를 데모크라시적으로 개편할 것을
    표방하는 세계개조론이 유행했다. 일본에서는 1919년 4월 야마모토 사네히코山本
    實彦가 잡지 《개조》를 발간하여, 〈노동문제사회주의비판호〉, 〈자본주의정복호〉,
    〈노동조합동맹파공연구호〉, 〈정신개조호〉 등의 특집 기획물들을 연재했고, 야마
    카와 히토시山川均, 가가와 도요히코賀川豊彦, 아인슈타인, 웹, 카우츠키, 고리키,
    타고르, 로맹롤랑, 노신, 쇼 등 새로운 시대를 대표하는 사상가들의 글이 개조론이
    라는 범주 안에 포함되어 실렸다. 또한 1919년 9월에는 《중앙공론》이 〈노동문제
    호〉를 간행했는데, 그 안에도 사회개조, 인생의 개조라는 표현들이 나타나기 시작
    했으며, 같은 해 버트런드 러셀의 《사회개조의 원리》(1915)가 마쓰모토 고로松本
    悟朗에 의해 《사회개조의 원리》란 제목으로 번역 간행되어 사람들에게 널리 읽혔
    다[가노 마사나오鹿野政直(1976), 〈大正テモクラシ〉, 《日本の歷史》 27, 東京: 小學館,
    284~286쪽].
20) 김준연, 〈世界改造와 吾人의 覺悟〉, 《학지광》 20, 1920. 7. 6, 17쪽.

최원순崔元淳 등 여러 유학생들이 1920년부터[21] 본격적으로 '개조'라
는 말을 쓰기 시작했다.[22]

당시 유학생들이 사용한 '개조reconstruction'라는 용어는 "파괴와
창조가 융합한 개념으로, 현 사회의 것을 먼저 파괴한 다음에 다시
창조"[23]한다는 뜻이었다. 고지영高志英의 주장에 따르면 "개인이나
민족이나 세계나 마땅히 파괴할 때 파괴하지 못하고, 마땅히 건설할
때 건설하지 못하고, 마땅히 변화할 때 변화하지 못할 것 같으면 아
무 진보도 아무 발전도 없을 것"[24]이기 때문에 압제와 착취가 없는
자유롭고 평등하며 합리적인 세계를 실현하려면 정치·경제·사회·교
육·학문·종교·도덕 등 모든 분야가 완전히 개조되어야만 했다. 박승
철朴勝喆은 이러한 개조론을 수용한 1919년을 경계로 그 이전의 문
명을 구문명, 이후의 문명을 신문명이라 하고 이전을 구시대, 이후
를 신시대라고 나누었다. 신시대란 "유사 이래 처음이었던 세계대전
이 종식되고 인류전체가 타락에서 벗어나 모든 부자유한 상태가 자
연한 상태로 회복되는 시대"[25]를 뜻했다. 전영택田榮澤도 개조론이

---

21) 그 예로 《학지광》 19호(1920. 1. 26)에 실린 13편의 기사 가운데 3편의 기사에
　 '개조'라는 용어가 사용되고 있다. 박석윤의 〈우리의 할 일〉, 최승만의 〈상조론相
　 助論〉, 김준연의 〈여행잡감〉이 그것이다. 그러나 19호에서는 올바른 방향으로 철
　 저한 변화라는 개념의 '개조'보다 '개혁'이라는 용어가 더 일반적으로 사용되고 있
　 다. 재일조선기독청년회 기관지인 《현대》도 5호(1920. 5. 3)부터 개조론을 설명
　 하는 기사가 나타나는데, 최원순의 〈개조의 근거〉가 그것이다.

22) 《학지광》에 소개된 대표적인 개조론 관련 기사들을 소개하면 다음과 같다. 박석
　 윤, 〈우리의 할 일(러셀)〉, 19호, 1919. 11. 25; 박석윤, 〈자기의 개조〉, 20호,
　 1920. 5. 13; 김준연, 〈세계개조와 오인의 각오〉, 20호, 1920. 5. 13. 이 기사들에
　 서는 러셀, 크로폿킨, 마르크스, 윌슨 등을 개조론자로 들고 있다.

23) 고영환, 〈우리 생활의 개조〉, 《학지광》 22, 1921. 6. 21, 55쪽.

24) 고지영, 〈시대사조와 조선청년〉, 《학지광》 20, 1920. 7. 6, 26쪽.

25) 박승철, 〈신시대〉, 《학지광》 19, 1920. 1. 26, 1쪽.

뜻하는 세계를 일컬어 "평화와 자유의 빛이 찬연히 비치는 이상적 신세계"라고 말하면서, "예전에는 예언자의 부르짖음, 종교가의 이상, 예술가의 꿈에 지나지 않았던 것이 오늘날에 와서 실제적 문제가 되고 실제적 운동이 일어나고 차츰 실현이 되어가는 것을 보건대, 전 인류가 공통적 이상을 두고 여러 천 년 동안 노력해 온 효과가 생겨서 그 기운이 마침내 신세계를 향하여 일보를 옮겨 놓기 시작하였다"[26]라며 흥분을 감추지 못했다. 김항복金恒福도 세계 불안과 불만으로 시작된 개조 사상이야말로, '진보의 첫걸음'이라고 인식하였다.[27] 지금까지 자유롭거나 평등하지 못했던 모든 것들을 철저히 비판하며 그 개선을 요구하게 되었으며, 그 방안들을 찾게 되었다는 것이었다. 이렇듯 유학생들에게 개조론은 "인류가 그 의사로써 사회를 무한하게 개선하여 완전히 만들 수 있다고 믿었던 신사상"[28]이었다.

그러나 개조론에도 문제는 있었다. 《학지광》에 처음으로 개조론을 소개한 박석윤朴錫胤은 "개조론이 현재의 정치조직, 사회제도는 오류에 빠진 것임으로 개조하지 않으면 안 될 것이라고 가르치지만, 그것을 어떻게 이루어야 한다는 것은 가르치지 아니하였다"면서, 개조의 구체적인 방법을 제시하였다. 먼저 그는 "세상을 바른 방향으로 인도하는 데 있어서 바른 방향인가 아닌가를 판단"하려면 다음 두 가지 질문이 필요하다고 했다. "첫째, 개인 및 사회의 생장을 될 수 있는 데까지 조장하는가, 둘째, 어느 사회 혹은 개인의 생장을 위하여 개인 혹은 다른 사회의 생장을 희생하는 것은 최소한도에 그치

---

26) 전영택, 〈凡人의 感想〉, 《학지광》 20, 1920. 7. 6, 46쪽.
27) 김항복, 〈이것이 人生이다〉, 《학지광》 21, 1921. 1. 31, 51쪽.
28) 고지영, 〈시대사조와 조선청년〉, 《학지광》 20, 1920. 7. 6, 27쪽.

는가"라는 질문이 전제되어야 한다는 것이다. 다시 말해 긍정적인
변화를 이루려면 "개성을 말살시키지 아니하여야 하고, 개인의 생활
을 사회생활, 더 나아가 전 세계의 생활과 연결"해야만 하는데, 그것
은 러셀이 말한 창조충동, 곧 "자기의 생활과 자기와 동일한 충동을
가진 타인의 생활을 함께 생장시키는 충동"을 축적하고, 소유충동,
곧 "자기와 다른 충동과 환경을 가진 타인의 생활을 저해하고 파괴
하는 충동"을 건설적 방향으로 전환하도록 노력해야 가능한 일이라
고 하였다.29) 개개인이 창조충동과 소유충동을 조정함으로써 다른
개인이나 사회의 성장을 꾀하고, 기존의 잘못된 정치조직과 사회제
도를 바꿀 수 있다는 것이었다.

박석윤이 주장하는 개조 방법은 당시 독일의 신이상주의30)를 받
아들인 일본 문화주의 사조와 연관되어 있다. 제1차 세계대전 이후
물질 중심의 서구 자본주의 문명이 대량 살상과 파괴로 이어지자 이
를 비판하는 목소리가 높아졌고, 그 대안으로 정신문명의 창조를 강
조했던 그들의 사조가 개조론의 하나로 떠올라 전 세계에 확산되었
다. 제1차 세계대전을 전후하여 독일과 긴밀한 관계에 있던 일본도
신이상주의를 수용하였으며, 그 가운데 빈델반트Wilhelm Windelbant,
리케르트Heinrich Rickert의 '가치철학', '문화철학'31)은 문화주의라는

---

29) 박석윤, 〈우리의 할 일〉,《학지광》 19, 1920. 1. 26, 3~4쪽, 6쪽.
30) 독일에서 신이상주의(신칸트학파)의 등장은 1870년대 신흥 자본가계급과 노동자
   계급이 나타나 지식인들에게 위기 상황이 닥친 것과 관련되어 있다. 통치계층으로
   서 특권을 누리던 지식인들이 특권을 위협받자, 이에 대처하고자 한 것이다. 그들
   은 스스로를 교양 계층, 인격의 담당자, 정신이 만들어낸 문화의 담당자로 부각시
   키고, 정신의 산물인 문화는 물질의 산물인 문명보다 우위라면서 '문화가치'를 옹호
   하였다[미야카와 도오루宮川透·아라카와 이쿠오荒川幾男(1976), 이수정 역(2001),
   《일본근대철학사》, 생각의 나무, 111~141쪽].
31) 신이상주의철학(신칸트학파)은 유물론철학에 대응하고 관념철학 재건을 목표로

이름으로 크게 유행하였다. 곧 그들의 철학은 일본에서 '인격가치 (창조가치)'와 '문화가치'라는 두 가지 문화주의 내용으로 나뉘어 수용·정리되었던 것이다. 그 대표적 사상가는 소우다 기이치로左右田喜一郎와 구와키 겐요쿠桑木嚴翼였다.32)

'인격가치(창조가치)'를 언급했던 구와키는 "문화란 자연에 대치되는 개념으로 자연과 달리 가치를 갖는 것인데, 그 가치는 절대적 가치, 곧 진선미이며 자아의 자유로운 향상과 발전을 의미하는 것"이라며, "세계개조의 기초는 자아가 자유롭게 발전해 가는 것"에 있는 바, 이것이 곧 '인격'이라고 하였다.33) 진선미는 인간이 궁극적으로 추구할 최고의 가치인 문화적 가치이고, 그것을 추구할 수 있는 개인의 자유가 인격이기에 문화주의는 인격주의이기도 하다는 것이다.34) 한편, 소우다는 "문화란 자연과 대치되는 개념으로 인간 노력

나타난 사조로, 마부르그대학을 중심으로 수학과 논리로써 칸트철학을 새롭게 재해석한 마부르그파(북방파)와 칸트철학의 실행 방면과 실제 방면을 중시한 후라이부르그대학의 후라이부르그파(남방파)로 크게 나뉜다. 마부르그파의 중심 인물은 코헨이고 후라이부르그파의 대표자는 빈델반트와 리케르트였다[다니모토 도메이谷本富(1921), 《文化運動と敎育の傾向》, 東京: 同文館, 82~89쪽]. 이에 대해서는 이시목의 〈주지주의에 대한 신이상주의의 반동〉(《학지광》 27)에도 자세히 설명되어 있다.

32) 박찬승(1992), 《한국근대정치사상사 연구-민족주의 우파의 실력양성운동론》, 역사비평사, 181~182쪽; 조규태(1998), 〈1920년대 천도교의 문화운동 연구〉, 서강대 박사논문, 17~18쪽 참조.

33) 구와키 겐요쿠桑木嚴翼(1920), 《文化主義と社會問題》, 東京: 至善堂書店, 131~167쪽.

34) 구와키의 '인격가치'는 1910년대 후반부터 유행한 일본의 교양·인격주의를 문화주의와 결합해 재정리한 것이다. 교양주의는 국가보다 개인을 우선시하는 가치관이었다. 물질과 정치만이 우리가 추구해야 할 가치가 아니라는 태도로, 개인의 고유성, 정신성을 중시하고 그 창조와 향수를 담당하는 자의 자격으로 '교양'이라는 관념을 제시했다[鹿野政直(1999), 앞의 책, 170쪽, 180~181쪽]. 또한 인격주의는 "이상을 지도원리로 해서 모든 사상과 생활을 다스려가고자 하는 이상주의"이며, "인격의 성장과 발전을 지상의 가치로 삼기에 물질주의적 인생관과 날카롭게 대

의 산물인 문화재들이 유기적으로 결합된 총체를 가리키는 것"이라
고 하였다. 그리고 그는 "일체의 인격은 문화의 생산, 창조에 참여하
여 그 스스로의 중요성과 가치를 발양함으로써 비로소 그 자신의 고
유한 의의를 가질 수 있다"면서 인격가치를 사회적으로 실현한 바를
'문화가치'라고 명명했다.35) 따라서 '인격가치'가 개인의 차원이라면
'문화가치'는 사회적 차원이며, 개인 인격의 사회적 발현 상태가 '문
화'라는 것이다.

이처럼 일본의 문화주의는 인격완성과 문화창조라는 개인적·사회
적 목표를 모두 갖고 있으며, 각각은 서로 원인과 결과, 수단과 목적
이라는 연관성을 가지고 맞물려 있었다. 또한 사회문제가 기본적으
로 '인격가치'와 '문화가치'에서 말미암은 것이며, 그 해결 방법도 그
것을 발전시키는 것에 달려 있다고 보았다. 일본의 문화주의자들은
전통적인 자유주의에 사회적 연대와 책임감을 추가하는 방식으로
문화주의를 받아들였던 것이다.36) 즉, 세계개조의 대상인 사회문제
의 밑바탕에는 인격과 문화문제가 있는데, 진정한 세계개조는 근원

립하고 있고, 또 절대적 국가주의의 전제에 반대하여 인격적 이상 생활의 실현을
위해 현실과 싸우려는 사상"이었다[미야카와 도오루宮川透·아라카와 이쿠오荒川幾
男(2001), 앞의 책, 298~300쪽]. 결국 교양·인격주의는 개인의 자유로운 인격 형
성을 최대 의무로 느끼는 고전적 자유주의 철학이었다.

35) 소우다 기이치로左右田喜一郎(1922), 《文化價値と極限概念》, 東京: 岩波書店, 53~
74쪽.

36) 이러한 일본의 문화주의는 유럽의 고전적 자유주의처럼 개인을 억압하는 공동
체에 대한 투쟁이 아니라, 공동체에 헌신할 수 있는 자유와 권위주의 사회에서
충분히 즐기며 살 수 있는 자유만을 양산했다는 비판을 받기도 한다. 일본의 자
유주의는 보수적이며 제한적인 자유주의로 정착되었다는 것이다. 그러한 경향은
일본의 문화주의가 1910년대 후반부터 유학생들에게 일정한 영향을 끼쳐 조선의
자유주의에도 그대로 이어지고 있다고 보았다[박노자(2004), 〈한국적 근대 만들
기 4-1920년대의 '타이쇼 데모크라시'형 개인주의: 염상섭의 만세전〉, 《인물과
사상》 48, 인물과 사상사].

적인 이들의 발전에서 시작되어야 한다는 논리에 이르렀다. 개인(인본주의)적으로는 새로운 가치체계로 각성된 정신적 인격의 형성을, 사회(민본주의)적으로는 자율적 개인의 사회적 연대가 실현된 신문화 건설을 추구하는 문화주의적 개조론이 마련되었던 것이다.

개인의 도덕적 각성과 사회적 연대로 문제를 해결하는 논리는 당시 유학생들에게도 그대로 수용되었다. 그 결과 1910년대 일본에서 발전된 교양·인격주의라는 이름의 문화·예술 방면의 고전적 자유주의는 1910년대 후반부터 그들의 사고에 깊이 스며들었다.[37] 그러나 그들은 고전적 자유주의의 바탕인 개인주의를 그 자체로 심화시키기보다 사회적 선각자로서의 계몽의식으로 전환시켰다. 개인의 자유를 개인적 각성과 의무를 뜻하는 '인격'으로 해석하며, 인격의 사회적 실현 상태인 '문화'를 강조하는 문화주의 방식으로 바꾸었던 것이다. 그리고 그것은 고전적인 자유주의 사회관이나 문명관을 문화주의적 방식으로 해석해 수정한 결과이자, 새로운 자유주의의 기틀을 마련한 것이기도 했다.[38]

1910년대 유학생들의 사회관은 사회진화론적 사고에 바탕을 두고

---

37) 기존의 연구들에서 1910년 이후 유학생들이 개인주의에 심취하여 민족의식이 없어졌다는 평가가 나오게 된 원인은 바로 여기에 있다.

38) 사회에 대한 개인적 의무와 개인에 대한 사회의 보호라는, 개인과 사회 사이의 유기적이고 보완적인 관념은 1910년대 이미 장덕수에게서 찾아 볼 수 있다. 그는 사회관에는 크게 개인지상주의와 사회지상주의가 있다면서 이 둘을 모두 비판했다. 결국 "개인은 사회에 대해 권리가 있으며 동시에 의무가 있다"(장덕수, 〈사회와 개인〉, 《학지광》 13, 1917. 7. 19, 17쪽)는 것이다. 이러한 장덕수의 사회사상에 대해 김명구는 "그가 자유주의를 수용하면서도 사회유기체론에 입장을 두었기" 때문이라고 보았으며[김명구(2001), 〈1910년대 도일유학생의 사회사상〉, 《사학연구》 64, 한국사학회, 112쪽], 박찬승은 "영국 신자유주의(토마스 힐 그린과 홉하우스)의 영향"이라고 했다[박찬승(2005), 〈1910年代 渡日留學生の思想的動向〉, 《近代交流史と相互認識》 2, 東京: 慶應義塾大學出版會, 12쪽].

있었다. 그러나 그것의 약육강식·우승열패적 사회관은 문화주의적 개조론 수용과 더불어 수정되었다. 그들은 한 민족이나 개인들 사이에 사회진화론적 승자만이 살아남는 잔학한 소유경쟁이 아니라 세계 안에서 개인이나 집단이 서로 격려하고 조화를 이룰 수 있고, 동시에 세계의 문화 진보에 이바지하는 자유로운 창조경쟁을 원했다. 각 개인이나 집단은 서로 분산되고 고립되어 있는 것이 아니라 "인류라는 사회유기체의 구성분자"[39]로 서로 영향을 주고받는 것이기 때문이었다. 집단과 개인 사이에 무엇이 우선인가에 대한 갈등을 충분히 경험하지 않았던 유학생들은 개인 경쟁 위주의 사회진화론을 집단적 조화 위주의 사회유기체설과 쉽게 조합했다. 경제적인 것을 둘러싼 소유투쟁보다는 문화적인 것을 중심으로 하는 창조투쟁을 강조하며, 경쟁과 갈등이 아니라 상호부조와 협동이 사회 경쟁의 원리라는 인식의 전환을 이루었던 것이다.

또한 그들에게 사회는 유기체이기 때문에 "개인이 일정한 목적을 정하고 목적론적 원리에 따라서 진동하는 것과 같이, 사회도 또한 일정한 이상을 향하여 항상 진동하는 것"[40]이었으며, 이 유기체가 도달해야 할 최고 경지가 문화(신문명)였다. 현재 인류는 "동물로부터 발하야 장차 문화의 경지에 들어가려 하고 있는 상태"[41]인 것이다. 신문명은 물질적·이기적·억압적 문명이 아니라 문화발전단계에 따라 들어온 정신적·도덕적 문명, 곧 문화여야만 했다. 그리고 이 신문명을 성장시키는 방법은 자율적으로 각성된 각 개인이 유기적으로 연결된 사회의 진보를 위해 이바지하는 것이었다. "사회 진보

---

39) 박정식, 〈社會의 意義〉, 《학지광》 21, 1921. 1. 31, 14쪽.
40) 최정순, 〈社會生長의 社會學的 原理〉, 《학지광》 20, 1920. 7. 6, 3쪽.
41) 김준연, 〈다윈의 도태론과 사회적 진화〉, 《학지광》 18, 1919. 8. 15, 16쪽.

는 개인 생장의 집성적 표현"42)인 것이다.

그러므로 박석윤이 러셀의 글을 인용하여 설명한 '창조충동'은 개인의 인격가치와 동일한 것이며, '타 개인과 사회의 성장'은 문화가치와 같은 것이다. 그리고 '창조충동의 축적'으로 사회문제를 해결하는 방식은 인격가치의 발전을 문화가치와 통일시킨다는 방법과 일치한다. 이것이 고전적 자유주의를 문화주의적으로 바꾼 장기적인 변혁관이었다.

3) 사회주의와의 분화

유학생들은 "전 우주를 다시 한 번 개조하자는 신사상 운동"이 일어난 계기가 윌슨 대통령의 연설이라고 생각했다. 제1차 세계대전 중인 1917년에 윌슨이 침략과 군국주의에 대항하는 '데모크라시' 국민의 제휴를 내세우자, 이는 세계 인류의 공통 문제로 크게 두드러졌다. 이에 따라 유학생들은 전 세계에 개조가 진행되고 있다고 인식했는데,43) 그들에게 데모크라시는 "침략과 억압에 반대되는 다양한 개념을 모두 포함"하고 있었다.44) 유학생들의 초기 개조론에서 개조란 사회를 데모크라시적으로 바꾸는 것이었다.45) 그리고 개조의 대상인 사회문제에는 자본주의적 정치문제에서 사회주의적 경제문제46)까지, 개인의 자유문제에서 세계 민족자결주의 문제까지 다

---

42) 최정순, 앞의 글, 3쪽.
43) 고영환, 〈데모크라시의 의의〉, 《학지광》 20, 1920. 7. 6, 44쪽.
44) 고영환, 위의 글, 38~43쪽.
45) 고영환, 〈인내력의 수양〉, 《학지광》 21, 1921. 1. 31, 47쪽.
46) 마르크시즘 이론을 설명하는 기사가 실리기 시작한 것은 김량수(1917)의 〈사회문제에 대한 관념〉(《학지광》 13)부터다. 이 글은 당시 사회관을 '개인주의(고전적 자유주의)'와 '사회주의(마르크스시즘)'로 구분하여 설명하면서, 우리 민족도 주관 있는 사회관을 가질 것을 당부하고 있다. 당시 사회관을 양자로 구분하

뒤섞여 있었다. 유학생들이 월슨에서 레닌에 이르기까지, 사회에 문제를 제기하여 바꾸려는 이들을 모두 개조론자라 한 것도 이 때문이었다.

그런데 1919년에서 1920년 당시 개조론은 개조의 대상이 노동문제인 경우에도 해결의 목적과 방식은 유심론적, 곧 문화주의적인 논리에 바탕을 두었다. 그 예는 먼저 김준연에게서 찾아볼 수 있다. 그는 개조가 세계개조를 의미한다고 정의하고, 세계개조란 정치·경제적 자유를 완성하여 인격의 자유를 향유하는 것이 목적이고, 국제연맹과 노동의회가 세계평화와 인격의 자유 획득을 위한 해답이라 주장했다. 김준연은 세계개조의 구체적 대상이 정치문제와 경제문제라고 분석하면서도 경제문제 해결의 열쇠는 위대한 이상을 품은 개인들의 연합에 있고, 궁극적 목표는 인격의 자유 획득에 있다고 보았다.[47]

공산주의 사상 연구단체인 북성회(1922)의 간부가 된 변희용卞熙瑢도 1920년에 사회주의를 설명하면서 희생정신·동정의식·노동자 교육을 노동운동 해결의 열쇠로,[48] 러셀의 이론을 그 구체적 방안으로 제시하였다.[49] 또한 그는 1921년 당시 노동운동이라면 누구나 임금 인상과 노동시간의 단축을 요구하는 노동자 운동을 먼저 연상하지만, 노동자가 사람인 이상 노동운동은 생물적 요구에만 그쳐서는 안

는 태도는 그 뒤 당남인(1918), 〈우리사회의 난파亂波〉(《학지광》 17)에서도 이어지는데, 이 글에서는 그것들을 우리 사회에 해악이 되는 사회관인 '그릇된 개인주의(고전적 자유주의)'와 '그릇된 실리주의(마르크스시즘)'로 명명하며 비판하고 있다.

47) 김준연, 〈世界改造와 吾人의 覺悟〉, 《학지광》 20, 1920. 7. 6, 17쪽, 22~23쪽.

48) 변희용, 〈노동문제에 대한 여余의 견문 2〉, 《현대》 1, 1920. 1, 17~21쪽.

49) 변희용, 〈랏셀의 理想의 一節〉, 《현대》 6, 1920. 6, 14~21쪽.

된다고 하면서, 노동자들은 공장 생활을 자신의 생활로 만들기 전에
노동자 자신을 가져야 한다고 역설했다. 여기서 노동자 자신이란 노
동계급 자신, 즉 노동자 단체의 자주자율적 능력이자 노동자들의 자
의식을 말한다. 변희용은 노동운동이 노동자의 자기를 획득하는 운
동이고, 노동자의 자주자율적 생활을 획득하는 운동이자 사람의 운
동이며 인격 확립의 운동이라고 했다. 그리고 현재 노동자들이 인격
을 확립하는 가장 좋은 방법은 '노동조합의 조직'이라고도 했다. "노
동조합은 내부로는 그 자신의 노동자의 자주자율적 능력을 충실히
하려는 표현이며, 외부로는 그 능력을 확대하려는 기관"이라는 것이
었다.50) 일본대학日本大學 전문부 사회과를 이수하고 조선공산당 활
동에 참가했던 배성룡裵成龍도 "오인은 마땅히 개성을 충분히 발휘함
으로써, 창조적 노력에 기유基由하여 무궁한 발전 향상을 축遂할 수
있는 완전한 인격을 건설함이 이 사회 자체의 개조이요, 또 사회를
개조하려는 오인의 목적일 것이다"51)라고 말했다. 그도 노동운동을
자유로운 인격을 확립하는 운동 정도로 생각했던 것이다.

이처럼 1920년을 전후로 정립된 초기 개조론에는 노동문제를 중
심으로 한 개조론도 포함되어 있었는데, 노자勞資 협조주의가 그 방
법론적인 차원에서 주류를 이루고 있었다. 또 노동의 가치를 중시함
과 동시에 윤리적 차원의 문제 해결을 주장했다는 점에서 문화주의
개조론의 방식에 포함되어 있었다. 곧, 인격의 개조와 개성의 자각
을 노동문제 해결의 목적으로 두고, 그 방법으로 도덕적 개인의 사
회적 연대 차원에서 노동자와 자본가의 각성과 협조를 요구했던 것
이다.52)

---

50) 변희용, 〈노동운동의 정신〉, 《학지광》 22, 1921. 6. 21, 66쪽.
51) 배성룡, 〈인격발전과 도정에 대한 사견〉, 《개벽》 24, 1922, 40쪽.

그러나 차츰 사회주의적 정치운동만이 노동문제의 해결책이라고 믿는 유학생들이 등장하기 시작했다. 그들은 개인·정신·점진·조화 위주의 문화주의 방법으로는 앞에서 언급한 문제들을 풀 수 없다고 생각하고, 노동문제를 철저히 계급적 시각에서 분석했다. 노동문제가 세계의 중심 문제이며, 노동문제는 사유재산과 계급모순에서 발생하고 있다는 점을 분명히 인식하기 시작한 것이다.[53] 이는 아나키스트 였던 유자명柳子明(본명은 유우근柳友槿)의 "인심人心의 개조를 대待한 연후에 제도의 개조가 래來할 것이 아니요, 제도의 개조가 실현된 후에야 비로소 인생의 사상, 감정이 완전히 개조될 것이다.…… 사회개조라 할 것 같으면 현 사회의 경제조직과 사회환경(사유재산제도와 이 제도를 바탕으로 발달한 모든 지엽적 문화)을 근본적으로 개혁하고 새로

---

52) 김형국은 1920년대 전반기 개조론이 자유주의 경향의 문화주의와 사회주의 경향의 사회개조론으로 수용되었다고 주장하였다〔김형국(1999), 〈1919~1921년 한국 지식인들의 개조론에 대한 인식과 수용에 대하여〉, 《충남사학》 11, 충남사학회, 121쪽〕.

53) 1920년대 《학지광》의 기사 가운데 마르크시즘을 거론하거나 설명, 옹호했던 글들은 다음과 같다. 20호의 〈과부해방론〉(CY); 〈데모크라시의 의의〉(고영환); 〈사회생장의 사회학적원리〉(최정순); 〈세계개조의 오인과 각성〉(김준연); 〈시대사조와 조선청년〉(고영환), 22호의 〈노동운동의 정신〉(변희용), 27호의 〈유물 변증법적으로 본 종교적 생활과정〉(무백); 〈유물변증법〉(호우), 29호의 〈막스주의와 노동자계급〉(진도암)이 그것이다. 22호까지는 민주주의 문제 일반을 비롯하여 사회주의와의 내용 차이와 노동운동(노동조합)의 본질을 언급하는 수준이었다. 즉, 20호의 〈과부해방론〉에서는 민중 평등적 인생관의 시각에서 과부의 해방을, 〈사회생장의 사회학적원리〉에서는 이상사회론적 시각에서 마르크스의 유물사관과 무정부주의 사상 가운데 하나인 생디칼리슴을 말하고 있다. 〈세계개조의 오인과 각성〉에서는 인간평등과 상호협동을 통한 불편 없는 사회 실현을, 〈시대사조와 조선청년〉에서는 윌슨과 레닌의 개조사상을 비교하고 있다. 22호의 〈노동운동의 정신〉에서는 "노동운동이란 임금인상과 노동시간 단축을 요구하는 노동자의 운동"으로 규정하고, 그 이익 옹호는 노동조합 설립으로 가능하다고 역설하고 있다. 그러나 27호부터는 노동문제를 분명한 계급적 시각에서 분석하고 있음을 알 수 있다.

운 경제조직과 사회환경을 건설해야만 한다"[54]는 주장에서 발견할
수 있다. 그는 노동자와 자본가의 예속관계가 청산되지 않는 한 노동
문제는 결코 해결될 수 없다고 보았다. 이것은 집단에서 개인, 물적
토대에서 정신적 토대로 나아가며 문제를 해결하는 방식으로, 그 개
혁의 주체는 노동자였고 중심 집단도 노동자계급이었다.

이에 따라 좌파 계열의 유학생들은 자유주의적 문화운동론 정립
의 초창기와 달리 문화주의자들과 지향하는 세계가 전혀 다른 것을
깨닫고 그 대열에서 이탈했다. 물적 토대인 경제조직 개조로 사회개
조를 이루려던 그들은, 문화주의자들이 궁극적 이상으로 삼고 있는
개인의 자율성을 차츰 냉소적으로 보게 되었던 것이다.

문화주의자들이 갈망했던 사회는 궁극적으로 개인의 자유를 바탕
으로 하는 자유주의 사회이며, 자본주의 사회였다. 그들은 구문명의
몰락과 함께 신문명의 탄생을 주장했고, 상공업 상태를 신문명 사회
로 정의했다. 김준연이 인류의 역사는 거주 부정不定한 수렵시대, 목
장을 가진 유목종족, 정주定住적 농업민족, 상공업종족으로 진화했으
며 사유권과 분업에 기초한 상공업종족이 문명사회를 이루고 있다
고 한 것이나,[55] 신동기申東起가 소작인 조합이나 생산조합 등의 조

---

54) 유우근, 〈내적 개조론의 검토(1-3)〉, 《동아일보》, 1921. 4. 28~30.
55) 이는 독일의 문화학자 뮬러 라이어의 견해와 같다. 그는 인류 문화가 야만문화단
계–미개문화단계–문명문화단계로 진화했으며, 경제발달단계에 따라 단계적으로
발전한다고 보았다. 인간의 역사를 경제적으로는 수렵생활시대–목축생활시대–농
작시대–농업제조업시대–농업제조업상업시대로 구분했으며, 수렵생활시대를 야만
문화단계로, 목축생활시대와 농작시대를 미개문화단계로, 농업제조업과 농업제조
업상업시대를 문명문화단계로 보았다. 야생문화단계와 미개문화단계에 있는 민족
을 자연민족, 문명문화단계에 있는 민족을 문화민족으로도 구분했다[Mullet-Lyer,
고상량 역(1921), 《文化の諸相と其進路》, 東京: 大村書店, 6~7쪽, 428~436쪽; 조규
태(1998), 〈1920년대 천도교의 문화운동 연구〉, 서강대 박사논문, 24~25쪽].

직이 판매와 생산을 도와 자작농이 될 기회와 요인을 만드는 것이 중요하다56)는 취지의 농업구제책을 제시했던 것도 이러한 맥락에서였다.

따라서 문화주의자들은 필연적으로 계급 대립과 갈등설을 주장하는 유물론자들을 반대하는 견해를 밝히기 시작했다. 경제적 자유와 안전을 중시했던 그들은 당시 민족운동의 한 방법으로 성장하던 사회주의를 용납할 수 없었다. 최정순崔瑾淳은 1920년 7월 처음으로 마르크시즘의 개조 방식을 비판하기 시작했다. 그도 현대 사회문제를 국가적 침략과 국내의 경제 불평등에 있다고 전제하지만, 사회를 개조하려면 먼저 문제의 원인이자 결과인 사회 심의心意에서 시작해야 한다고 주장했다. 다른 동물과 달리 인류의 활동은 본능·지능·영능靈能의 3대 요소로 성립된 것으로, 사회제도도 이 개인의 본능적·지능적·정신적 생활 여하에 따라 결정되고 변개變改되기 때문이라는 것이다. 최정순은 유물론적 사회개조가들인 국가사회주의자, 무정부주의자, 공산주의자, 생디칼리스트, 길드 사회주의자들이 제도만 개조하면 인류의 정의와 자유가 보장된다고 하는데 그 방법과 순서가 잘못되었다고 지적하였다. 그는 무정부주의자들이 주장하는 자유는 물질적 자유, 곧 정의를 위하는 자유라고 하지만 진정한 자유는 내적 자유와 여기에서 오는 외적 자유이므로, 사회 심의의 개조인 내적개조에서 시작하는 것이 당연하다고 주장했다. "각인이 각자 개성 발휘를 위하여 없어서는 안 될 자유란 것의 참 가치를 알고, 자유에 살려는 강도의 열정을 가지게 되는 동시에 다른 사람과 사회에 대한 도덕관념과 연대책임 관념을 완전히 가지게 된 뒤라야 물적개조도

---

56) 신동기, 〈농민구제책〉, 《학지광》 22, 1921. 6. 21, 15쪽.

참의미의 개조가 될 것"이라는 것이다.[57]

이시목李時穆도 유물사관을 비판하면서, 현대사조를 유물론의 실증주의와 유심론의 신이상주의로 나누었다. 그에 따르면 실증주의(주지주의)란 몰가치한 일반 법칙의 설명을 목적으로 하는 과학 만능주의 사조이다. 이시목은 과학 만능주의에 대한 반동으로 정신계의 부활을 주장하는 동시에 실증주의인 유물사관을 타파하고 신문화 체계의 역사적 사관을 주장하는 신이상주의, 곧 신주지주의가 19세기에 등장하였다고 주장했다. "영원의 이상과 무한한 요구를 가진 인류는 편협한 기계적 세계에 만족할 수 없기 때문"에 실증주의는 반대한다는 것이다. 그리고 그는 신이상주의자들 가운데 가치철학으로 더 유명했던 신칸트학파의 리케르트 일파의 철학은 "사물의 법칙을 논함이 아니라, 사물의 가치를 비판하는 것"이라고 했다. 그는 "인간은 자신들이 세운 법칙에 도리어 포로가 되어서는 안 되며, 자아의 반성에 의해 그것을 비판하고 재창조해야 한다"라는 그들의 의견에 전적으로 찬성하며, 실증주의에서 시작한 유물론에 대해서는 회의적이었다.[58]

김항복金恒福이 문화운동의 목표는 민족운동, 노동운동이라고[59] 역설했던 것처럼, 1920년대 초기 유학생들의 문화주의적 개조론에는 노동문제를 주요 과제로 하는 개조론까지 포함되어 있었다. 다시 말해 1920년 초반 문화주의적 개조론에는 좌우의 이념적 대립이 뚜렷하지 않았다. 강조하는 개조 대상에는 차이가 있었지만, 자율적 개인의 인격 확립이라는 목적적 측면과, 개인 인격의 사회적 실현,

57) 최정순, 앞의 글, 4~6쪽, 11쪽.
58) 이시목, 〈주지주의에 대한 신이상주의의 반동〉, 《학지광》 27, 1926. 5. 24.
59) 김항복, 〈문화의 의의와 其 발전책〉, 《학지광》 22, 1921. 6. 21, 39쪽.

곧 문화로 사회를 개조한다는 방법적 측면은 비슷했다.

그러나 둘은 자유주의적 문화운동론과 사회주의적 개조론으로 분명하게 나뉘었다. 전자는 개인과 사회의 자유를 개조의 객체, 지식인을 주체로 조화와 화해를 수단으로 삼았고, 후자는 노동환경을 개조의 객체, 노동자를 주체로 계급투쟁을 수단으로 한다는 점에서 달랐다. 따라서 차츰 유물론자들이 경제적 평등을 지향하는 계급론적 의견을 천명하면서 문화주의적 개조론의 본류에서 빠져나왔다. 자율적 개인의 사회연대를 강조했던 문화주의자들은 이러한 유물론을 "정신의 가치를 몰각沒覺한 이론으로 인간이 원리에 매몰되어 버리는 실증주의"60)라며 반박했다. 이에 따라 그들은 자신들의 지향점이 자율적이며 자본주의적인 개인 형성에 있다는 점을 분명히 하고 자유주의적 문화운동론을 정립해 나갔다. 자유주의계 유학생들은 자유주의적 전통 위에 개조론과 문화주의의 수용, 사회주의와의 분화를 거치며 개인주의적·정신주의적·조화주의적·자본주의적 성격을 갖춘 자유주의적 문화운동론을 정립했던 것이다.

2. 문화운동론의 논리적 특성

1) 인격개조론人格改造論

1920년대 자유주의적 문화운동론을 정립한 유학생들은 개인의 인격 형성을 강조했다. 그런데 그 인격은 외부에서 주조하는 것이 아니라 철저하고 자발적인 내부의 각성으로 만들어지는 것이었다. 그

---

60) 이시목, 앞의 글.

래야만 확실한 신념을 갖춘 인격, 즉 확고한 자아가 이루어지고, 그 것이 밖으로 드러날 때 외부 상황에 굴하지 않고 당당히 맞설 수 있 기 때문이었다. 이러한 견해는 여러 유학생의 글에서 자주 등장하고 있다.

김항복은 "우리의 자아가 만물의 척도라는 것을 자각하고, 독립적 정신으로 생활하는 반항적인 인간이 되어야 한다"고 했다. "진보와 향상은 개개인이 불평불만을 느끼고, 설사 위험하더라도 이에 대해 강렬하게 요구하고 활동하는 데" 있기 때문이었다.[61] 변영로卞榮魯도 '자아는 만물의 척도'이며 자아를 잃으면 우리 인생은 모순, 갈등, 고뇌, 실망의 암야에 방황할 것이라고 했다. "자아를 표현하고 자아 의 본령을 발휘하여 자아적 생활을 하려함이 곧 우리에게 천天이 부 여한 특수한 권리"인 것이다. 그러나 그는 동시에 이 권리를 행사해 야만 할 의무도 있는 것이며, 권리를 포기하고 의무를 수행하지 않 거나 못하는 것은 천天에 대한 죄악이며 동시에 자기에 대한 대 죄 악이라고 주장했다. "우리가 주아적 생활(자기표현)을 함으로 말미암 아 생기는 모든 세계의 여론이나 비평을 조금도 개의치 말고 정직하 게 대담하게 비장하게 줄기차게 반항적 태도로 나가지 않으면 안 되 는 것"이었다.[62]

전영택田榮澤과 일성一星도 "현재는 아름다운 이상이 주장되고 정 의·인도·자유·평화를 강령으로 삼은 모든 운동이 일어나면서도, 한 편으로는 이와 모순되는 현상이 많고 이를 반항하고 이를 압박하는 편이 오히려 세력을 잡고 승리를 얻고 있으므로,[63] 이에 대항하는

---

61) 김항복, 앞의 글, 48~49쪽.
62) 변영로, 〈主我的 生活(1)〉, 《학지광》 20, 1920. 5. 14, 55~56쪽.
63) 전영택, 앞의 글, 46쪽.

정신으로 자기 자신을 실현할 새사람이 되어야 경쟁이 격렬한 생존의 무대에 깊이 뿌리내릴 수 있다"[64]고 하였다. 세계개조를 위해 남은 문제는 인류에게 이상에 대한 요구와 그 이상을 실현하려는 용기여하라는 것이다.[65] 강제동 역시 각자가 자유도덕을 갖춘 인간인 '초인'이 되어야 함을 다음과 같이 주장했다.

> 오인의 각각 자기로 하여금 초인되기를 期望할지라, 초인되고자 할진대 먼저 구의 가치, 구의 도덕, 구의 관습을 타파하고 신의 가치, 신의 도덕 즉 자유도덕을 창조할 지라, 즉 파괴로 창조에, 창조로 가치의 개혁에 향상 진보할 때는 차에 비로소 초인됨을 득할지라.[66]

"가치 있는 개조가 되게 하려면 새로이 창조한 것이 기존에 파괴된 것보다 더 가치가 크지 않으면 안 된다"[67]는 고영환高永煥의 말처럼, 그들은 모순된 기존의 세계를 파괴하고 이상적인 새로운 세계를 창조하는 것이 삶의 가치를 높이고자 하는 그들의 사명이라고 여겼다. 따라서 투철한 신념을 지닌 자아의 형성과 그 외부적 표출에 대해 역설했던 것이다. 박석윤이 "육체적 자유는 사람으로부터 빼앗을 수 있지만 정신적 자유는 사람의 본연한 권리다. 세계의 모든 정부나 군대도 저의 협동 없이는 저로부터 빼앗기에는 무력하다"[68]는 러셀의 말을 자신의 글 마지막에 그대로 인용하며 끝맺었던 것도 이 때문이었다.

---

64) 일성, 〈겉 개화? 속 개화?〉, 《학지광》 18, 1919. 8. 15, 68쪽.
65) 김준연, 〈世界改造와 吾人의 覺悟〉, 《학지광》 20, 1920. 7. 6, 26쪽.
66) 강제동, 〈不可思議〉, 《학지광》 22, 1921. 6. 21, 72쪽.
67) 고영환, 〈우리生活의 改造〉, 《학지광》 22, 1921. 6. 21, 55쪽.
68) 박석윤, 〈우리의 할 일(러셀)〉, 《학지광》 19, 1920. 1. 26, 7쪽.

이처럼 문화운동에 나섰던 대다수 유학생들은 개인의 자유를 인격 형성의 조건이자 완성으로 보았으며, 자발적으로 개조의 의지를 배양함으로써 결국 당면한 문제를 해결할 수 있다고 보았다. 왜냐하면 사회는 개인들의 정신적 결합체이기 때문이라는 것이었다. 박정식은 개인과 사회의 관계를 다음과 같이 말하고 있다.

> 개인의 정신으로서 작용되고 영향되고 또는 결합되는 그곳에서 사회의 의의가 있다. 개인의 정신결합이라 하는 것은 알아야만 한다. 사람이 모든 사물을 관계하여 감을 따라서 이 결합은 더욱 복잡하게 되어가는 것이다. 나는 그 복잡하게 되어가는 사이에 우리의 정신의 통일이 있는 줄 안다. 즉, 이 개인의 정신결합이 통일하는 가운데에 우리의 사회가 있는 줄 안다. 그럼으로 사회는 우리 개인의 정신적 결합체라고 할 수 있다.[69]

부조양負朝陽은 "자기의 욕망이 사회의 행복과 일치하는 것이 최고의 선(지선至善)이며 개인과 사회의 정신적 통일에 개인의 행복과 사회의 발전이 달려 있다"[70]고 하였다. 전영택이 자율적 주체인 '신인新人'이 갖추어야 할 필수적 조건으로 확고한 신념 말고 "남을 동정하고 사랑하는 마음"[71]을 강조한 것이나, 박석윤이 인격의 발전이란 "참마음으로, 열정으로, 감격으로 남을 사랑하는 것이며, 동정하는 것"[72]이라고 했던 것도 개인적 가치와 사회적 가치의 통일을 강조한 것이다. 최정순이 "사회진보의 제1요소인 상호부조의 애愛와

---

69) 박정식, 앞의 글, 14쪽.
70) 부조양, 〈何以謂之至善也(至善論)〉, 《학지광》 21, 1921. 1. 31, 10쪽.
71) 전영택, 앞의 글, 47쪽.
72) 박석윤, 〈自己의 改造〉, 《학지광》 20, 1920. 7. 6, 13쪽.

데모크라틱 교육을 통하여 교양을 받은 사람은 사해동포정신을 가지게 된다"[73]고 한 것도 이 때문이었다. 전영택이 바랐던 신인의 모습도 다음과 같다.

> 우리는 희망과 용기를 가지고 인도의 옹호자가 되고 문화의 선전 운전자가 되어야 하겠다. 현대의 신사상주의를 절실히 이해하고 철저한 인도주의자가 되어야 하겠다. 가장 고상한 문화적 교양이 있는 新人이 되어야하겠다.[74]

이처럼 최정순은 사회생장이나 사회진보는 개인 생장의 집성적 표현이므로 개인이 자각적이고 진보적이면 사회의 진보를 촉진할 것이라고 했다.[75] 그런데 여전히 그 궁극적 목적은 "자기와 민족과 전 인류를 위하여 진정한 자유"를 얻기 위해서였다. "세계 전 인류는 그 부정할 수 없는 필연적인 형이상적 요구에 의하여 자유를 동경하고 자유를 절규하면서 자유의 구체적 획득을 향하여 발전"하기 때문이라는 것이다. "자유는 진실로 인류생활에 있어 영원한 근본적 방향"[76]이므로 각 개인의 자유는 내적개조와 사회개조의 시작이자 완성이었다.

따라서 근대문화가 개인의 자유를 토대로 성립한 것을 감안한다면, 그들은 각 분야에서 자유라는 근대적 가치를 각 개인에게 내면화시키려 노력했다고 볼 수 있다. 개화기 이후의 문명개화론이나 실

---

73) 최정순, 앞의 글, 13쪽.
74) 전영택, 앞의 글, 47쪽.
75) 최정순, 앞의 글, 3쪽.
76) 박석윤, 앞의 글, 15쪽.

력양성론에서 두드러지지 않았던 개인적 자유의 문제가 강조되고 있는 것이다. 인격의 형성과 그 사회적 실현이 문화운동의 시작이자 결과[77]였기에, 문화운동론은 각종 억압에서 개인을 해방시켜 개인 자신으로 서게 하려는 것이었다. 그것은 개인의 가치를 극대화시키고 있다는 점에서 철저한 개인주의에 입각하고 있었다.

2) 신문화건설론新文化建設論

김항복은 문화의 정도가 민족의 성패와 연결된다고 하였는데, 이는 구와키 겐요쿠桑木嚴翼의 주장에서 비롯된 것이다. 구와키 겐요쿠桑木嚴翼는 "세계개조의 기초는 인격주의에 있으며, 단순히 나라를 세웠다고 평등한 대우를 요구하고 동일한 권리를 누릴 수는 없다"고 했다. 국가와 민족도 인격적 가치를 가져야 한다는 것이다. 김항복도 같은 어조로 다음과 같이 말했다.

> 문화의 정도가 고상한 민족과 개인은 행복, 쾌락, 자유가 있을 것이요, 其 정도가 비열한 민족과 개인은 고통, 압제, 정복을 받을 것이다. 또 문화의 활동이 其宜를 得한 국가는 승리를 얻고, 其활동이 其宜를 得치 못한 국가는 실패를 招하는 것이다.…… 고로 행복, 자유, 쾌락을 구하는 자 반드시 고상한 문화를 가질 것이요, 승리와 평화를 얻으려는 자 반드시 정의, 인도의 방향으로 문화를 활용하여야 할 것이다.…… 동경에 유학생이 數年來 倍加하여짐도 문화의 필요를 알음이요, 조선內地에 학생의 격증함도 이 필요를 깨달음이요, 강연회가 성행하며 관광단이 많아짐도 이 필요를 알음이다.[78]

---

77) 이영화(2004), 〈1920년대 문화주의와 최남선의 조선학운동〉, 《한국학연구》 13, 인하대학교 한국학연구소, 24쪽.

그는 문화 정도가 고상한 민족과 개인은 승리·행복·쾌락·자유를 얻을 것이요, 그 정도가 비열한 민족과 개인은 실패·고통·압제·정복을 얻을 것이라고 하였다. 그러므로 조선은 문화의 필요성을 깨닫고 그 증진을 위해 노력해야만 한다는 것이었다. 김항복은 새로운 시대에 적응하지 못하는 민족의 앞날은 비참할 것으로 예상했기 때문이었다.

제1차 세계대전을 전후로 개조론과 문화주의를 수용한 유학생들은 세계가 개인의 자유와 행복을 보장하려는 개조의 시대로 들어서고 있으며, 조선 민족과 사회도 이에 부응해 개조되어야 한다고 주장했다. 그런데 김항복은 우리 민족의 성질이 "본래 호언장담을 즐기고 내용 없이 떠들기를 좋아하며, 게다가 편벽한 당파적 시기심까지 적지 않다"[79]고 했다. 고지영도 조선 민족은 "그동안 퍽 계급적이었고, 퍽 보수적 아니 퇴영적이었고, 퍽 질타적이었으며, 퍽 이기적"이라고 했다. 게다가 조선의 인습과 전통은 '그른 것'이며, '우리의 생활을 속여온 것'[80]이라고까지 하였다. 김항복에 따르면 조선 사회는 자유와 문명의 적이 되는 전세기의 유물, 즉 부패한 도덕으로 노예화되어 있는 사회로, 당시 조선 문화는 평시와 달리 망할지도 모르는 대운명[81]에 처해 있었다.

이에 그들은 민족성과 민족문화의 개조는 개인의 정신·사상개조에서 출발해야 한다고 보았다. 김준연은 조선 사람도 모든 일에서 남보다 먼저 덕성을 높여 순결무구한 양심과 명석한 이해력의 소유

---

78) 김항복, 앞의 글, 38쪽.
79) 김항복, 위의 글, 42쪽.
80) 고지영, 〈現代思潮와 朝鮮靑年〉, 《학지광》 20, 1920. 7. 6, 25쪽.
81) 김항복, 앞의 글, 40쪽.

자가 되어야 한다고 주장했다.[82] "부패한 구사상을 전연히 근멸시키고 신선한 두뇌 속에 진보된 신사상을 흡수하는 데 가장 장애가 되는 것이 부패하고 인습적인 생활"이라고 생각한 김준연이 보기에 민족개조의 적은 봉건적 관습이었다. 고영환高永煥은 "지금은 시대사조가 무엇인지 세계개조가 여하함도 망연히 이해치 못하고, 다만 자기의 자녀를 일종의 소유물이나 별제의 인형으로 인지하고 임의로 지배만 하려는 부모에게 부착附着하여 고루하게 기생충적 생활만 감수할 시대, 즉 시대정신에 눈먼 부모의 지배 하에서 시비정사是非正邪를 막론하고 유명시종唯命是從하여 인순고식因循姑息할 태평시기가 아니기에, 우리는 다시 개량할 여지가 없는즉, 과거의 우리 생활에 채용하든 수단방법이며 습속관례 등을 근본적으로 전연히 파괴하여 버리고 신문명, 즉 신문화를 건설하며 가치 있는 신생활을 해야만 한다"고 했다.[83]

그런데 우리는 "타인보다 더 침착한 주의와 타인보다 더 냉정한 정신으로 극히 신중하게 이 긴차절緊且切한 생활개조에 착수하며 이를 실행"해야만 했는데,[84] 왜냐하면 "각자가 관찰하여 파악한 각기의 우주관·인생관이 각자에게는 절대인 것이지만, 생활 기준은 절대 유일한 것은 없고 상대적이므로, 각자는 각자의 경험으로 충분히 고려한 후에 정한 자기의 생활기준이 제일임을 믿는 동시에 타인의 생활기준을 존중히 경애하여야 할 것"이기[85] 때문이었다. 그러나 오랜 숙고 뒤에는 이상에 맞고 사회생활에 적절하다 생각되면 조금도 주

---

82) 김준연, 앞의 글, 25쪽.

83) 고영환, 〈우리生活의 改造〉, 《학지광》 22, 1921. 6. 21, 55쪽, 62쪽.

84) 고영환, 위의 글, 62쪽.

85) 임철재, 〈絕對眞理性의 沒落을 論함-觀念的 絕對眞理를 指함〉, 《학지광》 29, 1930. 4. 5.

저하지 말고 바로 생활의 개조에 착수해야 하는데, 고영환은 그 구체적 행동 사항으로 첫째, 시간의 엄수, 둘째, 의복의 개조〔백의의 철폐·의복척도의 축소·침의와 노동복의 신제·면말綿襪(버선)의 전폐와 개조〕·음식물의 청86) 등을 제시하였다. 또한 그는 주부들도 무엇이든 생활에 유용하게 응용할 만한 것이면 배워야 급한 생활난도 어느 정도 벗어날 수 있으며, 인생의 큰 고비인 이혼문제도 완화시킬 수 있을 것이라고87) 덧붙였다.

자유로운 인격의 발현을 위해 깨뜨려야 할 구관습으로 유학생들이 가장 자주 제기했던 것이 구식 결혼관과 제도였다. 당시 유학생들 가운데는 기혼자들이 많았는데, 이는 개인의 자유의지를 배제한 봉건적 습속에 따른 것이었고, 이 때문에 유학 생활에서 가장 고통스러운 문제 가운데 하나가 바로 결혼과 결혼생활이었던 것이다. 한 유학생 아버지의 다음 기고문은 결혼과 관련된 당시 유학생들의 세태를 잘 보여주고 있다.

　보통학교 졸업 후 경성 유학을 시켰더니 매달 30원씩을 갖다 쓰고 가끔 10원씩 가져갔다. 17살 되던 해 장가를 보냈다. 서울서 학교를 마치고 일본 유학을 가겠다고 해서 기왕 시작한 것이고 저도 간절히 원을 하고 세태도 그러한 듯하여 일본으로 보냈다. 그때부터 제 처와 이혼하게 해달라고 졸랐다. 일본 유학 4년 후 고향으로 돌아와서는 2, 3일 후 서울로 다시 올라가서 지금은 소식조차 없다. 작년 봄에 올라가 만나보니 신식 여자가 어미라고 부르며 인사를 한다. 며느리는 제 친가에서 한숨으로 지내고 있고, 아내는 매일 눈물로 보내고 있고 나는 울화병이 났다. 이러한

---

86) 고영환, 앞의 글, 56~60쪽.
87) 고영환, 위의 글, 61쪽.

것이 신식학교 교육의 성과라면 나는 학교에 불이라도 지르고 싶다.[88]

유학생들은 조혼 풍습 때문에 어린 나이에 결혼하는 예가 많았고, 부모의 일방적인 결정으로 배우자를 정해 혼인한 뒤 유학 기간 동안 떨어져 지내는 경우가 대부분이었다. "서생書生이라 서생이라 웃들 말아라. 집에만 돌아가면 서방書房님이다"라는 속요가 유행했을 정도였다.[89] 이 때문에 유학생이 본격적으로 늘어나면서 유학생들과 그 아내들 사이 이혼이 사회문제로 부각되었으며, 때로는 심각한 지경이 되기도 했다.

1931년 4월 8일 일본 유학 출신 비행사인 심종인의 아내 김용주[90]가 자살했던 사건이 그 한 사례였다. 김용주는 본인이 강하게 거부했음에도 동덕여고보 3학년이던 17세에 부모에 의해 강제로 결혼했는데, 이후 남편은 그녀를 철저하게 외면했다. 일본 유학 중에는 말할 것이 없었고 귀국 후에도 오직 유흥가만을 전전하며 소일하자, 김용주는 부모와 남편에 대한 깊은 불만과 현실에 대한 절망감 때문에 경부선 열차에 몸을 던졌다.[91]

해외에 체류하던 학생들 사이 교제는 어쩌면 지극히 자연스러운 현상이었다. 유학생 사회에 일본 유학은 '유학留學'이 아니라 '유학遊學'이라는 말이 나돌 정도로 그 분위기는 점차 자유로워졌다.[92] 그 가운데 동경여자유학생 친목기관인 학흥회 회원들을 둘러싸고 발생

---

88) 남영희, 〈학교무용론〉, 《혜성》, 1931. 3.
89) 이광수, 〈동경잡언〉, 《이광수전집》 10권, 301쪽.
90) 당시 19세로 부유한 서점주인 김동진의 딸이자 동막東幕(마포구 대흥동) 부호 심정택의 맏며느리였다.
91) 〈30년대 조선을 거닐다〉(4), 《조선일보》, 2005. 10. 29.
92) 김을한(1986), 《실록 동경유학생》, 탐구당, 65쪽.

했던 연애 투쟁전은 내용을 역사로 만들 수 있을 만큼 대단했는 데,[93] 당대 유명한 남자 유학생들이 그 여학생들을 유혹하려 경쟁을 벌인 사건이었다. 또한 일부 유학생들은 자유연애에 의한 결혼을 목적으로 '결혼동맹구락부'[94]라는 단체를 결성하기도 했다.

1920년 일본에서는 조대 교수 구리야가와 하쿠손廚川白村 박사가 《근대의 연애관戀愛觀》이라는 저서를 발간했는데, 이 책에서 저자는 'Love is best'라는 구호로 대변되는 연애지상주의를 예찬했다. 오랫 동안 베스트셀러였던 이 책의 영향으로 한때 남녀 사이의 정사情死 가 유행하기도 했고, 조선유학생들도 자연스럽게 일본의 성문화를 체험하게 되었다. "한국인이 정사情事를 할 줄 알게 된 것은 일본 유학 중에 보고 배운 탓"[95]이었던 것이다. 유학생들 사이에 자유연애 사상과 자유로운 남녀관계에 대한 인식이 빠르게 확산된 것은 부자 유했던 과거에 대한 반발심이 작용했던 탓도 있었다.

유학생 CY군은 사람의 생활을 육적 생활과 영적 생활로 나눴다. 그는 "이 두 가지 생활에서 가장 중요한 부분이 각각 성적 생활이나 신앙생활이고, 이 둘은 모두 사랑을 근본으로 한다"[96]는 취지의 글 을 발표했다. 이헌구李軒求도 다음과 같이 말했다.

> 근래에 와서는 개성의 자각과 사회제도의 해방으로 인하여 결혼제도도 자유연애의 결혼이 유행하는 것은 우리 사회나, 남의 사회나 일반이다. 일 반 생물의 종족 본능에서 성적 욕망으로, 성적 욕망에서 점차 진화하여

93) 황석우, 〈동경유학생과 그 활약〉, 《삼천리》 34, 1933. 1.
94) 백남훈(1968), 《나의 일생》, 解慍백남훈선생기념사업회, 55쪽.
95) 김을한(1986), 위의 책, 60~62쪽.
96) CY, 〈寡婦解放論〉, 《학지광》 20, 1920. 7. 6, 16쪽.

좀 더 淨化되고 좀 더 醇化되어 정신화, 인격화한 것이 소위 연애라는 것
은 금일 일반의 공인하는 바이다.[97]

자기가 우수한 재능과 강건한 신체를 가지고도, 배우자의 저능이나 혹
弱點으로 인하여 자손에게 불행한 결과를 미치게 되는 것은 이론이 그러
할 뿐 아니라 幾多의 사실이 이것을 증명하는 바이다. 이것으로 보아 우리
의 결혼문제는 신중히 생각할 필요가 있다. 그런고로 연애는 인류사회를
위하여 정신 방면으로는 남녀 양성이 서로 보존하여 각기 자기를 충실케
하고 새롭게 하는 사명이 있는 동시에, 육적 방면으로는 영원히 종족을
존속하는 사명을 다하는 것이라 할 것이니, 연애는 다만 감정작용으로만
생각할 것이 아니요, 명석한 지적 판단과 견고한 의지의 작용도 겸하는
전인격적이라 할 것이다.[98]

기본적으로 연애결혼에는 찬성하고 있지만, 사랑만으로는 안 되
고, 그 밖의 조건들에 대해 좀 더 냉정한 판단이 요구된다는 것이다.
여자 유학생들도 조선의 인습적인 가족제도, 혼인제도를 거부하
며 새로운 남녀관계에 대한 이해를 바탕으로 자유연애와 자유결혼
을 주장하였는데, 성星이라는 필명의 한 여자 유학생은 남녀관계의
성격을 '욕정欲情'과 '우정友情'으로 구분하고 우정에 바탕을 둔 사람
다운 교제가 중요하다고 강조했다.[99] 옥로라는 필명의 여학생 역시
〈결혼과 연애〉라는 글에서 "연애와 이혼이야말로 금일 우리 사회에
서 제일로 유행하는 물건이요 제일로 시끄러운 대문제"라고 하면서,
남녀의 결합은 "단순한 성性의 결합이 아닌 인격적 결합이며, 그 목

---

97) 이헌구, 〈生物學上으로 본 結婚問題〉, 《학지광》 27, 1926. 5. 24, 64쪽.
98) 이헌구, 위의 글, 65쪽.
99) 성, 〈남녀교제에 대하여〉, 《여자계》 6, 1921. 6, 17~20쪽.

적은 생식에 지止함이 아니고 원만한 사회생활에 있으니 두말없이 부부는 벗의 관계"라고 했다.100) 둘 모두 남녀관계에서 인격적 결합을 무엇보다 중시했고, 그것으로 애정이 싹틀 때 비로소 결혼을 선택해야 한다고 했다.

연애와 결혼에 대한 사회적 의견이 분분한 가운데, 작곡가 김우진 金祐鎭101)과 가수 윤심덕尹心悳102)이 같이 자살하는 사건이 발생했다.103) 세간에 자유연애에 관한 관심을 크게 불러일으켰던 이 사건의 전말은 다음과 같다. 시모노세키를 떠난 일본 관부연락선은 1926년 8월 4일 새벽 4시 부산으로 가려고 현해탄을 건너는 중이었다. 그때 배의 갑판 위에는 김우진과 윤심덕이 서 있었는데, 서른의 동년배였던 이들은 약속한 대로 칠흑과 같은 밤바다에 몸을 던졌다. 다음 날 《동아일보》는 이 사건을 신속히 보도하였다.

---

100) 옥로, 〈결혼과 연애〉, 《여자계》 6, 1921. 6, 32~36쪽.

101) 김우진(1897~1926, 호는 蕉星이며 아명은 김수산 또는 김초성)은 목포 대지주 김성규의 아들로, 1918년 3월에 일본 웅본농업학교를 이수했으며, 1924년 3월에는 조도전대학 문학부 영문학과를 졸업했다[양승국(1998), 《김우진, 그의 삶과 문학》, 태학사, 88~89쪽].

102) 윤심덕(1897~1926)은 평양 출생으로 숭의여학교·평양여자고등보통학교·경성여자고등보통학교 사범과·도쿄음악학교를 졸업하고, 당시 강원도에서 교원으로 근무 중이었다.

103) 그들은 1921년 7월, 재일조선유학생 동우회의 고국순회연극공연 때 가까운 사이가 되었다. 윤심덕은 그 당시에 소프라노 가수로 찬조 출연했다. 1921년에 귀국한 그녀는 1923년 6월 YMCA·경성공회당 등에서 연주 활동을 하여 대중적 명성을 얻었고, 1925년에는 매기의 추억을 취입하여 우리나라 최초의 레코드 가수가 되었다. 1926년 8월 1일에는 日東축음기주식회사에서 '죽엄의 찬미'를 녹음했다. 이 곡은 '도나우강의 잔물결'에 김우진이 가사를 바꿔 만든 것이었는데, 같은 해 8월 4일 그들은 함께 자살했다. 이후 '죽엄의 찬미'는 조선 사회에서 크게 유행했고, 재일조선유학생들로 구성된 토월회는 '사의 승리'란 제목의 연극을 종로 우미관에서 공연하기도 했는데, 이는 두 사람의 情死를 다룬 것이었다[김정동(2001), 《일본 속의 한국 근대사 현장》, 하늘재, 63~65쪽].

1926년 여름을 뜨겁게 달궜던 이 일에 대해《동아일보》는 이어서 속보를 발행했는데, 주로 정사情死의 이유와 찬반 여론 등을 다루었다. 그런데 당시 여론은 대부분 비난 쪽으로 모아지고 있었다. 기사에서 김우진은 처자를 버리고 치정癡情에 빠진 자로 묘사되곤 했다. 부르주아 자제로 태어나 일본 유학을 하면서 신식 연애의 병폐에 물들었다는 것이다. 유학생들이 자유연애를 주장했던 것은 개인을 사회적 억압에서 해방시켜 인격적 자신으로 서게 하려했던 것으로, 그것이 바로 신문화 건설의 목표였다. 그러나 당시에는 이론적 명분과 사회적 인식 사이에서 균형을 유지하기 어려운 형국이었다.

이처럼 구습을 타파함으로써 "내적생명을 자유로 확대케하고 양지양능良知良能을 자유로 개발시키어 완전한 인격자"[104)로 개조시키는 것은 짧은 시간에 이루기 어려운 일이었다. 때문에 개조에 대한 확고한 각성, 즉 '인격개조'·'내적개조'와 그것을 민족적으로 확장시킨 '민족개조'·'신문화 건설'은 우리 민족과 민족문화가 망하지 않고 살아남을 수 있는 중요하고도 급한 과제였다.

3) 서구문화수용론西歐文化受用論

자유주의적인 유학생들은 현재 뒤떨어져 있는 우리 사회가 도달해야 할 정신적·물질적 문화의 모범으로 서구 문화를 상정했다. 윤상철尹相喆은 조선 사람이 많이 나태하여 세월을 허송했기 때문에 동양에 위치한 우리는 서양 문화를 수입해야 할 운명에 처하게 되었다고 주장했다. 정신상으로나 물질상으로 20세기 서양 문화와는 너무 거리가 멀어졌다는[105) 것이다. 윤상철이 지적했듯이, '문명진보의

---

104) 김항복, 앞의 글, 40쪽.
105) 윤상철, 〈外觀內省〉,《학지광》 21, 1921. 1. 31, 19쪽.

역'에 도달하려면 협동심 말고도 널리 외계를 관찰하는 것이 중요한데, 그동안 조선 민족은 주위에 아무런 견문의 자극이 없었다.106)

　주위의 자극으로 유학생들에게 큰 영향을 끼친 것은 서구 문화, 그 가운데 근대적 기계문명이었다. 박승철朴勝喆은 독일과 영국 유학 기간 동안 〈독일가는 길에〉, 〈파리巴里와 백림伯林〉, 〈독일 지방의 2주간〉, 〈북국렬국견문기北國列國見聞記〉(1924), 〈윤돈구경倫敦求景〉(1925) 등의 기사를 《개벽》에 연달아 발표하였다. 그는 일본 유학 이후에 다시 유럽으로 가서 학업을 이어간 인물로 스웨덴의 괴텐부르크박람회(1924)를 둘러보면서 얻은 감상을 다음과 같이 말하고 있다.

　　정면 白館에 진열해 노흔 회화, 조각을 필두로 하여 자국의 습속의 변이와 공업의 발달을 누가 보든지 일목요연하게 진열해 노왓스며, 瑞典은 丁抹과 달나서 제법한 공장들이 멀어있는 것 갓다. 그 진열품 중에는 무수한 공업품이 만흔 것이니 가령 현대 국가의 부강을 말하는 태산덩이 갓튼 기관차와 上天을 찔을 만한 攻城砲며 특히 유일의 제철공장인 듯한 S, K, F 造의 각종 철물이 만히 눈에 띄우는 것이다. 나는 그 공격포와 기관차를 자세히 보고 이러케 생각하였다. 기관차는 현 露國式임으로 中歐에서도 보지도 못하든 것이며, 아마 이것이 기관차로는 크다고 하겟고 공성포는 인력으로 放砲케 된 것이 안이라, 전기장치가 잇서서 이로서 자유자재 방포게 되엿스니 두 가지가 다 人智로 맨든 것이로되 하나는 수만인의 생명을 안전히 하고 또 하나는 수만인의 생명을 박탈하나니, 이 두 가지를 가라처 世人은 국가부강의 표준이라 한다. 이로부터 인류는 환몽 중에서 애통

---

106) 윤상철, 위의 글, 22쪽.

하게 되는 것이다.[107]

그는 서양의 박람회를 구경하면서 기계문명의 발달에 적잖이 놀랐음을 고백하고 있는데, 나아가 기계문명의 발달이 국가부강의 표준이라고도 생각했다. 그는 "가장 학리學理를 잘 응용하고 기계를 이용하기에 선진되는 독일 농부들이 발동기發動機로 집단을 쌋는 것을 볼 적에 조선 농부의 노고가 을마나 만흐며, 조선의 농업이 아직도 유치할 뿐 안이라 을마나 원시적임을 한탄하얏다"고도 기록하고 있다. 박승철의 기계문명에 대한 동경은 1925년 영국에서 열린 웸블리 박람회Wembiey British Empire Exhibition 견문기에도 잘 드러나 있다.

웸볼릐 박물회-영국의 부강, 세계의 축소

우리의 사상 지식으로는 羅馬제국의 부강과 漢光武의 영역과 唐太宗의 판도와 成吉思汗의 정복이 거대하고도 유례가 없는 것이라 하되 6대주에 영토를 두고 이 곳 들에서 나는 물산으로 하여 날로 殷盛하여 가는 영국의 금일의 부강에 비하면 실로 천양지차가 잇나니 영제국이 곧 세계요, 세계가 곧 영제국일 것이다. 영제국의 現勢를 보라. 전세계 인구의 4분지 1, 전지구 면적의 4분지 1을 가졌으니 영국이 전례가 없는 제국이 아니며, 부강이 세계의 제일이 아니고 무엇이냐. 나는 영국의 軍力을 모르며, 또한 이것에 대한 지식도 없다. 그러나 금번에 열린 웸볼릐 박람회를 구경하니 이것이 영제국의 國威를 말하는 것이며, 또한 세계 축소형일 것이다. 현대 과학을 응용하여 제출한 산품을 보이는 공업관과 기계력이 얼마나 충실한가를 모이는 기계관이 있으니, 나는 이 두 가지가 박람회의 중심이 되

---

107) 박승철, 〈北國列國見聞記〉, 《개벽》 43, 1924. 1. 1.

리라고 생각한다. 공업관에서 거대한 기계를 사용하여 순식간에 수백 수천의 면포를 만들며, 그 외에 일용품이 없는 것 없이 구비하게 산출하는 것을 보았으며, 기계관에서는 기관에 장치한 대포는 물론이지마는 英人의 생명이라 할 만한 조선술의 발달을 보이는 것과, 또는 현대 생활에 1일도 불가결한 전기기계의 진보와, 또 그 외에 현대 교통기관으로서 자웅을 다투는 자동차와 비행기가 진열되어 있으니, 이 두 출품관은 확실히 모국의 산업과 기계력의 풍부한 충실을 모이는 것인 줄 믿는다.[108]

박승철은 "세계 제일의 부강국은 영국"이라면서, 공업관 기계관이야말로 영국의 국력을 보여주는 박람회의 중심지라고 하였다. 현대 과학을 응용하여 제출한 산품을 보여준 두 장소에서 큰 감명을 받았는데, 방적기계·대포·조선술·전기기계·자동차와 비행기 등의 기계문명이 영국제국 부의 근원이라고 생각했던 것이다.

괴텐부르크와 웸블리에서 박람회가 열리기 이전인 1922년, 도쿄에서도 평화박람회가 개최되었다. 이는 제1차 세계대전 이후의 평화로운 분위기를 기념하고자 기획된 것이었다. 일본은 이 행사를 계기로 국내 산업을 진흥시키려 하였으며, 박람회에 화학공업조사회를 두어 화학공업을 발전시키는 계기로 삼고자 하였다. 박람회에 전시된 일본측의 물품들은 사회사업·전기공업·항공·화학·교통 등과 관련된 것이었다.[109] 박람회장 내부에는 일본관 말고도 만몽관·조선관·외국관 등이 설치되었는데, 만몽관의 이름이나 조선관의 전시물에 대해 관련국 국민들은 이의를 제기하였다. 중국인들은 "만몽이란 이름은 중국이 일본의 식민지인 것처럼 보이게 하므로 명칭을 바꾸

108) 박승철, 위의 글.
109) 吉田光邦, 강석태 역(1981),《日本科學史》, 敎學硏究社.

라"고 항의했고, 동경주재 조선인들은 조선관에 전시된 물품들을 모
두 치우도록 요구했다. 전시물 대다수가 조선의 '험'을 밖으로 내보
인다는 이유에서였다.110) 다음은 이를 알 수 있는 기사이다.

> 평화박람회. 3월 하순으로 7월까지 평화박람회가 동경 상야공원에 개
> 최되다.
> 평화박의 치욕문제. 평화박람회의 조선관에는 조선 모욕의 진열품을
> 배열하얏다 하야 재동경 조선 청년 간에는 대문제가 되야 결국 평화박 당
> 국의게 해진열품을 취소하기를 요구하야 취소하게 되었다.111)

조선관에 전시된 물품들의 세부 품목은 조선총독부가 정했다. 중
류 이상의 조선인 생활 실태를 알 수 있는 사진들이 전시되었고,
조선의 아동교육소인 서당 모형, 조선 고유의 석기, 도기, 유기, 금
속제품, 금강산 사진이나 인삼 등도 전시되었다.112) 전시관 건물은
전통적인 조선의 건축물 형태로 지붕에는 단청이 칠해져 있었는데,
외관이 경회루와 닮은 모습이었다. 미米는 조선관의 주요 전시물로
진열관에는 미탑米塔이 세워지고, 조선 농부의 조상이 그 옆에 서

---

110) 평화박람회 안의 조선관에 대한 국내 조선인들의 불만은 당시 〈咀呪하라! 平和
博覽會〉(《동아일보》, 1922. 5. 4)에도 자세하게 실려 있다. "조선관의 건물은 고대
건물이지 현대 건물이 아니므로 외부에 보여줄 수 없다. 건축물이 매우 허술하게
지어져서 자칫하면 무너질 지경이다. 단청은 비에 젖으면 떠내려올 정도로 조악하
다. 조선 농민의 험상한 얼굴을 보기 싫도록 만들어서 외국인들이 조선 사람을 야
만이라고 생각할 것이다. 조선의 공업이 유치할지언정 조선의 대표적 산물이 수수
비, 바구미 종류이며, 쌀이라는 것은 지나치다. 총독부의 지원으로 세워졌다는 조
선요리점의 음식은 조선음식 맛이 아니다"라는 등의 내용이었다.
111) 일기자, 〈社會日誌〉(4월), 《개벽》, 1922. 5. 1.
112) 《매일신보》 5월 기사 참조.

있었다.

5월 18일에는 중국의 황태자가 평화박람회를 시찰하기로 되어 있었는데, 조선의 한 유학생은 이에 흥분하여 "조선관은 고대 건물이지 현대 건물이 아니므로 보일 수 없다. 이것은 조선 사람의 치욕이다"라고 말하고 조선관을 태워버리려 하였는데, 박영희는 이에 대해 다음과 같이 회고하였다.

> 문득 KP군이 하는 말이 "중국 사람들도 백치다. 자기네 민족의 수치를 평화박람회에다가 내어놓고 말이지(그것은 강대국의 관에 비해서 나쁘게만 들여놓은 까닭에!)" 하고는 "그것이 평화?"하고 조소하였다. 그 때 별안간에 W군이 무슨 진리를 깨달은 듯이 "올타! 그것은 중국 사람들이 할 일이지! 그러나 조선관에 대한 불평이 없다고 생각하냐? 이것에 불평이 있다면 이것은 우리의 손으로 해결을 하여야만 한다"하고 그의 얼굴은 문득 붉어졌다. 우리는 별안간 새로운 진리를 발견하는 동시에 또 한편으로는 어떠한 두려운 순간을 연상하였다. W군은 부르짖었다. "우리는 누구보다도 선구자가 되어야 한다. 우리는 그러한 기대를 위해서 머나먼 이곳에 온 것이 아니냐? 우리의 모든 고학이 나중에 무슨 소용이 있을 것이랴? 나는 이때로부터 타협에서 벗어낫다. 이제는 새로운 창조다. 이것을 위해서 먼저 파괴하는 것이다. 참된 평화를 위해서" 우리는 모두 흥분되었다. "그러면 어떻게 할 것인가? 석유 한 병이면 다 된다"하고 그는 뛰어 나갔다.[113]

현대 건물이 아닌 전통 건물, 기계관련 산업이 아닌 농업으로 조선의 현실이 표현되는 것은 유학생들에게 수치스러운 일이었다. 전

---

113) 박영희, 〈火焰속에 있는 書簡綴(隨筆)〉, 《개벽》, 1925. 11. 1.

통문화나 낙후된 경제는 모국의 참담한 현실을 드러내는 상징이었기 때문이다.114) 발달된 서구 문화를 하루라도 빨리 수용하여 조선을 발달시켜야만 하는 이유도 여기에 있었다.

그들은 조선의 전통과 인습을 봉건체제의 유습으로 단정하고 모두 개조하려고 했다. 개조로 열강 침탈이 가져온 위기감을 극복하려 했으며, 그것은 개인의 내적인 사상에서 먼저 시작되어야 한다고 보았다. 협동심과 정의심을 갖춘 인격을 길러 민족개조로 나간다는 것이다. 서춘은 민족의 향상을 도모하려면 개인 사이 협동심이 전제됨을 다음과 같이 말하였다.

> 사회를 구성하여 진보하며, 발전하며, 향상하며, 高化하여 일반이 모두 자유, 평등, 행복의 생활을 享受하려면, 공동 노력이 不可無요, 다수 개인이 一處에 집합하여 공동 노력을 영위하려면, 그 적극적 조건으로 단합 결속의 德心이 不可無요, 그 소극적 조건으로는 상호의 반목질시, 시기투쟁의 惡心이 不當有이다.…… 조선인 되는 자, 참으로 此理를 深覺하며, 其非를 통각하여 此陰凶詭謠之心과 毒惡殘念之性을 제거하지 못하면 조선인에게는 그 향상이 없으며, 그 발전이 없으며, 高化가 없으리로다. 따라서 그 전도는 다만 암흑이요, 이는 곧 다만 지옥이리로다.115)

---

114) 1926년 조선에서 개최되었던 조선박람회를 둘러본 유광렬은 "진열된 외래 기계성이 굉장한 일변에 조선식 상여를 진열함은 여하의미인가? 참연하루慘然下淚하였다. 이것이 기계문명에 뒤져서 참혹히 패한 조선인의 전생활을 상징함이 아닌가"(〈문예평론〉, 《개벽》, 1926. 6. 1)라고 한탄하였다. 그 역시 조선의 전통문화를 기계문명에 참혹히 패한 상징물 정도로만 인식하였다.

115) 서춘, 〈可有, 不可有를 論하여 朝鮮民族性의 暗黑面에 及함〉, 《학지광》 22, 1921. 6. 21, 34쪽, 37쪽.

이 글에서 그는 우리가 마음속에 있는 상호반목·시기질투의 감정을 없애고 서로 단결해 결속하자고 외치고 있다. 그러지 못하면 조선의 장래는 어두울 뿐이라는 것이다.

더 나아가 김준연은 "내 것이나 남의 것이나, 내 민족이나 다른 민족의 것이나 물론하고 공평한 제3자의 태도와 냉정한 두뇌의 상태로써 비판하지 않으면 안 된다"고 했다. 우리가 "우리 민족을 정의와 인도의 기치 하에서 정정당당하게 문화의 무대로, 자유의 무대로, 사랑의 무대로 인도할 뿐만 아니라, 이 이상을 전 인류에게 선전하며 장차 실현되려하는 새 세계가, 개조 도상에 있는 새로운 세계가 우리의 철저한 이상을 실현하는 무대가 되도록 노력하지 않으면 안 된다"는 것이었다. 즉, 힘 있는 개조운동은 국제적이어야 하며, 더 좋은 세계를 희망하는 사람은 타국에서 같은 희망을 가진 자와 협동해 맹목적 적개심을 제거해야만 한다는 것이다.

박석윤도 "인류의 한 분자로서의 한 사람"이 되면 "정의와 인도에 따르는 사람이라면 누구와도 친구가 될 수 있다"[116]고 보았다. 추강秋江이 "개량주의reformism로만 달아나지 말고 그 길을 고쳐 개조reconstruction에 힘써야 한다"면서, "나는 코스모폴리탄이다"[117]라고 선언했던 것도 같은 말이었다. 서춘徐椿과 계린상桂麟常은 민족 원한의 대상인 일본까지 협동자에 포함시켰다. 그들은 일본이 권위 있는 부강한 나라[118]이며 세계와 극동에서 웅비하는 나라이므로

---

116) 박석윤, 〈自己의 改造〉, 《학지광》 20, 1920. 7. 6, 8~9쪽, 14쪽.

117) 추강, 〈生覺나는 그대로〉, 《학지광》 21, 1921. 1. 31, 58쪽, 60쪽.

118) 서춘의 〈可有, 不可有를 논하여 조선민족성의 暗黑面에 及함〉(《학지광》 22, 1921. 6. 21, 35쪽)이라는 기사에는 "일본을 보니 그 국민에게 능히 단결결속하는 德心만 있으면 소소한 一島嶼의 나라로도 권위가 무상한 일대 강국을 이룬다는 것을 알 수 있다"라는 내용이 있다.

우리는 일본을 배워야 한다[119]고 서슴없이 말했다. 박승철도 임진 왜란 때 조선에 귀화한 장수인 사야가沙也可[慕夏堂][120]에 대해 고찰 하는 글을 실었다.[121]

개조론자들은 민족의 발전과 독립을 위해 근대적 문화의 수용을 바란다는 점에서 1910년대 실력양성론자들과 같았으나, 자기개조로 철저히 탈민족화된 국제주의를 내세운다는 점에서는 달랐다. 그들은 민족적 협동심도 인류의 보편적인 정의와 인도라는 가치 안에서만 인정했다. 서구 문화 수용을 강조했던 유학생들은 민족문제를 세계

---

119) 계린상은 〈舊穀을 벗어요〉(《학지광》 19, 1920. 1. 26, 40쪽)라는 기사에서 "50 년간의 노력으로 一躍하여 세계의 伍班에 참여하고 更進하여 극동의 무대에 웅비 하는 나라는 오직 일본밖에 없다. 우리는 일본을 배워야 한다"고 말하였다.

120) 왜장 沙也可는 임진왜란 당시 가토 기요마사의 선봉장이었다. 그는 군졸 3천을 이끌고 부산의 동래성에 상륙했으나 다음 날 바로 조선군에게 투항했다. 침략에 명분이 없다는 이유에서였다. 이후 沙也可는 조선군과 함께 일본군에 대항해 78회 의 승전을 거두었으며, 병자호란 관련 전투와 이괄의 난 진압에도 많은 공을 세웠 다. 선조는 그에게 '삼란공신'이라는 칭호와 함께 김충선金忠善(1571~1642)이라 는 이름을 하사했다. 그는 조정에서 내린 벼슬과 논밭을 마다하고(신하로서 당연 히 해야 할 도리를 했을 뿐이라면서) 달성땅으로 내려가 거처를 우록동友鹿洞이라 칭하고 사슴과 벗하며 학문에 열중하다 죽었다. 沙也可의 호는 慕夏堂이었는데, 성 리학적 질서를 흠모하여 본인이 스스로 지은 것이다. 김충선이 죽은 뒤 조선의 유 림에서는 그의 무덤 아래 녹동서원과 사당 鹿洞祠를 짓고 추모했다. 1915년 모하 당문집이 조선에서 재간되자 많은 일본학자들이 이에 대해 깊은 유감의 뜻을 표 했다. "이와 같은 매국노가 동포 중에 있다는 설을 믿는 이가 있다는 것은 유감의 극"이라며 그의 행적을 부정했다. 그러나 1970년대 소설가 시바 료타로가 우록동 을 방문하고 그에 대한 책을 쓰면서 분위기가 조금씩 바뀌었다. 료타로는 일본에 서 국부로 추앙받는 인물이었다. 1992년 김충선 귀화 400주년 기념제가 녹동서원 에서 열렸을 때 NHK는 '출병에 대의 없다-풍신수길을 배반한 사나이 沙野可'라 는 제목으로 다큐멘터리를 제작해 방영했다. 김충선에 관한 이야기는 1998년부터 한일 양국의 역사 교과서에 실렸고, 현재 한국에는 그의 후손들이 17대까지 이어 지고 있는데, 대략 2천 세대, 7천여 명이다(〈광복절에 떠올리는 이 사람〉, 《조선 일보》, 2005. 8. 18).

121) 박승철, 〈慕夏堂에 對한 史的 質問〉, 《학지광》 19, 1920. 1. 26.

의 문제로 풀어내려는 세계주의자이기도 했던 것이다.

4) 문화적文化的 민족주의론民族主義論

　1910년대 유학생 가운데 민족문화에 관심을 갖고, 우리 민족과 민족문화의 우수성과 가치를 드러내고자 했던 이들이 있었다. 《학지광》에 발표된 〈일본유학생사日本留學生史〉122)와 안확安廓의 〈조선어朝鮮語의 가치價値〉123)가 대표적인 예인데, 〈일본유학생사〉는 유학사의 선후를 다룬 것으로 과거 오랜 기간 동안 일본 사람들이 우리나라에 와서 배워갔다는 것을 알리고자 하는 글이었다. 이 글에서 저자는 "한 나라에서 다른 나라로 유학을 가는 것은 대부분 선진 문물을 받아들이려 함일 것이다"라고 전제하고, "일본 청년들이 신라와 백제에 와서 공부를 하였다는 것은 신라와 백제 시대에는 우리에게 일본보다 앞선 문화와 문명이 있었음을 의미한다"며, "조선인이 일본으로 유학한 것은 불과 몇 년 전의 일"이라는 것을 강조했다.124)

　안확도 〈조선어의 가치〉에서 "조선朝鮮은 세계世界 육대문명六大文明 구국舊國의 일一이므로 오천 년 제반문화諸般文化를 북서급남방열국北西及南方列國에 교전敎傳했다"고 하면서, 그 가운데 특히 조선어를 일본, 중국, 몽고 등에 전했다고 설명했다. 그는 조선어가 일본에 전파되었다는 근거를 제시하려고 조선어와 일본어의 유사성을 파악했으며, "서력西曆 760년부터 일본이 청년 20인을 택擇히야 조선어를 학學"함으로써 이루어졌다고 했다. 그러므로 일본 문자는 '조선어의 자어子語'라는 것이었다.125) 이처럼 안확은 한글의 독자성과 우수성

---

122) 《학지광》 6, 1915. 7. 23, 10~17쪽.
123) 《학지광》 4, 1915. 2. 27, 36~38쪽.
124) 〈일본유학생사〉, 《학지광》 6, 1915. 7. 23, 10~17쪽.

을 드러냄으로써 문화적으로 중국에 대한 사대관계를 청산하고 일본에 대해서는 그 우월성을 확인하고자 했던 것이다.

1920년에 들어서도 그러한 노력들은 이어졌는데, 고지영은 〈시대사조와 조선청년〉에서 다음과 같이 말했다.

> 우리 반도는 구주의 이태리같이 동양에서 지리상 중요한 위치를 점유할 뿐 아니라 온난한 기후도 가졌으며 또는 문화상으로 보더라도 세계 사람에게 자랑할 만한 최고의 찬란한 문명을 가졌으며 인류상으로 보더라도 동양에서 독특한 동류의식으로써 공동생활을 하는 우수한 민족이며 또한 세계에 공통되는 충돌의 전제와 표시를 가졌다.

우리 민족을 동족의식을 갖춘 우수한 민족으로, 우리 문화를 세계적으로도 뛰어난 것으로 평가하고, 그런 까닭에 전 세계적으로 일어나고 있는 개조의 기운이 조선에도 서려있다는 것이었다.

1921년 고영환高永煥은 더 나아가 "목금目今은 우리가 다른 민족들에게 일시적 뒤짐으로 반개半開 민족이니 어떤 무엇이니 하는 수치와 모욕을 당하지마는 한번 눈을 비비고 훈몽을 깨는 때에는 전광석화와 같이 각 방면으로 장족진보될 것은 명약관화明若觀火한 사실"126)이라며, 우리 민족의 능력을 긍정적으로 평가하고 민족개조의 전망을 낙관하였다.

또한 1922년 5월 이광수가 《개벽》(23호)에 우리 민족성을 비하하는 〈민족개조론〉을 발표하자 재일조선유학생 출신인 신상우申相雨, 최원순崔元淳, 신일용辛日鎔 등은 바로 반박하는 글을 발표했는

---

125) 안확, 〈조선어의 가치〉, 《학지광》 4, 1915. 2. 27, 36~38쪽.
126) 고영환, 〈忍耐力의 修養〉, 《학지광》 21, 1921. 1. 31, 42쪽.

데,127) 이들이 공통적으로 비판한 〈민족개조론〉의 주요 부분은 다음과 같다.

> 재작년 3월 1일 이후 우리 정신의 변화는 무섭게 급격하게 되었습니다. 그리고 이러한 변화는 금후에도 한량없이 계속될 것이외다. 그러나 이것은 자연의 변화이외다. 또한 우연의 변화이외다. 마치 자연계에서 끊임없이 行하는 물리학적 변화나 화학적 변화와 같이 자연히 우연히 行하는 변화이외다. 또는 無知蒙昧한 야만 인종이 자각 없이 推移하여가는 변화와 같은 변화이외다. 문명인의 최대한 특징은 자기가 자기의 목적을 정하고 그 목적을 달성하기 위하여 계획된 진로를 밟아 노력하면서 그 시각마다 자기의 속도를 측량하는 데 있습니다. 그는 본능이나 충동에 따라 행하여지지 아니하는 생활의 목적을 확립합니다.

이광수는 이 글에서 우리 민족의 정신적 변화에 대해 "무지몽매無知蒙昧한 야만 인종이 자각 없이 추이推移하여가는 변화"라고 하였다. 이에 대해 최원순은 "열악하다는 조선 민족의 실체는 무엇이며, 민족성 우열의 표준은 무엇인가"라고 되물었는데, 조선의 민족성을 "허위, 비사회적 이기, 나태, 무신無信, 사회성 결핍 등 규정하는 것은 잘못이며, 이는 조선의 특수한 유전적 성격이 아니다"라고 주장했다.128) 신일용申日鎔도 우리 민족이 처한 문제의 근본적인 원인은 "우리 민족의 생리적불구生理的不具나 정신적 결합(열악한 민족성)에

---

127) 신상우, 〈春園의 民族改造論을 讀하고〉, 《신생활》 6, 1922; 최원순, 〈李春園에게 問하노라〉, 《동아일보》, 1922. 6. 3~4; 신일용, 〈春園의 民族改造論을 評함〉, 《신생활》 7, 1922.
128) 최원순, 위의 글.

있지 아니하고, 정복과 착취에 있음을 단언斷言한다"[129)]라고 했다.

경도제국대학 대학원에 재학 중이던 최현배崔鉉培[130)] 역시 우리 민족과 민족문화의 우수성을 주장했는데, 그는 1926년 발표한 〈조선 민족갱생의 도〉[131)]라는 논문에서 우리 민족의 본디 특질을 지知·정情·의意로 정의했다. 지의 예로 신라의 첨성대·건축·회화·공예, 고구려의 벽화·건축·자기·인쇄, 조선의 한글 창조·천문기기·철갑선 등을 들었고, 정의 예로 중국의 《산해경山海經》에서 우리나라를 '군자의 나라'라 일컬은 것을 들었고, 의의 예로는 삼국유사의 '홍익인간'을 들었다. 그리고 그는 이처럼 우수한 민족성과 고대 문화를 간직한 조선 민족이 왜 일본의 식민지로 전락하게 되었는가에 대해 다음과 같은 논리로 대답했다.

먼저 그는 조선 민족의 현재 병폐로 부족한 의지·용기·활동성·신념·자존심·저축심·도덕심, 과다한 의뢰심, 음울한 성질, 정치·경제적 파멸의 10가지를 꼽고,[132)] 병의 치료를 위해 그 근원적 유래를 고찰했다. 그는 고대 단군·고구려·신라·고려·조선 초기까지 우

---

129) 신일용, 앞의 글, 5∼19쪽.

130) 최현배는 1915년(22살) 관립한성고등학교(조선교육령 공포 이후 경성고등보통학교로 이름 변경)를 졸업하고 그해 관비유학생으로 광도고등사범학교 일어한문과에 입학했다. 그는 이 학교를 1919년(26살) 4월에 졸업한 뒤 귀국하여 1920년(27살)부터 사립 동래고등보통학교 교원으로 지내다가 1922년(29살) 다시 일본으로 건너가 1922년부터 1925년까지 경도제국대학 철학과에 다녔으며, 연이어 동대학 대학원에 입학하였다[김석득(2000), 《외솔 최현배 학문과 사상》, 연세대학교 출판부, 25∼30쪽].

131) 〈조선민족갱생의 도〉는 최현배가 경도제국대학 대학원에 재학 중이던 1926년 《동아일보》에 66회에 걸쳐 발표한 논문이다. 이 논문은 1930년 단행본으로 출간되었고, 1971년에는 번각본(정음사)으로 다시 출판되었다. 이 글서는 번각본을 참고했다.

132) 최현배(1971), 《조선민족갱생의 도》, 정음사, 18∼43쪽.

리 민족은 무병강건無病康健했으나, 조선 5백 년 동안 악정과 유교 이외 사상의 엄금, 아이들의 본성과 정체성을 등한히 하는 서당 교육, 한자 사용 전용, 양반계급 횡포, 번거롭고 까다로운 예법, 불합리하고 비경제적인 일상생활 방식, 조혼, 나이 자랑하기, 미신의 성행 등으로 민족의 생기가 허약하게 된 것이 현재에 이른 원인이라고 지적했다.[133] 그러나 병의 뿌리가 심령 속에 깊이 박혀 있는 것이 아니라 요즈음 환경 탓이므로 우리 민족은 다시 살아날 희망이 있다고 보았다.

나아가 최현배는 민족갱생의 구체적 방법으로 생활 방식을 개선할 것과, '물질에 대한 정신의 상위'라는 원칙 아래 새로운 정신을 담은 교육과 계몽운동을 펼칠 것, 민족 고유문화를 계승 발전시켜 세계에 알릴 것 등을 역설했다.[134] 더욱이 그는 문자가 민족의 혼을 담고 있는 것이므로 우리 민족의 고유문화 가운데 한글이 가장 중요한 것이라고 보았는데,[135] 그는 이미 〈조선민족갱생의 도〉를 발표하기 전인 1922년부터 한글에 대한 연구를 시작했다. 그는 교토대학에 입학하던 1922년, 하기순회강좌에서 발표한 글[136]을 8월 29일부터 9월 23일까지 《동아일보》에 〈우리말과 글에 대하야-우리글의 가로쓰기〉란 제목으로 연재했던 것이다.

민족문화의 우수성에 대한 관심은 조선 역사를 재인식하거나 민속자료를 탐사하는 방향으로도 나타났다. 조선 역사에 대한 재인식을 위해 《학지광》에 천외자天外子(필명으로 추정)는 〈지나지방支那地

133) 최현배(1971), 앞의 책, 45~101쪽.
134) 최현배(1971), 위의 책, 177~225쪽.
135) 최현배(1971), 위의 책, 220쪽.
136) 그는 이 글 '머리말'에서 "이 글은 경도유학생 하기순회강좌에서 강의한 것을 그대로 정리한 것"이라고 밝혔다.

方의 조선유적朝鮮遺跡〉(10호), 오상근吳相根은 〈조선사朝鮮史의 각 시대〉(12호), 최승만崔承萬은 〈조선문화의 유적일람遺蹟一覽〉(19호), 고광규는 〈동학당東學黨과 갑오역甲午役〉(21호) 등의 글을 실었으며, 조도전 제1고등학원 및 조도전대학[137] 동창이었던 손진태孫晉泰[138]·이선근李瑄根·정인섭鄭寅燮은 향토적 특수 내용을 조사 연구하기 위한 민속학 모임인 '향토연구회'를 결성하기도 했다.[139]

정인섭의 회고에 따르면, 조도전대학 시절 그는 손진태와 "가끔 우리 전설과 동화 같은 것을 가지고 자주 이야기를 나누었는데, 그는 역사학도요, 나는 문학도이지만, 관심의 방향이 비슷한 것을 알고 서로 협력해서 우리 민속의 계몽에 노력하자고 약속"[140]했다는 것이다. "그 어떤 나라, 어떤 민족을 불문하고 그 자신의 생활에는 아름다움과 광채를 지니는 바의 민속학 또는 향토적 특수 내용이 있다"는 것을 깨달았기에,[141] 정인섭은 직접 농촌을 돌아다니며 채집

---

137) 조도전학원은 1918년 공포된 신대학령에 따라 조도전대학으로 공식 명칭을 바꾸고, 대학 예과로 조도전고등학원을 설치하였다. 1921년부터는 이 수학연한 3년의 고등학원과 별도로 수업연한 2년의 고등학원을 새로 설치하여 전자를 제1부, 후자를 제2부라고 했다. 손진태가 입학한 곳은 바로 와세다고등학원 제1부 예과였다. 1922년 4월에는 2년제의 제2부를 조직상 독립시켜 그 이름을 와세다 제2고등학원으로 변경하고, 3년제의 제1부는 와세다 제1고등학원이 되었다. 학생들은 이곳을 졸업한 뒤 와세다 본과(3년제)에 입학할 수 있었다[남근우(1996. 12), 〈손진태학의 기초연구〉, 《한국 민속학》 28, 민속학회, 95쪽].

138) 손진태는 1911년에 경성중앙고보 입학, 1921년에 와세다 고등학원 제1부 예과에 입학, 1924년에는 와세다대학 문학부 사학과에 입학하였고, 1927년 졸업함과 동시에 일본에 있는 재단법인 동양문고에 들어갔다가 1934년 봄에 귀국하여 연희전문학교에서 교편을 잡았다[남근우(1996. 12), 위의 글, 93~95, 106쪽].

139) 정인섭(1927), 《온돌야화》, 동경: 일본서원, 17~19쪽. 이들은 1932년 송석하 (1922~1923년 동경상과대학 유학)가 발의한 조선민속학회의 창립 멤버가 되었다 [남근우(2004), 〈조선민속학회 재고〉, 《정신문화연구》 27권 3호 통권 96호, 33쪽].

140) 정인섭(1966), 〈조선민속학회: 생각나는 대로〉, 《민족문화연구》 2, 188쪽; 남근우(2004), 위의 글, 34쪽.

하거나 손진태·이선근·방정환方定煥 등에게 듣던[142] 조선의 고대 신화·고대 소설·전설·동화·우화 등을 모아 1927년 1월 3일《온돌야화溫突夜話》라는 책을 간행했다. 이는 "12세기 이후 영국의 지배하에 있다가 1922년에 자유국이 되었던 아일랜드의 예이츠처럼 우리나라의 신화나 전설, 민화 등을 문학으로 승화시켜 우리의 문예부흥"을 이루고자 결심했기 때문이다.[143]

이처럼 문화운동을 지지했던 유학생 가운데는 민족과 민족문화에 대한 긍정적 인식을 바탕으로 고유한 우리말과 글, 역사, 민속에 대해 연구하여 우리 문화에 대한 자부심을 불러일으키려는 이들이 있었다. 그들은 이러한 연구가 급격하게 몰려오는 서구 문화의 홍수 속에서도 국가라는 정치적 기반을 잃어버린 우리 민족이 '민족적 관념'을 유지할 수 있는 길이자 민족문제에 능동적으로 참여할 수 있는 방안이라고 생각했다. "조선이 민족적으로 존재하는 이상에는 우리의 독특한 문화를 유지, 발전시켜야 한다"[144]고 보았던 것이다. 그러면서도 그들은 민족문화와 서구 문화 사이 교류와 상호 보완도 중요하게 생각했다. "한국의 고담古談을 순수한 형태 그대로 보전하기 위해서"라며《온돌야화》를 저술했던 정인섭鄭寅燮이, 우리 문화를 외국에 수출하는 것도 이 책의 발간 목적 가운데 하나라면서 이를 일본어로 번역했던 것이나, 민속자료집《온돌야화》의 고료 백원 가운데 일부를 직접 참여했던 해외문학 연구잡지《해외문학》발행비용으로 사용한 것은 이를 잘 말해주는 사례라 하겠다.[145] 그들

141) 정인섭(1927), 위의 책, 17~19쪽.
142) 정인섭(1927), 위의 책, 21쪽.
147) 정인섭(1982),《이렇게 살다가: 눈솔 정인섭 박사 제6수필집》, 가리온출판사, 144쪽.
144) 김항복,〈문화의 의의와 其 발전책〉,《학지광》22, 1921. 6. 21, 40쪽.

의 의식에는 전통문화=우수한 것=계승할 것이라는 인식과, 서구문
화=발전된 것=수용할 것이라는 인식이 모순 없이 존재하고 있었던
것이다. 그들은 제1차 세계대전 이후 다시 강화된 민족주의를 바탕
으로 우리 민족과 민족문화에 대한 독자성을 드러내고자 했으나 동
시에 다른 민족과 민족문화도 그러하다는 것을 인정하고 있었다. 왜
냐하면 그들은 이미 "개인의 정신이 작용되고, 영향되고 또는 결합
되는 그곳에서 사회의 의의가 있기에, 사회는 우리 개인의 정신적
결합"146)라는 자유주의 사회관과, 세계관에 따라 각 민족과 민족문
화는 세계라는 사회의 일원이자 세계문화의 구성요소라는 인식을
가지고 있었기 때문이었다.

개인의 자각을 중시한 자유주의적 문화운동에서 민족문제는 민족
구성원 개개인의 근대적 자아를 깨우쳐 민족의식을 높이는 방식으
로 해결될 수 있었다. 자기 인식의 주체성을 중요시하는 만큼 민족
인식의 자각도 중요한 문제였다. 자유로운 개별 자아는 개인을 포용
하는 집단, 즉 민족과 서로 종속관계에 있는 것이 아니라 유기적으
로 연결되어 있는 것이었다.147) 한편, 유기체적 인식은 민족의 문화
적 단결을 강조하면서도 각 민족의 문화를 포괄하는 보편적 공동체

---

145) 정인섭(1982), 앞의 책, 129~130쪽.
146) 박정식, 〈사회의 의의〉, 《학지광》 21, 1921. 1. 31, 14쪽.
147) 이는 독일의 사상가 헤르더J. G. Herder(1744~1803)의 자유민족주의liberal
   nationalism 개념과 비슷하다. 헤르더의 자유민족주의는 개인의 자율성, 선택의
   존중 등의 특징을 지닌 자유주의 전통과 집단에 대한 충성심, 연대성 등을 강조
   하는 민족주의적 전통의 결합이다. 즉, 전자가 후자의 특징으로 제시되는 연대성
   이나 문화적 동질성 등의 중요성에 대한 인식에 있어서 궤를 같이 하며, 후자도
   민족국가를 위한 사회정의 유지가 그 목적이라는 측면에서 개인의 권리와 자유
   라는 전자의 이념을 존중하고 있다는 것이다[박의경(1995. 10), 〈헤르더Herder의
   문화민족주의〉, 《국제정치학회보》 29집 1호, 한국정치학회, 348쪽].

를 상정했다. 모든 민족은 종교, 예술, 도덕을 보유하고 있다는 측면
에서 각각 독특한 개별 문화지만, 인류의 조화로운 진화·발전에 공
헌하게 되는 것이 마지막 귀착점이었다.

　결국 자유주의적 문화운동론자들은 우리 민족의 문화적 특수성과
인도주의에 따른 세계적 보편성을 동시에 담아내고 있었다. 따라서
그들은 조선의 빛나는 고유문화를 세계에 알리는 것뿐만 아니라, 세
계적 대세를 이루고 있는 근대 서구 문화를 알고, 이를 수용하여 민
족문화 보완의 계기로 삼는 것 역시 세계문화 향상에 이바지하는 것
이라고 생각했다. 그들은 개인·민족·세계가 조화를 이룬, 이른바 '근
대적 민족문화'를 창출해 내고자 했다. 그들이 보기에 현 단계에서
유일하게 가능하고 적절한 민족운동은 합법적이고 자유주의적인 문
화운동이며,148) 이 운동은 개별성과 보편성을 모두 지향하는 문화적
민족주의를 바탕으로 하는 것이었다.

---

148) 이영화도 문화운동을 비합법적 정치운동을 배제하고 남은, 결코 포기할 수 없
　는 민족운동의 영역으로 보았다[이영화(2004. 11), 〈1920년대 문화주의와 최남선
　의 조선학운동〉,《한국학연구》13, 인하대학교 한국학연구소, 25쪽].

제2절 방법론의 모색

　문화주의적 개조론은 각 개인의 자발적인 정신개조로 도덕성을 함양하고, 그들의 연대로 사회를 변혁시킨다는 논리였다. 근대문명의 핵심인 개인의 자유와, 현실 과제인 민족 해방의 문제를 균형 있게 조화시키는 것은 자유주의적 문화운동론을 정립시킨 유학생들의 핵심 과제였다. 그런데 민족 해방의 바탕을 마련하기 위한 민족개조는 개인의 인격가치를 바탕으로 하고 있으며, 이는 주로 정신문명인 사상·학문·예술·종교 등에 대한 자기의 자각과 노력으로 얻어지는 것이었다. 민족의 문화가치 또한 정신문명이 발현된 것을 중심 내용으로 하여 이루어진 것이었다.

　게다가 1920년 전후로 유학생계에 근대 지식과 문명을 분화된 형태로 전문화해 수용하려는 단체들이 만들어져 더 구체화된 쟁점을 중심으로 한 토론과 비판이 두드러지게 나타났고, 이러한 경향은 1920년대 후반에 심화되었다. 이에 유학생들은 문화운동의 방법도 사상·교육·예술·체육으로 분화해 계몽운동론·신교육보급론·예술창달론·체력증진론을 펼쳤다. 개인적으로는 근대 지식 습득과 개성 발현을 강조하면서 민족적으로는 민족 정체감 확립과 민족문화 발달을 중시함으로써, 개인의 자유와 민족 독립의 기반을 동시에 높이려는 방법론을 도출했던 것이다.

1. 계몽운동론

유학생들의 자유주의적 문화운동론은 문화를 이상으로 삼고, 문화 발전으로 사회개조를 이루려는 것이다. 김항복金恒福에 따르면 이때 문화란 "과학적·물질적 문명을 지指함이 아니요, 사람의 내적 성질의 수양修養, 덕화德化"를 일컫음이었다. "고상한 정신적 산물, 즉 예술, 학술, 종교, 도덕을 포함한 명칭"이자, "인격적 가치를 지指함"이며, "사람 능력의 자유로운 발달을 운云함"이었다. 다시 말해 문화란 "사람은 인격을 가지고 있음으로 그 인격자로 전 능력을 자유로 발달시키는 것"이었다. 그 자유가 문화운동을 지도하는 방향이자 구체적 목표였기에 그는 "내적 생활의 자유로써 목표와 방향을 삼지 아니한 문화는 타락한 문화일 것이요, 진정한 의미는 문화는 아닐 것"이며, "어떤 민족의 내적 생활의 창조적 정신의 발달을 저지하고 각 자아의 자유로운 발달을 말살함은 인류의 신문화 건설에 대문제가 될 것"이라고 했다.[1]

인간력의 총합인 이러한 신문화는 인간의 가치를 자유롭게 개조해야만 세울 수 있는 것이었다. 최정순崔珵淳은 "현대 사회에 있어서 대다수의 개인이 자각적이며, 진보적 사람이라 할 것 같으면 자연히 현대 우리의 제도는 우리의 이상에 적응되지 않는 점이 많을 뿐 아

---

1) 김항복, 〈문화의 의의와 其 발전책〉, 《학지광》 22, 1921. 6. 21, 38~40쪽.

니라, 도리어 대다수의 생장을 방해하는 것인 것을 깊이 깨달을 수 있을 것"이라며, "사회의 진보를 촉진할 이상과 열정의 의식적 자각에 반伴하여, 그 제도를 변개變改 혹은 개조改造하여서, 우리의 새 이상에 적응되도록 하며, 만인의 생장을 증진하도록 이것을 다시 건설할 것"을 주장했다.[2] '세계개조의 근본적 정신'은 이러한 정신적 자각을 '제일의第一義로 삼는 것'이라는 역사적 예를 최정순은 다음과 같이 설명했다.

> 18세기 후반에 불란서의 신제도가 구제도에 代立한 것도 당시의 시대 정신인 1789년 원리로 인함이며, 현대 국가의 제국주의적 팽창주의와 군 국주의적 침략주의에 伴하는 전쟁제도도 실로 마키아벨리 이래의 국제적 시대정신인 사회다윈주의에 인함이며, 가까운 장래에 국제 간에 제도가 될 국제연맹과 민족자결도 今次의 대전 중에 고조된 시대정신 데모크라시에 引함이 올시다.[3]

그는 개인의 개성이 원만하게 발휘되는 곳에 사회 진보와 사회 행복이 있는 것이며, 현대 인류사회 생장의 원리인 자유가 완전하고 충분한 곳에 개인의 개성도 순조롭게 발휘될 수 있다고 했다. 그러므로 내적심의內的心意와 외적질서外的秩序의 조화·일치·발전은 신문화의 이상이며, '내적개조', '내적 자유', '이상 혁명'은 그 근원적인 바탕이었다.[4] 따라서 신문화 건설은 이상에 대한 각 개인의 자율적 통일이 전제되어야 했다.

---

2) 최정순, 〈社會生長의 社會學的 原理〉, 《학지광》 20, 1920. 7. 6, 4쪽.
3) 최정순, 위의 글, 9쪽.
4) 최정순, 위의 글, 10쪽.

이에 김항복은 조선 문화를 발전시킬 가장 좋은 방법으로 교육(가정교육·사회교육)을 꼽았다. 그가 말하는 교육이란 "사람의 내적 생명을 자유로 확대케 하고, 양지양능良知良能을 자유로 개발시키어 사람으로 사람이 되게 함"을 말하며, "완전한 인격자를 양성함"을 뜻했다. "사람의 본성을 무시하고 민족의 고유한 문화적 지능을 저해하는 기형적·주조적 교육은 근본 대의大義를 잃은 무의미의 교육"이라는 것이다. 그리고 "이것이 국민교육의 대의大義이며 사회교육·가정교육의 주지主旨"라고 했다. 그는 학교교육에 대해 다음과 같이 설명했다.

> 완전한 인격자로서 생활의 방편과 수단을 얻기 위하여, 즉 일정한 직업을 얻기 위하여 하는 교육이 전문교육이다. 그럼으로 전문교육은 완전한 사람에게 如干한 術과 도구를 與함에 불과한 것이다.5)

그는 "지금에 있어서 학교교육만으로는 도저히 조선의 독특한 문화를 건설할 수 없으며, 민족 존재의 의의를 발양하기 불능하다"고 했다. 문화를 발전시켜 민족의 존재를 유지하는 가장 좋은 방책은 가정교육과 사회교육에 있다는 것이다. 그리고 사회교육의 방법으로 네 가지를 들었다.

첫째, '번역과 저작 사업'이다. "가정에서 읽을 만한 책이 없고, 사회에서 시대적 사조를 알고 온후한 진리를 알 만한 서적이 없으면, 아무리 심성을 도야하고 지식을 얻으려 한들 할 수 없기 때문"이었다. 둘째, '도서관 설립'이다. "학교가 문화 발전의 10분의 6을 공헌

---

5) 김항복, 앞의 글, 40쪽.

한다면 도서관은 10분의 4를 공헌할 정도로 학문의 보고이요, 지식의 원천이요, 완전한 유니벌시티이다. 그러므로 우리가 행복을 구하고 자유를 추구하려거든 학자는 책을 들고 부자는 돈을 내고 사업가는 설계를 하여, 빨리 적어도 봄직한 도서관을 건설하는 것"이 시급하다는 것이다. 셋째, '청년회와 단체의 충실과 발전'이다. "청년회와 구락부(단체)가 이미 마련된 지방에서는 그 회원된 자는 서로 독서를 권장하며 부허호장浮虛豪壯을 버리고 좀 더 침착하고 성실을 위주할 것이며, 없는 곳에서는 빨리 새로 건설해야만 한다"고 말하였다. 이로 "청년 상호의 심성을 개발하고 향학의 지志를 돋우며 감정을 융화할 수 있다"는 것이었다. 넷째, '민중극장의 건설'이었다. 그는 "극장도 또한 일대 교화 기관이요, 민족의 특수한 문화의 저장소"라고 규정하였다. 그러면서도 가정교육의 중요성도 언급하면서, 아이들을 기르는 여성들이 교육의 대상이 되어야 한다고 강조했다. "신문화 발전의 전 운명이 대부분 가정교육에 재在하므로, 가정 평화의 주인인 여자들을 교육시켜 이들을 상당한 이해를 가진 여자로 키우는 것이 이 존망지추를 당하여 해야만 하는 새로운 노력"이라는 것이었다.

김항복은 이러한 가정·사회교육의 실현을 위해 무엇보다 선각자들인 유학생들의 노력을 강조했다. 그는 "선각자는 후진을 깨우치기 위해서 있고, 몽매한 민중을 지휘하기 위해서 있고, 전도패망顚倒敗亡을 개량·부흥시키기 위해서 있는 것"이기에, 유학생들이 "새로운 동력을 내고 새로운 활기를 내어 더욱 조선 민족의 운명에 관한 교육 사업에 아무쪼록 헌신진췌獻身盡瘁해 주하기를 성심으로 희망"했다.[6]

---

6) 김항복, 위의 글, 40~41쪽.

그가 말하는 교육이란 신문화 건설을 위한 교화나 사상 선도, 곧 계몽이었던 것이다.

계몽이란 개념은 독일의 칸트가 미자각 상태에 잠들어 있는 인간에게 이성을 빛을 던져주고 편견이나 미망 상태에서 빠져나오게 하는 것으로 정의하면서 완성되었다.[7] 개인을 '자유로운 존재'로 설정하고, 공동체는 개인의 자유와 생명, 재산을 비롯한 시민권을 보호하는 기구로 설명하는 고전적 자유주의에 따라 종교·관습·제도에 묶여 있는 인간을 해방시키고, 각 개인의 주체성 위에 새로운 가치관을 정립하도록 계몽해야 한다는 것이었다. 유학생들도 계몽운동으로 주체성 있는 개인으로 각성되기를 바랐다. 그러나 유학생들은 계몽된 주체가 갖추어야 할 새로운 사상은 이러한 고전적인 개인의 자유 개념이 아니라 개인 자유의 사회적 조화에 있고, 그것이 조선 사회가 나가야 할 신문화의 밑바탕이라고 생각했다.

이처럼, 신문화 건설을 위한 전제는 새로운 사상에 대한 자유의지의 발현에 있고, 이는 결국 가정과 사회를 통한 사상 계몽에 그 성패가 달려 있었다. 절멸의 위기에 처한 우리 민족을 '광명한 천지로 인도'하려면, 민족의 구성원을 '평등적으로, 진취적으로, 상애적으로, 애타적으로'[8] 인도해 줄 활발한 계몽활동이 절실하게 필요했다. 즉, 신문화 건설이란 각종 계몽활동에 따라 도덕적이며 자율적인 개인으로 거듭나는 정신적 개조를 이루는 것이었기에, 유학생들은 그 구체적 실천으로 잡지 발간과 고국순회강연을 해 나갔던 것이다.

---

7) 안외순(2003. 9), 〈'애국계몽운동'과 준식민지에서의 자유주의: 계몽의 양면성〉, 《한국사상과 문화》 21, 한국사상문화학회, 199~120쪽.
8) 고지영, 〈시대사조와 조선청년〉, 《학지광》 20, 1920. 7. 6, 25쪽.

2. 신교육보급론

방정환方定煥[9]은 소년들을 자유로운 존재로 키우는 것이 중요하다
는 것을 강조했다.[10] 그는 1923년 소년잡지 《어린이》 창간[11]을 앞
두고, 1923년 2월 14일 도쿄에서 서울에 있는 조정호曺定昊에게 보낸
편지에서 어린이[12]에 대한 자신의 주장을 밝혔다.[13] 《천도교회월

9) 방정환은 아호가 소파이며, 조선 아동문학과 소년운동의 선구자이자 천도교 3대
  교조인 의암 손병희의 사위이다. 그는 1899년 서울에서 출생하였고, 1917년에는
  청년구락부라는 지하조직에서 유광렬과 함께 청년운동을 시작했으며, 마해송과 최
  초의 영화잡지 《녹성綠星》을 편집해 발간하기도 했다. 1918년에는 보성전문학교
  에 입학하여 《신청년》, 《신여자》, 《혜성》 등의 편집에도 참여하였으며, 3·1운동
  때는 자택에서 《독립신문》을 등사판으로 복사하여 시중에 배포하다가 오일철 등
  과 함께 체포되어 투옥되었다. 석방된 뒤 1920년에 일본으로 건너가 동양대학에
  입학했다.
10) 이정국은 소년운동을 일컬어 "아동의 인격과 개성의 존중에 바탕하여 아동을 인
  권의 주체로 성장시키기를 꾀한 근대적 교육운동"이라고 결론지었다. 곧, 소년운
  동은 1921년 김기전이 천도교소년회를 창설하면서 시작해 전국적으로 수백 개의
  소년단체들이 생겨나 어린이날 행사를 비롯, 각종 강연회·토론회·체육회 등의 집
  회와 아동잡지 발간 등의 활동을 하다가 1937년 일제의 탄압으로 소멸된 아동해
  방의 사회운동이라는 것이다[이정국(1988), 〈한국근대소년운동연구〉, 연세대 석
  사논문].
11) 잡지 《어린이》는 1923년 3월 20일에 창간되었는데, 방정환을 주간으로 그와 그
  친지들이 도쿄에서 편집한 뒤 서울로 보내 발간했으며 출판사는 개벽사였다. 실린
  글들은 대체로 문예물이 반 이상 이었으며, 방정환·한정동·유도순·윤극영·정순철
  등이 동요를, 정인섭·신고송 등이 동극을, 차상찬·박달성·신영철·최영주 등이 훈
  화적 교양물(역사, 지리, 과학)을 맡았다.
12) 방정환은 1922년 8월 25일자 《개벽》 3호, 88쪽에 번역시 〈어린이 노래, 불켜는
  아이〉를 발표하면서, 처음으로 어린이라는 말을 사용했다.
13) 방정환은 일본 유학 기간(1920~1924) 동안 천도교청년회 동경지회장, 《개벽》
  지 도쿄특파원으로 활동했다. 그는 1921년 5월 김기전과 함께 천도교소년회를 창
  립하였고, 1922년에는 세계의 동화집 《사랑의 선물》을 출판하여 큰 반향을 불러
  일으켰다. 또한 1923년 3월 1일에는 소년잡지 《어린이》를 창간하고, 그해 5월 1
  일 조선의 어린이날 행사에 맞춰 일본에서 어린이 문제 연구단체인 '색동회' 발족

보》1923년 3월 15일자에 실린 〈소년의 지도에 관하여〉라는 글이 그것이다. 그는 이 글에서 가정과 학교에서 이루어지고 있는 아동교육을 비판하였다. 가정의 아동교육에 대해서는 "자녀를 자기 욕심에 꼭 맞는 사람으로 만들려는 욕심으로 아이의 요구를 무시하고 화초 기르듯, 물건 다루듯 친권만 휘두른다"[14]고 했고, 학교의 아동교육에 대해서는 "학생들의 요구와 창조적인 사색을 억압하고, 강제와 위압의 교육으로 학생을 그 사회 그 제도 밑으로 복속시키려 한다"[15]고 했다. 김상필金相弼이 〈아동의 정서〉라는 글에서 아동의 감성에 대한 학술적 이해를 돕고자 했던 것도 그 문제 때문이었다. 아동기를 수태기·영아기·유아기·소년소녀기·청년기로 나누어 각 시기 아동들의 공포·분노·호기심·동정·사랑에 대한 정서적 반응을 설명했는데, 그 글의 목적은 "오랫동안 성인의 강압과 위압에 머리를 들지 못하던 조선의 아동을 위해서"라고 하였다.[16]

이어서 방정환은 "어린이를 훌륭한 한 사람으로 태어나 독특한 한 사람이 되어 가는 존재, 새 생각과 새 지식으로 새로운 사회를 창조해 가는 존재"로 키우고자 "자유로운 교육으로의 전환할 것"을 주장하였다.[17] 그는 자신이 손수 편집해 발간했던 《어린이》의 집필

식을 가졌다. 이 또한 그가 관련 유학생들을 일일이 찾아다니며 설득했기에 가능했던 일이다. 1923년 여름방학 때 색동회 회원들과 함께 '전조선소년지도자대회'(유치원 선생님, 소년회 지도자, 학교 선생님 약 20명 참석)를 발의하고, 어린이 문제에 대한 강연과 동화구연 활동도 전개했다. 이처럼 그는 유학 기간 내내 소년 운동을 위해 일본과 조선을 넘나들며 적극적으로 활동했다.

14) 방정환, 〈소년의 지도에 관하여〉, 《천도교회월보》150, 1923. 3, 53쪽.

15) 방정환, 위의 글, 52~54쪽.

16) 김상필, 〈아동의 정서〉, 《학지광》27, 1926. 5. 24.

17) 김정의는 방정환의 자유주의 교육사상이 엘렌 케이에게 영향 받았을 가능성이 있다고 보았다(김정의(1999), 《한국의 소년운동》, 혜안, 334쪽). 엘렌 케이는 《아동의 세기》라는 책에서 과거에는 교육이란 것이 외부에서 강제적으로 주입하는

방향에 대해 다음과 같이 적고 있다.

> 어린이는 결코 부모의 물건이 되려고 생겨나오는 것도 아니고 어느 기
> 성 사회의 주문품이 되려고 나오는 것도 아닙니다. 그네는 훌륭한 한 사
> 람으로 태어나오는 것이고 저는 저대로 독특한 사람이 되어 갈 것입니다.
> 몇 곱의 위압과 강제에 눌려서 인형 제조의 주형 속으로 휩쓸려 들어가는
> 중인 소년들을 구원하여 내지 아니하면 안 됩니다. 그래서 자유롭고 재미
> 있는 중에 저희끼리 활활 뛰면서 훨씬훨씬 자라가게 합시다. 거기에 항상
> 새 세상의 창조가 있을 것입니다. 이러한 태도로 하지 아니한다면 나는
> 소년운동의 진의를 의심합니다. 소년운동에 힘쓰는 출발을 여기에 둔 나
> 는 이제 소년잡지 어린이에 대하는 태도도 이러할 것입니다.

방정환은 자유로운 교육의 구체적인 방법에 대해 "가정에서 실천
할 수 있는 실생활 중심 교육이 실제적으로 더 유용하며, 우리 사회
의 모든 생활 자체가 교육의 내용이 된다"고 말했다. 그리고 사회의
모든 생활을 가장 잘 담는 교재로 신문과 잡지를 들었다. 그는 "그
것은 헛생각으로 꾸며 놓은 것이 아니고, 사실로 이웃집 또는 이웃
동리에 일어난 사건이기 때문에 흥미있는 것"[18]이라고 했다. 그뿐만
아니라 그는 실제 견학을 중시하여 "재판소, 강연회, 전람회, 토론회,
음악회, 총회, 심지어 경매소, 장터, 어물시장, 신문사, 회사, 직업소
개소까지 기회 있는 대로 실지로 자주 가게 할 것과 그 소감을 쓰게

경향이 강하여 오히려 아동의 내부적 발전을 저해하는 경우가 많았다 비판하고,
자유롭고 자연적인 발전을 조성하는 것이 좋은 교육이라고 주장했는데, 이는 방정
환의 사상과 같다는 것이다.
18) 방정환, 앞의 글, 11쪽.

할 것"[19]을 권고하였다.

이처럼 그가 문예·오락·체육 등의 활동으로 실생활이 무엇인지 소년들 스스로 깨닫게 하는 교육을 권장한 이유는 소년도 자신만의 개성을 가진 하나의 인격적인 존재라는 생각에서 말미암은 것이다. 이는 자유주의적 문화운동론과도 일맥상통하는데, 실제로 그는 자유주의적 문화운동론 전파를 위한 계몽운동에 직접 참여하기도 했다. 즉, 1921년 2월에 방정환方定煥, 김상근金相根, 이기정李起貞, 정중섭鄭重燮, 박달성朴達成, 이태운李泰運, 박춘섭朴春燮, 김광현金光鉉 등으로 이루어진 천도교청년회 동경지회의 유학생 고국순회강연단은 여름방학 기간인 6월에서 8월까지 전국순회 강연을 했는데,[20] 그들의 강연 내용은 신사회·신문화·신세계의 건설 등 문화, 문화주의, 문화운동에 관련된 것들이 많았다. 이때 방정환은 당시 천도교 문화운동론에 대해 '개벽선언', '평화 후 신불안', '세계의 진평화와 인내천주의', '잘살기 위하여'라는 제목으로 연설했다.[21]

또한 방정환은 아동교육의 내용으로, "현재의 우리 생활의 내용과 수준에 적합하지 못하여 배워도 사용하지 않는 외래 문화 위주의 교육"을 배격하고,[22] 그 대신 소풍, 원족, 야영, 명승고적 답사 등을 통한 조선의 자연과 문화에 대한 직접 경험을 강조했다.[23] 결국 그는

---

19) 위와 같음.
20) 박춘파, 〈동경에 있는 천도교청년의 현황을 보고하고 아울러 나의 진정을 고백함〉, 《천도교회월보》 126, 1921. 2, 54~58쪽; 김정명(1967), 《朝鮮獨立運動2-民族主義運動篇》, 동경: 原書房, 544쪽.
21) 〈천도교청년회동경지회 순회강연상황〉 《동아일보》, 1921. 6. 11(4); 《천도교회월보》 131, 1921. 7, 102쪽.
22) 방정환, 앞의 글, 10쪽.
23) 《어린이》에서도 〈조선자랑호〉·〈소년운동호〉의 특집호를 내고 조국에 대한 자긍심을 일깨우는 글을 실었다.

자라나는 소년들이 교육을 받아 과거의 인습에서 벗어나 자유로운 인격자로 성장하길 바랐으며, 이와 동시에 그들이 우리 민족의 정체성을 간직하길 바랐던 것이다.[24]

한편, 일부 유학생들은 교육의 대상으로 여성을, 내용으로 실업과 경제를 강조하였다. CY라는 필명의 한 유학생은 "교육은 여자로 하여금 경제상 독립할 힘을 얻게 할 수 있기 때문에 남녀 간에 평등적, 해방적 가치관의 확립을 위해 여자교육이 필요하다"[25]고 했다. 조재호曹在浩는 경제를 살리는 길은 "작업적·노동적 정신과 활동을 사랑하며, 학교 자체가 실업적·직업적 교육에 유의하는 것"[26]이라고 했다. 경제와 관련된 내용을 가르침으로써 노동에 대한 애정과 직업적 기술을 습득하게 하는 것이 경제발전의 원동력이라는 말이었다. 김규호金逵浩도 상업 부진의 원인에 대해서 다음과 같이 설명하고 있다.

> 상업에 대한 爲政방침의 오류와 사회 태도의 경시가 상업교육의 필요를 不覺케 하였고 상업교육의 필요를 부각케 한 것이 상업 지식을 결핍케 하였고, 상업 지식을 결핍케 한 것이 현재와 같이 상업 부진을 釀出케 한 원인이다.[27]

그는 관련 지식의 부족이 상업 침체의 직접적인 원인이라고 했다.

---

24) 김정의는 한국의 소년운동을 민족운동의 한 방편으로 보고 있다. 실력양성운동의 한 갈래로 소년운동이 태동하여 민족정신을 불러일으켰다는 것이다[김정의 (1991), 〈한국소년운동사연구(1860~1945)〉, 성신여대 박사논문].

25) CY, 〈寡婦解放論〉, 《학지광》 20, 1920. 7. 6, 19쪽.

26) 조재호, 〈조선교육계에 촉망하노라〉, 《학지광》 27, 1926. 5. 24.

27) 김규호, 〈상업발전에 대하여〉, 《학지광》 19, 1920. 1. 26, 12쪽.

그러므로 상업의 필요성을 자각하고 지식을 교육하는 것이 상업 발달의 방법으로 가장 필요하다는 것이다. 그 구체적인 교육 방법으로 그는 '상업학교 설립, 상업 잡지 발간, 상업 강연 개최'를 들었다. 그리고 이 세 가지 방법을 실행하려면 "일본 유학 제군이 상과에 다수 입학하여 연구하는 것이 그 시작이 될 것"이라고 말했다. 상과를 졸업한 유학생들이 고국으로 돌아가 후진들의 상업교육에 전념할 것과, 상업에 관한 학술잡지를 발행하고 강연회를 개최할 것을 촉구했던 것이다.

이처럼 문화운동을 주도했던 유학생들의 교육에 대한 관심은 컸다. 교육은 당시 우리 민족이 직면한 사회개조의 문제들을 장기적으로 해결할 수 있는 가장 중요한 방법이라고 판단했기 때문이다. 교육의 방법과 내용을 바꾸어 자유로운 인격과 민족적 정체감을 지닌 인간을 형성하고자 했던 이들도 있었으며, 여성교육으로 여성 개인의 인격적 해방을 주장한 이들도 있었다. 또한 경제 지식을 습득하게 함으로써 경제발전을 이루고자 했던 이들도 있었다. 그들은 모두 교육으로 인격개조, 사회개조의 바탕을 마련하려고 했다. 따라서 그들은 여러 학회를 결성하여 학술지를 발행하고 학술 강연을 개최했으며, 방정환의 소년 교육 사상에 동감했던 유학생들은 그와 함께 어린이 연구단체인 '색동회'를 조직하기도 했다.

3. 예술창달론

문화주의는 인간이 자유로운 인격을 추구하여, 그것을 바탕으로 창조성을 발휘할 수 있도록 하려던 사상이었다. 김항복은 "진정한

사람을 만드는 것은, 예술을 중심으로 한 해방적·창조적 교육"[28])이
라고 했다. 바꿔 말하면, 예술은 인간을 해방시키고 그 존재 가치를
발현하는 수단이라는 것이다.

당시 조선은 예술을 업신여기는 분위기였다. 전영택은 "요새같이
생활문제 기타 여러 가지 엄숙한 문제가 많을 때에는, 예술이란 한
유희꺼리와 같은 것은 무용장물이라느니 심지어 해를 끼치는 병폐
라고 의심까지 가지는 이가 있다"고 당시 세태를 표현했다. 문예에
대해서도 "요새는 소설을 남녀의 정적情的인 관계를 그리는 방편같
이 알고, 남녀의 연연한 정미情味를 맛보는 글같이 안다"고 말했
다.[29]) 김동인金東仁도 "현재 조선 사람 중에 대다수는 아직 가정소설
을 좋아하고 통속소설을 좋아하고 흥미 중심 소설을 좋아한다. 참
예술적 작품, 참 문학적 소설은 읽으려 하지도 아니하고 심한 사람
은 그런 것을 읽으면 구역질이 난다고까지 말한다. 조선의 양반兩班,
학자學者, 신사紳士, 학교교사學校敎師, 예수교敎 중추인물中樞人物 들도
소설을 보지도 아니하고 아예 보려고도 아니한다"[30])고 개탄했다. 전
영택은 "예술을 한 유희꺼리, 한 오락꺼리, 한 공상꺼리로 생각하는
것은 몰상식한 속견俗見"이라며, 그 이유를 다음과 같이 설명했다.

> 예술과 생활을 2원적으로 생각하기 때문에 실생활은 가장 엄숙한 것이
> 요, 예술은 한낱 유희꺼리라고 여기게 된 것이다. 그러나 예술은 그 본질
> 상 분명히 실생활의 일부요, 예술적 생활은 인생에서 잠시도 없을 수 없
> 는 것이다. 생활이 엄숙한 사실인 것처럼 예술도 진실되고 엄숙한 사실이

---

28) 김항복, 앞의 글, 40쪽.
29) 전영택, 〈凡人의 感想〉, 《학지광》 20, 1920. 7. 6, 49~50쪽.
30) 김동인, 〈소설에 대한 조선 사람의 사상을〉, 《학지광》 18, 1919. 8. 15, 45쪽.

다. 예술이 생활과 뗄 수 없는 관계가 있는 것은 역사적·실제적 사실이며, 보아서도 넉넉히 알 수 있는 것이다. 더구나 근대 예술은 더욱 진실되고 엄숙한 사실이다.[31]

전영택은 "근대 예술의 가장 큰 특징이 지성至誠"이라고 했다. 그는 "예술가는 결단코 장난삼아 자연과 인생의 형색을 공상하며 그리는 것이 아니다. 예술이란 것은 그렇게 장난삼아 쉽게 되는 것이 아니다. 진정한 예술가는 그 작품에 손을 대일 때에 모든 정성을 부어서 하며, 자기의 전 생명력을 다해서 짓는다"라면서, "인생과 자연의 진상을 그 개성의 경험으로 가장 충실하게 표현한 것이라야 비로소 예술이라 할 수 있다"고 역설했다. 김동인은 예술이란 곧 인생이기에, 거기에는 다음과 같은 의의가 있다고 했다.

> 예술은 인생의 정신이요, 사상이요, 자기를 대상으로 한 참 사랑이요, 사회개량과 신인합일을 수행케 할 者이오.…… 예술은 개인 전체이요, 참 예술가는 人靈이요, 참 문학적 작품은 성서이오.…… 예술이 있는 곳에 문명이 있고 문명이 있는 곳에 행복이 있다. 행복은 우리가 진심으로 구하는 바이다.[32]

김동인에 따르면 예술은 기본적으로 자기표현이지만, 더 나아가 사회를 행복하게 만드는 묘약이기도 했다. 신태악申泰嶽도 일본인 시마무라 호게쓰島村抱月의 저서 《인생과 예술》을 참고로 한 예술론을 펼쳤는데, 글에서 그는 먼저 예술이란 "육적본능과 형적形的(이성)본

---

31) 전영택, 앞의 글, 49~50쪽.
32) 김동인, 앞의 글, 46~47쪽.

능을 합해 생적生的 형태를 만드는 것"이라고 정의했다.

그러나 예술가 가운데 "이상의 미를 동경하며 다만 예술미 있음만 알고, 그 미를 신성하다고 하여 숭배하는 외에 도덕상의 선악에는 착념치도 않는 경향이 있다"면서, 예술가는 "예술의 자유를 인식하는 동시에 스스로 사회의 도덕을 존중해야만 한다"고 주장하는 이도 있었다. "미美의 이상을 실현하고 선善의 이상을 발휘, 2자를 상합相合하여 완전한 생生의 미를 발현"해야 하기에, 예술가에게는 감성 말고도 이성, 곧 사회적 도덕관념이 필요하다는 것이다.[33]

예술에 대한 관심의 확대는 그 표현 분야 가운데 하나인 연극에 대한 인식도 심화시켰다. 김초성金祐鎭은 조선 민중을 "무지한 속중俗衆"이라고 하면서, "인습의 노예인 그들은 다만 연극뿐 아니라 모든 문화적 시설과 가치 있는 인류 활동의 대적大敵이며, 현금안전現今眼前에 있는 심각하고 광대한 인생의 의미를 자각치 못하는 자들"이라고 비하했다. 그러나 그는 "과거의 위인과 천재는 우리의 영혼을 해방 구제하기에 노력한 은인"이라며, 자신은 인류에게 귀중한 영혼을 창조할 수 있도록 돕는 작업으로 근대극운동을 전개할 것임을 천명하였다.[34] 김우진은 근대극운동에 대해 다음과 같이 설명하고 있다.

> 근대극운동은 제일로 일반 사회의 계몽에 資고저하는 명료한 목적을 버리지 못할 것이나, 동시에 인류의 영혼을 창조적으로 해방하며 구제하는 예술적 지위에서 떠나지도 못할 것이다.…… 근대극은 인류의 영혼의 해방 구제를 사명으로 하여, 교련 있고 수완 있는 예술적 지배자의 劇的

---

33) 신태악, 〈종교와 문예〉,《학지광》21, 1921. 1. 31, 37~39쪽.
34) 김초성, 〈소위 근대극에 대하여〉,《학지광》22, 1921. 6. 21, 68~69쪽.

표현을 중심으로 하여 또 사회적 민중의 교화와 오락을 목적으로 하여 인류의 공동생활에 공헌하는 데 그 의미와 전적존재를 인정할 수 있다. 그럼으로 우리는 영혼의 정화와 경건한 情調의 예술로써 劇場到達點을 信하며, 극은 인생의 眞活動이라는 표어하에 跪拜(꿇어앉아 절함)하기에 주저치 아니한다.[35]

김우진은 근대극운동의 첫 단계로 외국 작품의 번역을 강조했다. 그는 "구주의 문예 사상이 파도와 같은 세력으로 침입했던 명치시대의 자연주의는 번역시대라는 관문을 지난 것과 같이, 근대극도 외국 천재들의 작품을 소개함에 다른 길이 없다"고 하였는데, "모든 문화적 사조가 아직 유치할 시대에는 자기의 경역境域 내에서만 안주할 수 없으며, 위재장재威哉壯哉한 근대사조의 침입을 불면不免할 금일은 타가의 활동으로, 또 그 기록적 암시로부터 귀납한 도덕적·심미적 원리를 찾지 아니하면 안 되기 때문"이라는 것이었다. 그래서 "일본 신극운동의 맹아가 된 일본 자유극장 창설자 오사나이 가오루小山內薫씨도 백수白手로 번역에 착수하고, 그 책임의 중대함을 도파道破하였던 것"이므로, "각성치 아니한 우리 사회에도 진실한 번역시대가 당연히 도래할 가능성이 있다"고 하였다. 그것으로 '문화의 세계적 낙원', 곧 근대극의 최상 목적인 '인류 영혼의 해방'에 이를 수 있다는 것이다.

경험적 현실을 개인 개성에 따라 충실히 표현하고, 그것이 사회적 이상을 실현하도록 한다는 유학생들의 예술관은 1910년대와 1920년대 초기 유행한 일본의 예술사조, 그 가운데서도 자연주의와 백화파

---

35) 김초성, 위의 글, 70~71쪽.

의 이상주의 영향을 받은 것이었다.36) 1910년대 일본은 자연주의 문학의 전성기로, 이는 인생의 현실을 있는 그대로 묘사하는 사조였다. 이는 그 소재를 작가 자신의 주변에서 찾고, 사실에 바탕을 둔 평범한 인간의 습성을 묘사하며, 자기를 객관화하여 개인 생활의 치부까지 드러내는 냉정하고 관조적인 사조였다.37) 이러한 사조를 접한 유학생들은 개인의 내면과 그 주변 상황을 묘사하는 방식의 문학적 태도를 갖추게 되었다.

그러나 일본 한편에서는 개인의 자유로운 개성과 사상을 표현하는 다양한 문예사조도 발생했다. 청년 작가들이 창간을 주도한 《백화白樺》(1910), 《삼전문학三田文學》(1910), 《신사조新思潮》(1910) 등 반자연주의 잡지가 그것이다. 이 잡지들은 순서대로 각각 이상적 인도주의, 탐미적 예술지상주의, 그 중간인 이지적 주지주의를 내세우고 있었다.38) 그 가운데 백화파는 "자아의 개성을 살림과 동시에 타자와의 대립을 버림으로써 국가, 사회, 인종을 넘어서 인류=보편으로 연결되고, 그것과 조화"하려 했다.39) 이러한 백화파의 영

---

36) 김윤식은 그의 연구 자료에서 염상섭이 백화파 작가인 시가 나오야志賀直哉, 야나기 무네요시柳宗悅 등을 만난 적이 있으며, 김동인은 자연주의·백화파·탐미주의의 영향을 두루 받았다고 했다. 이것이 1920년대 《창조》(1919~1921, 김동인이 창간)와 《폐허》(1920~1921, 염상섭이 주도)로 시작되는 우리 근대문학의 정신적 기반이었다는 것이다[김윤식(1987), 《염상섭연구》, 서울대학교출판부, 81~82쪽; 김윤식(1988), 《김동인연구》, 민음사, 68쪽, 98~99쪽].

37) 최재철(1995), 《일본문학의 이해》, 민음사, 113쪽.

38) 백화파는 연설회·미술 전람회·음악회 등의 수많은 기념행사를 여는 등 그 활동 영역을 다양화해 문단뿐 아니라 화단으로까지 범위를 넓혔고, 다양한 계층에게 고른 지지를 받았다. 또한 1923년 관동대진재 이후, 삼전문학파는 인간의 막연한 불안을 표현하였고, 이들의 비관적·탐미적·병적 어조는 1926년까지 독자들의 열광적인 지지를 얻었다. 백화파·삼전문학파·신사조파는 1924년 이후 신감상파로 이어졌고, 이에 반대하는 사상을 가진 이들은 사회주의 문학잡지인 《문예전선》을 창간(1924년 6월)하고, '프로레타리아문학연맹'을 결성(1925년 12월)했다.

향으로 유학생들은 개인을 떠난 사회와 연관된 것으로 문학을 받아들일 수 있게 되었다. 즉, 최승만崔承萬도 "사회와 인생을 떠난 예술은 존재하지 않는다"며, "인류의 생활을 어떻게 하면 더 좋게 만들어 볼까 하는 개조의 의지와 이상을 기조로 한 예술", 곧 "인생을 위한 예술이 되어야 한다"고 했다.[40] 예술이 사회문제 해결의 방편이라는 것이다.

이처럼 유학생들은 일본 예술계의 영향으로 자유로운 개인의 예술적 각성에 대한 중요성을 인식하고, 그 발달을 위해 외국 작품 연구와 수용도 필요함을 깨달았다. 그러나 그들은 여기에 머물지 않고 생활과 일치된 예술로 사회개조를 유도할 수 있다 여겼는데, 그 일차적 대상은 민족이었다. 이에 그들은 고국 대중들을 위하여 문예 동인지를 간행하거나 고국순회연극공연을 벌였던 것이다.

4. 체력증진론

인격 형성에 있어 체육의 구실을 중시했던 사고는 1910년대 안창호安昌浩가 청년학우회와 흥사단을 결성하면서 내세웠던 '인격수양론'과 관련이 있다. 안창호는 국권회복을 위해서 먼저 민족의 실력을 키워야 하며, 그것은 개개인의 인격수양에서 비롯되어야 한다고 주장했다. 왜냐하면 현재 우리 민족 쇠퇴의 근본적 원인은 민족 도

---

39) 미야가와 토오루宮川透(1966),《日本精神史》, 紀伊國屋〔김윤식(1987),《염상섭연구》, 서울대학교출판사, 80쪽에서 재인용〕.

40) 최승만, 〈문예에 관한 잡감〉,《창조》4, 1920. 2. 23, 51쪽. 이는 1920년대 들어 처음 문예사조를 소개한 유학생의 글인데, 현재 우리 문학계에 자연주의가 만연해 있음과 그 문학적 특색(현실에 대한 구체적인 묘사)에 관해 설명한 것이다.

덕성 타락에 있으므로, 개개인의 인격수양이 완성되면 그 결집체인 민족의 독립도 이루어질 것이라고 생각했기 때문이었다.[41] 그러한 인격수양의 핵심이 바로 지덕체 삼육을 함양하는 것이었기에 체육도 지육, 덕육과 함께 중요하게 다루기 시작했던 것이다.

안창호의 '인격수양론'은 개조론과 문화주의를 수용한 1920년대 유학생들의 체육에 대한 사고에서도 그대로 재현되고 강화되었다.[42] 최진순崔瑨淳은 교육을 크게 덕육·지육·체육의 3가지 방면으로 나누고, "덕육은 덕성에 대한 함양이요, 지육智育은 지식의 교수敎授요, 체육은 신체 건강을 도圖하는 것"이라고 했다. 그러나 "이 세 가지가 각각 방향과 목적을 달리할 뿐 아니라, 하등의 관계까지 없을 것 같이 구분하여 보는 것은 잘못"이라고 말하였다. "본래의 의미와 결국의 목적이 같으며, 더욱이 교육의 실제에 있어서 분리할 수 없는 관계가 있다"는 것이다. "체육은 순전히 신체의 건강과 발달에 그 목적을 한限한다고 생각하는 것은 소극적 관찰"이라는 것이다. 왜냐하면 "신체의 운동은 혈액의 변화, 신경의 지도, 근육의 작용, 곧 물질적·기계적으로 생각"해야 할 뿐 아니라, "감정, 지각판단, 의지 등의 여러 가지 작용에 관여함으로써 안으로 품성도야에 많은 영향과 유익을 끼치는 그 참된 의미와 효과를 알아야만 한다"는 것이었다.[43] 그는 체육의 정신적 효과를 다음과 같이 설명했다.

1. 주의력의 배양

---

41) 주요한(1999), 《안도산전서》, 흥사단출판부, 71~72쪽, 100~101쪽.
42) 박찬승은 안창호의 '인격수양론'이 1920년대 이후 '민족개조론'으로 발전했다고 보았다[박찬승(1992), 《한국근대정치사상사 연구》, 역사비평사, 107쪽].
43) 최진순, 〈체육에 대한 촌찰〉, 《학지광》 27, 1926. 5. 24.

2. 강건의 기상을 함양

3. 자신력의 배양

4. 기민하고 정확한 판단력을 양성

5. 인내력을 양성

6. 공동 도결圖結의 정신을 함양

7. 상호부조의 심정을 함양

8. 약속과 질서를 지키는 정신을 배양

9. 책임과 의무를 관념을 배양[44]

또한 최진순崔瑨淳은 체육을 "심신의 조화와 발달, 심신의 단련, 자아의 전활동, 단체적·사회적 활동"으로 보았다. 따라서 그는 "체육에 대한 소극적 해석에 구애되어 피교육자의 본성과 흥미를 돌보지 않는 체조교사 위주의 교육"을 비판하고, "어린이들의 순진하고 아름다운 기상을 거침없이 풀어놓고 유쾌히 각자의 본성을 발휘하도록 유도할 수 있는 것은 체육 이외의 학과에서는 찾아보기 어렵다"고 하였다. 그는 체육을 지육과 덕육의 요소까지 겸비한 근대적 학문의 한 분야로 인지했던 것이다. 또한 "체육에 대한 각성과 이해를 갖게 하는 것이 일반 체육 향상에 매우 필요할 줄 믿는다"면서, "체육에 관한 기사를 실은 잡지는 보기 어려웠다. 오직 체육회에서 발행하는 《체육계》란 잡지가 표제와 같이 체육에 대한 유일의 전문잡지였음으로, 체육의 일반 향상에 많은 유익과 공헌이 있을까 믿었더니, 이것도 몇 호를 지속하지 못하여 요사이는 그 얼굴을 보기가 심히 어렵다"고 개탄했다. 따라서 최진순은 "참으로 체육에 대한 보도와 그

---

44) 위와 같음.

에 대한 연구논문이 다른 방향과 같이 신문이라든지 잡지라든지 자
주 실려야 하며, 다대한 체육 활동을 실천해야 한다"고 주장하였다.

최현배崔鉉培는 최진순의 생각에서 더 나아가, 체육은 개인의 생활
뿐 아니라 민족 전체에 영향을 끼치므로, 우리 민족이 식민지 상황
에서 벗어나려면 먼저 건강하게 개조되어야 한다는 시각에서 체육
론을 전개했다. 개인 체력의 민족적 확장을 주장한 것인데,45) 그는
〈조선민족갱생의 도〉라는 논문에서 다음과 같이 말하고 있다.

> 육체는 인생의 有形的 基礎이다. 이 유형적 기초가 鞏固 健全하여야 그
> 위에선 무형적 요소도 건전하여 그 원만한 작용을 경영할 것이다.…… 가
> 만히 往古 今來의 위대한 개인과 민족의 역사를 생각해 보라. 그는 반드시
> 건전한 신체를 가짐은 그 일가의 興隆의 吉運을 卜示함이요, 일민족의 아
> 동이 건전한 신체를 가짐은 그 민족의 번영의 장래를 예시함이다. 이와
> 반대로 殘弱한 자녀가 나오는 가문에는 쇠운이 싹트는 것이며 병약한 아
> 동이 길에 찬 민족은 멸망이 따르는 법이다.…… 이제 우리 민족의 이러한
> 衰頹를 導化하여서, 昔日의 强大와 興隆을 회복하며, 장래의 발전과 웅비를
> 圖하려면 무엇보다도 가장 먼저 周到한 注意와 용감한 반성을 요할 처는
> 민족의 신체적 건강의 증진일 것이다.46)

그는 민족개조를 위해서는 개개인의 의지가 가장 중요한데, 이는
신체의 건강에서 시작되고, 신체의 건강은 체육 활동으로 도모할 수

---

45) 이와 비슷한 논리를 바탕으로 당시 일본도 국민 개개인이 건강한 육체를 만들고
    유지할 수 있도록 하는 방안들을 강제로 시행하기까지 했다[홍성태(1997), 〈식민
    지체제와 일상의 군사화〉, 《근대주체와 식민지 규율권력》, 문화과학사, 376쪽].
46) 최현배(1971), 《조선민족갱생의 도》, 정음사, 186~188쪽.

있다고 주장했다. 학우회 기관지《학지광》의 한 편집인도 "스포츠가 과거에 있어서 유산계급의 도일거리로 이용되었음은 사실이나, 적어도 스포츠가 민중화한 금일에 있어서는 운동 그것은 절대로 반대치 못할 것이다"라고 전제한 뒤, "우리가 연중 행사처럼 하여오는 운동회는 절대적으로 뿌르조아적 일일―日의 향락을 위한 모임이 아니다"라고 단언했다. 나아가 "동경에 흩어져 있는 각층의 수천 명 우리 동포가 이날을 이용하여서만 모일 수 있는 유일한 기회란 것만으로도 그 모임의 본질이 나변那邊에 있음을 알 수 있다"고 했다. "다만 그것이 어떻게 이용되느냐 하는즉, 그 본질에 따라서 그것을 배척 혹은 환영할 것이다"라는 것이었다.47) 학우회에서는 체육 활동으로 조선 민족의 힘과 의지가 한데 모인 민족운동의 장을 창출해내고자 했던 것이다.

이처럼 체육활동을 벌였던 유학생들은 인격(지덕체)의 핵심 가운데 하나인 체육의 발달은 내적개조의 훌륭한 수단이자 건전한 사회적 활동이며, 식민지로 전락한 조선을 강성하게 하기 위한 민족개조의 중요한 방편이라고 주장했다. 이 점이 바로 '체육은 부르주아적 유희일 뿐'이라고 비판하는 사회주의 세력에 대항하는 도덕적 근거였다. 이에 학우회에서는 운동회를 개최하거나 고국순회운동경기를 벌였던 것이다.

---

47) 〈고국동포의 기근구제〉,《학지광》29, 1930. 4. 5.

제3장

구체적 내용:
유학생들의 국내외 활동

제1절 계몽 활동

　3·1운동 이후 유학생 단체들은 경제적 궁핍과 일제의 감시에도 아랑곳하지 않고 대부분 정기 또는 부정기로 기관지를 발행했다. 중심 단체였던 학우회, 동경기독교청년회, 학흥회는 1910년대부터 시작하여 1920년대에도 그들의 기관지를 발행했으며, 전체 사업 가운데 가장 중점적인 것으로 인식하고 이를 이어갔다. 기관지를 발행함으로써 더욱 세밀한 쟁점들을 토론할 수 있으며, 연설회보다 더 넓은 계몽 효과를 얻을 수 있을 것으로 판단했기 때문이다.

　또한 유학생들의 문화운동을 용인했던 일제의 문화정책으로 말미암아 고국순회강연회를 대규모로 열 수 있게 되자, 유학생들은 조선의 언론·사회·문화단체 후원을 받아 전국 각지를 돌며 하기 순회강연회를 개최했다. 국내 신문들은 그들의 강연 사실을 미리 공지하는 등 후원을 아끼지 않았고, 강연 때마다 강연장에는 수많은 청중이 몰려들었다. 강연 내용은 주로 개인의 해방과 민족적 갱생을 위한 제언들이었는데, 이 때문에 강연회는 일본 경찰의 저지로 중간에 중지되거나 강연대 자체가 해체되는 일이 자주 일어났으며, 연사들 가운데 구속되는 이들도 있었다.

그럼에도 1920년대 많은 유학생들이 고국순회강연에 매진한 이유는, 연설이야말로 그들에게 익숙한 형태의 표현 수단이고 그것은 동포들에게 그들의 의견을 직접 호소할 수 있는 가장 확실한 방편이기도 했기 때문이다. 그들은 신문화 건설을 위한 새로운 신사상 수립에 이바지하고자 했던 것이다.

1. 기관지 발행

1) 재일본동경조선유학생학우회의 《학지광》

《학지광》[1]은 1914년 4월 2일에 창간되어 1930년 4월 5일까지(통권 29호) 발행된 재일본동경조선유학생 학우회의 기관지였다. 《학지광》은 26년 동안 29호 밖에 내지 못했는데, 이유는 다음과 같다.

첫째, 원고 수집에 어려움이 있었다. 학우회는 처음에 《학지광》을 격월간으로 발행할 계획으로 "매우수월每偶數月 15일"까지 투고를 받았으나, 4호부터 "정기定期가 무無"하게 된 것이나,[2] 회원들에게 원

---

1) 《학지광》에 관련된 연구로는 조장환(1986. 2), 〈'학지광'의 시문학사적 의미〉, 《아주대학교논문집》 8, 아주대학교; 정연길(1980. 12), 〈'청춘'·'학지광' 기타 잡지 시단고〉, 《논문집》 4, 한성대학교; 박경식(1994), 〈1910년대 재일조선유학생と학우회기관지학지광について〉, 《재일조선인사연구》, 재일조선인운동사연구회; 최수일(2001. 2), 〈근대시 형성에 기여한 작가들의 성장처가 되어준 학지광〉, 《문화예술》 259, 한국문화예술진흥원; 엄호진(2002), 〈학지광 사설로 본 1910년대 재일유학생의 현실인식〉, 교원대 석사논문; 이경훈(2003. 12), 〈청년과 민족-학지광을 중심으로〉, 《대동문화연구》 44, 성균관대학교 동아시아 학술원 대동문화연구원; 이경훈(2004), 〈학지광의 매체적 특성과 일본의 영향-학지광의 주변〉, 《대동문화연구》 48, 성균관대학교 동아시아학술원 대동문화연구원 등이 있다. 이들 연구는 주로 1910년대를 중심으로 《학지광》의 성격과 실렸던 문예 작품들의 의의를 고찰하는 것에 집중되어 있다.

고를 보내줄 것을 독려하는 글이 지면에 자주 실렸던 것은 이를 알
수 있게 해준다.[3]

둘째, 재정 상태가 열악했다. 《학지광》은 학우회 회원들의 회비
가운데 일부와 찬조금, 사회 유지들의 기부금 등으로 발행되었으나,
비용은 늘 부족했다. 이에 학우회는 자금 모금과 유료 광고 모집을
위해 2·3차에 걸친 '학지광기본금모집운동'[4]을 벌였으며, 1926년[5]
과 1929년[6]에는 조선 각도에 광고 모집 위원을 파견하기도 했다.
그런 노력들로 말미암아 초기에 6백 부에서 1천 부 정도 발행되었던
것이 15호(1918. 3. 25)에 이르러는 1천6백 부가 인쇄되었다. 5호
(1915. 5. 2)부터 대외판매를 표방했으나 이렇다 할 국내 유통망이
없었던 《학지광》은 14호(1917. 11. 20)부터 동양서원東洋書院을 세워
국내 판매를 시작했다.[7] 또 19호(1920. 1. 26) 발행부터는 광익서관廣

---

2) 《학지광》 3·4회의 원고 모집 광고.

3) 〈편집소에서〉, 《학지광》 10, 1916. 9. 4.

4) 《학지광》 10(1916. 9. 4)·19(1920. 1. 26)의 〈편집여언〉.

5) 1926년 《동아일보》는 당시 '학지광기금모집운동'에 대해 다음과 같이 보도했다.
 "동경조선유학생 학우회에서는 연중행사와 같이 하기휴가를 이용하던 하기 사업
 을 금년은 여러 가지 사정으로 중지하고, 특히 동회의 기관지인 《학지광》의 기금
 을 운동코자 동회의 집행위원이 총동원으로 활동하리라는데, 그들이 활동할 범위
 는 도회지보다 지방에 주력할 터이라 하며, 특히 《학지광》 광고 의연 모집위원 2
 명을 선거하여 도합 12명이라는데 그들의 씨명은 다음과 같다. 서무부: 권영중·
 김준희·김영상·신태수, 사교부: 호정환·이영근·최양순·박선규, 재무부: 이용수·
 이중근·진헌식, 편집부: 이영한·박한성·홍병삼, 변론부: 윤원상·박양근·권헌, 감
 시위원: 장봉조·이원(〈학우회 신사업, 기관보 학지광을 계속 발간 기금 운동코자
 모연대 귀국〉, 《동아일보》, 1927. 7. 26).

6) 《동아일보》(1929. 7. 7)의 기사에 따르면, 이상옥(경기도), 이세환(황해도), 강용
 운·김경찬·이정근(평안도), 강일산·김상정·이종태(경상도), 정영하·최한규(전라
 도), 박노갑(충청도), 최위집(강원도), 이창인·함학희(함경도), 이창인·최한규·장
 일산·이정근·이종태(경성부) 등을 파견했다.

7) 《학지광》 14호 표지 참조. 15호부터 광고단가를 표로 제시하기도 했다.

益書舘(경성), 광명서관光明書舘(평양), 동문관東文舘(전주) 등 세 개의 국내 판매소를 갖게 되었다. 《학지광》은 해외 동포들에게도 배포되었는데, 15호의 경우 일본에 머물던 조선유학생들에게 3백 부, 조선에 184부, 북미에 22부, 중국과 간도에 각 5부가 배포되기도 했다.[8]

셋째, 외부의 핍박이었다. 기간에 견주어 발행 호수가 적은 것은 원고 수집의 어려움과 열악한 재정 상태의 영향도 있었지만, 무엇보다 일제 탄압이 가장 큰 원인이었다. 확인할 수 있는 것만 해도 7·8·9·18호가 발매 금지,[9] 16·21호가 압수,[10] 20·25·26호가 압수·발매 금지[11]를 당했다.[12] 일본 당국의 검열을 염두에 두고 시사정담時事政談의 원고는 받지 않았으나,[13] 학우회가 일제의 감시 아래 놓이면서 《학지광》도 탄압을 받았던 것이다.

이러한 어려움에도 아랑곳하지 않고 학우회 회원들은 《학지광》을 발행하려 고군분투했다. 편집부장인 장덕수가 〈《학지광》 제3호

---

8) 내무성경보국(1916), 〈朝鮮人槪況〉, 《집성》 1, 68쪽.

9) 〈편집소에서〉, 《학지광》 10, 1916. 9. 4; 〈社告〉, 《학지광》 18, 1919. 8. 15, 6쪽. 18호의 발매금지에 대해 18호 〈사고〉에서는 "本月 中旬에 發行하려던 本誌 第18號는 不幸 發賣禁止의 厄運을 當하고 보니 우리 讀者諸君에게 미안하고 죄송한 말씀이야 實로 一筆難陳이로소이다. 本寺는 財政에 貧窮하지마는 우리 親愛하신 讀者諸君의 從來의 芳情에 副코져하와 慈에 特別號를 發行한 바오니 江湖의 讀者諸君은 이리 諒察하심을 仰要하옵나이다"라고 하였다.

10) 〈편집여언〉, 《학지광》 17; 《학지광》 20·21호 표지.

11) 〈여러분에게〉, 《학지광》 20; 〈학지광 압수, 일본동경유학생으로 학우회에서 발간한 잡지〉, 《동아일보》, 1925. 6. 2.

12) 이러한 정황으로 보아 그 내용이 미상인 나머지 12개의 제호들도 압수나 발매금지 때문에 현재 찾아볼 수 없는 것으로 보인다.

13) 《학지광》의 '投稿注意'에 따르면, 言論·學術·文藝·珍談·其他(但 時事正論 不受)라고 했으며, 12호부터는 珍談·其他 대신에 宗敎·傳記 及 其他라고 했다. 10호 〈편집소에서〉 59쪽에서는 "투고를 많이 바라옵니다. 하나 내용은 극히 주의하야 될 수 있는 대로 학술 방면을 선택하야 주십소사"라며 투고를 독려하면서도 그 내용에 대해서는 주의를 당부하고 있다.

발간에 임하여〉에서 밝혔듯이, 《학지광》이 "일방一方으로 동정同情
과 애愛의 광光이 되며 일방一方으로는 진실眞實로 학學의 광光이 되
어, 밖으로는 우주를 꿰뚫어 이해하고 안으로는 자기통일自己統一과
자아확립自我確立의 광명光明되기를 원願"했기 때문이다.

《학지광》은 유학생들 사이 친목과 학술 교류를 위한 장이었으며,
유학생들과 조선에 있는 동포들 사이 교류의 장이기도 했다. "고국
에 계신 부형들이 유학생계의 사정을 전설傳說로만 들으시는 데 대
하여 우리의 사정을 거짓이 없이 아뢰"는 수단이었으며, 조선의 소
식을 유학생들에게 전달하는 통로이기도 했던 것이다.14) 그러나
《학지광》은 이러한 일차적 목적을 위한 잡지만은 아니었다.

일제의 검열과 감시 속에서도 "불기독립不羈獨立을 최고 이상으로
삼아15) 조선의 신건설과 아울러 세계개조의 신기치"를 드높이고자
했던 민족 계몽의 장이기도 했다. 유학생들에게 민족 활동의 현재
상황을 알리는 정보지의 구실도 했는데 예를 들면, 1922년 친일파였
던 국민협회장 민원식이 이른바 참정권운동을 한다고 도쿄에 온 것
을 조선유학생 양근환梁槿煥이 도쿄역 호텔에서 칼로 찔러 죽인 사
건16)이 있었을 때, 이를 널리 알리는 공고를 내기도 했다.

---

14) 《학지광》 21호 〈편집실에서〉는 "이후로는 본국의 문화에 관한 소식을 될 수 있
   는 대로 기재하겠사오니 지방 유지 여러분이여 많이 알려주십시오, 우리의 문화적
   향상을 위하여!"라는 公告가 실려 있다.
15) 〈編輯餘言〉, 《학지광》 19, 1920. 1. 26.
16) 그 당시 일본에서 공부하고, 광복 이후 제1야당의 최고위원을 지냈던 박순천 여
   사의 회고록을 보면, 양근환은 괴짜였으며 인력거를 끌며 고학을 하고 있었고, 일
   본 여성 이시카와 가쓰코石川勝子와 결혼하여 슬하에 딸 2명을 두고 있었다고 한
   다. 양근환은 민원식 암살사건 뒤에 박순천을 찾아와 돈을 꾸어 도망가다 시모노
   세키下關에서 잡히고 말았다(박순천, 회고록). 남편이 무기징역을 언도 받자 그
   아내는 아이들을 한국의 시댁으로 보내달라고 박순천에게 부탁한 뒤 집을 나갔다.
   박순천은 여름방학 귀국 길에 양근환의 두 딸(4살, 2살)을 조선으로 데리고 왔고,

《학지광》은 유학생들의 사상을 선도하기도 했다. 전체 내용을 확인할 수 있는 17개 제호(3·4·5·6·10·12·13·14·15·17·18·19·20·21·22·27·29)에 실린 총 395개의 기사 가운데, 35퍼센트에 해당되는 140개 기사가 논설[17]이었는데, 이는 《학지광》의 계몽적 색채를 분명히 드러내 주는 단면이다. 논설이라는 형식은 유학생들의 주장을 좀 더 선명히 전달하기 위한 것으로, 그 가운데 상당수는 학우회 주최 웅변대회나 강연회에서 이미 발표된 것들이었다. 《학지광》이 '투고주의'에서 '단 시사정론時事正論 불수不受'라고 했던 것도, 우회적인 방법으로 계몽활동을 펼치겠다는 태도를 말해주는 것이었다.

《학지광》은 1910년대 일제의 언론 탄압 때에도 유학생들의 기개를 꾸준히 펼쳐 보였으며, 1920년대 들어서는 다양한 유학생들의 사상을 민족이라는 하나의 대명제로 묶어낸 잡지였다.[18] 또한 《학지광》은 종교·사상·문학·예술은 말할 것 없이 역사·경제·과학·언어·법률·풍속·문물에 이르기까지 근대의 학술 영역 전체를 아우르고 있어, 명실공히 '조선학계의 서광曙光'[19]이었다 해도 지나친 말이 아니었다.

《학지광》 집필자들은 귀국한 뒤 문학·종교·정치·교육·문예·학문·예술계 등 다방면에서 심도 있는 활동을 펼쳤다. 주태도朱泰道가

해방되어 석방된 뒤 재혼한 양근환은 아내와 아이들을 이남에 남겨 두고 납북되었다[김을한(1986), 《(實錄)東京留學生》, 탐구당, 97쪽].

17) 《학지광》의 기사 수를 분야별로 구분해보면, 논설 140, 문예 108[소설 16(번역 5), 시 76(번역 4), 희곡 2, 평론 14], 학술 33(과학 8 역사 8, 철학 6, 종교 2, 법률 2, 언어 2, 음악 2, 인물 2, 미술 1 포함), 기타 잡문 114(학우회 행사와 유학생 활동 보고 36, 일화 24, 편지 5, 편집후기 49) 등으로 나눌 수 있다.

18) 연구 발표를 통한 민족의식 제고와 역량 강화를 도모하기 위하여 1년에 두 번 잡지를 발간하기로 했다[최승만(1985), 《나의 회고록》, 인하대학교출판부, 185쪽].

19) 주태도, 〈학지광의 역사적 사명〉, 《학지광》 29, 1930. 4. 5.

〈《학지광》의 역사적 사명〉이라는 글에서 "《학지광》의 재는 동경 유학생들의 존재를 의미하는 것"이며, "학우회와 《학지광》은 우리 민족 사회에 발을 끊을 수 없는 인연을 가지고 아직까지도 그 역사가 길이 이어져, 조선 민족 학생운동 사상에 일이점—異點을 발현할 것"[20]이라고 역설한 것은, 《학지광》이 유학생사와 민족운동사에 얼마나 중요한 구실을 했는지에 대한 적절한 표현이었다고 할 수 있다.

《학지광》의 발행 상황[21]을 표로 나타내면 다음 〈표 9〉와 같다.

---

20) 위와 같음.
21) 《학지광》의 창간연도, 집필자, 발행일 및 잡지의 성격 등에서의 서지적 오류는 많은 연구물에서 찾아 볼 수 있다. 첫째, 창간연도 문제이다. 《문예대사전》(문지사 판)에는 1917년 전후라고 되어있으나 《학지광》이 창간되었던 해는 1914년이다. 둘째, 집필자에 대한 문제이다. 《국어국문학사전》(서울대 동아문화연구소편)에는 창간호의 편집 겸 발행인이 최팔용이라고 기록되어 있으나, 그는 14호부터 편집인이었다. 또한 《세계문학대사전》(문원각 판)에는 초기 발행인이 김병로였고 집필자들 가운데에는 한용운도 있었다고 적혀 있으나, 편집인으로서 김병로는 어떤 제호에서도 찾아볼 수 없으며 한용운은 《학지광》과 전혀 관계가 없는 인물이다. 단, 황석우의 회고(황석우, 〈동경유학생과 그 활약〉, 《삼천리》, 1933. 1)에 따르면, 학우회가 창립된 1913년 가을 이전에는 《학지광》이 송진우의 개인 잡지였고, 그 당시 편집 겸 발행인이 김병로였다고 한다. 셋째, 발행일에 대한 문제이다. 김근수는 '학지광에 대하여'〔김근수(1983), 《학지광》 1권, 태학사(영인본), 3쪽〕에서 17호의 발행일을 1919년 1월 3일로 적고 있으나 사실 1918년 8월 15일이며, 20호 발행일로 기록한 1920년 7월 6일은 개정판 발행일이었고, 초판은 1920년 7월 2일에 나왔다. 발행일에 대해 기록이 서로 달라 사실 확인이 어려운 경우도 있다. 김근수는 21호 발행일을 1921년 1월 1일이라고 했는데, 이와 달리 임전혜〔임전혜(1994), 《日本における朝鮮人の文學の歷史−1945年まで》, 法政大學出版局〕는 21호의 초판은 1921년 1월 21일, 개정판은 1921년 1월 31일이라고 말하고 있다. 또한 김근수는 28호 발행일을 1927년 3월 10일이라고 하였으나, 임진혜는 미상이라고 했다. 넷째, 잡지 성격에 대한 문제이다. 김근수는 《학지광》이 시종일관 우익적이었다고 했지만〔김근수(1983), 앞의 글, 5쪽〕 이것은 올바른 평가라고 보기 어렵다. 1920년대에 《학지광》에 실린 글 가운데 일부는 사회주의적 경향을 나타내고 있기 때문이다.

〈표 9〉《학지광》의 발행 상황

발행 호수	발행 연도	발행인	전체 쪽 수	기사 수	정 가	단속 정도
1	1914. 4. 2	-	-	-	-	-
2	1914	-	-	-	-	-
3	1914. 12. 3	신익희	53	25	비매품	-
4	1915. 2. 27	신익희	55	31	비매품	-
5	1915. 5. 2	장덕수	68	26	13전	-
6	1915. 7. 23	-	100	24	-	-
7	-	-	-	-	-	발매금지
8	-	-	-	-	-	발매금지
9	-	-	-	-	-	발매금지
10	1916. 9. 4	변봉현	60	17	15전	-
11	-	-	-	-	-	-
12	1917. 4. 19	현상윤	63	18	15전	-
13	1917. 7. 19	현상윤	104	32	-	-
14	1917. 11. 20	최팔용	75	18	18전	-
15	1918. 3. 25	최팔용	82	21	20전	-
16	1918	-	-	-	-	압수
17	1918. 8. 15	최팔용	75	23	25전	-
18	1919. 8. 15(개정재판)	-	82	16	25전	발매금지
19	1920. 1. 26	박승철	78	15	40전	-
20	1920. 7. 6(개정재판)	박석윤	48	22	60전	압수, 발매금지
21	1921. 1. 31(개정재판)	최원순	84	20	-	압수
22	1921. 6. 21	김항복	102	23	50전	-
23	-	-	-	-	-	-
24	-	-	-	-	-	-
25	-	-	-	-	-	압수, 발매금지
26	-	-	-	-	-	압수, 발매금지
27	1926. 5. 24	이종직	160	39	50전	-
28	1927. 3. 10		142	-	-	-
29	1930. 4. 5	박용해	94	25	30전	-

〈비고〉 1. -는 미상을 표시.
　　　2. 내용이 미상인 제호는 1·2·7·8·9·11·16·23·24·25·26·28임. 이 가
　　　운데 목차를 확인할 수 있는 것은 8호, 11호,[22] 16호[23], 25호,[24] 28
　　　호[25]임
　　　3. 학우회 동정과 관련된 小기사들도 기사 수로 합산함.

---

22)《학지광》8호와 11호는 일본 와세다대학의 오무라 마스오, 호테이 토시히로, 심
　원섭 교수 등이 공동으로 미국 의회도서관에서 발굴하였다[호테이 토시히로
　(2003. 8), 〈《학지광》小考-신발견 제8호와 제11호를 중심으로〉, 《문학사상》, 문

2) 재일본동경조선기독교청년회의 《현대》

동경조선기독교청년회는 1906년 11월26)에 도쿄 일본기독교청년회 회관에서 브로크만F. M. Brackman과 길레트P. Gillett의 주도로 창립되었다. 브로크만은 당시 북미 지역 기독교청년회의 부총무였는데, 황성기독교청년회(현재의 서울YMCA)의 협동 총무였던 길레트에게 들어 평소 조선에 대해 잘 아는 사람이었다. 그는 1906년에 도쿄를 여행하면서 그곳의 조선유학생 실태를 보고 매우 유감스럽게 생각했다. 유학생 수가 6백~7백 명이나 되는데 그들을 지도하고 보호해 주는 기관이 하나도 없었기 때문이다. 이에 브로크만은 도쿄의 조선유학생 실태를 조사한 길레트과 협의하여 도쿄에 조선기독교청년회 지부를 설치하게 되었다.27)

동경기독교청년회는 그 설립 목적이 회원들의 친목 도모와 재일조선유학생들의 품성 함양 등이었는데,28) 회원의 대부분은 기독교

학사상]. 이에 대해 보고한 《문학사상》(2003. 8)에는 《학지광》8호와 11호의 목차, 이에 수록된 김여제의 시 두 편만이 소개되고 있고, 전체 기사 내용은 공개하지 않고 있다.

23) 《학지광》17호(1918. 8. 15) 속에 포함된 광고지에 《학지광》16호(1918)의 목차가 소개되어 있다.

24) 《사상운동》창간호 광고란에 《학지광》25호의 목차가 소개되어 있다.

25) 《해외문학》창간호(1927. 1. 17) 광고란에는 제호와 발행일자를 알 수 없는 《학지광》의 한 목차(문예분야는 제외)가 실려 있다. 《해외문학》창간호가 발행되었던 시기에 간행되었던 《학지광》목차인데, 이 시기와 가장 근접한 《학지광》의 제호 가운데 현재 27호(1926. 5)와 29호(1929)로 그 목차와 내용이 전해지고 있지만 28호는 모두가 알려져 있지 않은 점을 감안한다면, 이는 28호의 목차일 가능성이 크다고 추측된다.

26) 내무성경보국(1920), 〈朝鮮人槪況 第三〉, 《집성》 1, 87~88쪽.

27) 유동식(1990), 《在日本韓國基督敎靑年會史: 1906~1990》, 東京: 在日本韓國基督敎靑年會, 48~49쪽.

28) 내무성경보국, 〈朝鮮人槪況 第三〉, 《집성》 1, 87~88쪽.

신자인 유학생들이었으며, 다른 유학생 단체에 이미 가입된 사람들
도 많았다. 황성기독교청년회 총무였던 김정식金貞植은 동경조선기독
교청년회의 첫 총무로 임명되어 일본으로 갔는데, 그곳에서 그가 가
장 먼저 시작한 일은 처음 온 유학생들에게 일본어를 가르치는 것이
었다.29) 그러자 기독교 신자가 아니어도 유학생이라면 누구나 한번
쯤 모임에 참가하게 되었고, 유학생들의 모든 활동이 차츰 청년회를
중심으로 이루어졌다. 유학생들은 청년회를 일제강점기 이전의 한국
유학생 감독부처럼 친근하게 생각했으며, 일본 수도인 도쿄 한복판
에 있는 제2의 고향으로 여겼을 정도였다.30)

　유학생들의 청년회에 대한 애정은 다음의 사건 때문에 더 깊어졌
다. 일본은 그들의 국력을 과시하고자 1911년에 조선인 일본시찰단
을 조직했는데, 각 방면의 인사들에는 월남 이상재 선생도 있었다.
이상재 선생은 조선기독교청년회를 대표하여 시찰단에 참가했는데,
유학생들은 구한국 시대 한국공사관이었으며, 당시에 일본이 운영하
고 있던 조선유학생 감독부 건물로 그를 초청하여 강연을 부탁했다.
선생은 강연회장에 들어서자마자 위를 우러러 한번 껄껄 웃더니, 곧
이어 몹시 흐느껴 울기 시작했다. 그 바람에 장내는 침통한 분위기
가 되었는데, 한참 뒤 눈물을 거둔 선생은 "내가 평생에 울지 않고
자 하였더니 오늘 처음으로 운다. 이 집은 한국공사관 때에 와서 보
았는데, 일본의 조선유학생 감독부가 된 오늘에 와보니 옛일이 새롭
도다. 오늘 청년 제군을 이 자리에서 만나니 부모를 잃은 동생을 만
난 것 같도다"라고 말했다. 이에 많은 청년 유학생들도 그와 함께
눈물을 쏟았다고 한다.31)

---

29) 김을한(1986), 앞의 책, 109쪽.
30) 김을한(1986), 위의 책, 32쪽.

동경조선기독교청년회는 만국기독교청년회의 보조를 받아 재정
상태도 양호했고, 1919년 11월에는 회원도 140여 명[32]에 이르렀으
며, 당시 일본 당국도 청년회를 가리켜 "재일조선인 단체 중 가장
확실한 기초를 가지고 있다"고 평가했다.[33]

유학생들이 동경조선기독교청년회를 찾는 일이 차츰 많아지자,
1920년을 전후로 청년회 회관은 유학생들의 민족 활동 장소[34]로 널
리 이용되었다. 특정한 본거지가 없었던 학우회는 그 모임의 대부분
을 청년회 회관에서 개최하곤 했는데, 학우회 회원들이 중심이 된
2·8독립선언도 여기서 행해졌다.[35] 또한 학우회와 청년회 두 단체

31) 김을한(1986), 위의 책, 31~32쪽.
32) 1924년 4월 말에는 회원 수가 2백여 명에 이르렀으며, 이사장은 채필근이었고,
  이사들로는 최승만, 한위건, 김낙영, 강봉우, 김상돈 등이 있었다. 1927년 12월에
  는 총 회원 수가 5백~6백 명에 이르렀는데, 이는 목사 신공숙씨가 도쿄 시외를
  통해 추정한 것이었으며, 이 가운데 일요예배에 참석하는 수는 150여 명(남자
  140여 명, 여자 10여 명)이었다. 1927년 당시 신자 대부분은 학생과 대학을 졸업
  한 연구생들이었는데, 이는 도쿄 거주 조선인 가운데 최고의 지식계급이었으며 그
  밖에 회사원, 사무원, 노동자 등도 있었다. 또한 청년회에서는 매주 일요일 오후 3
  시부터 목사와 신도 서재성씨가 무산자자제일요학교無産者子弟日曜學校를 열어 국
  어와 기독교에 대해 가르치기도 했는데, 출석 아동은 20명에서 50여 명에 이르렀
  다(本社特派員 朴尙僙, 〈東京朝鮮人諸團體歷訪記〉, 《朝鮮思想通信》, 1927. 12. 8).
33) 내무성경보국, 〈朝鮮人槪況 第三〉, 《집성》 1, 87쪽.
34) 동경조선기독교청년회의 회관은 1914년 9월, 神田區 西小川町 2丁目 5番地에 이층
  양옥으로 신축되었다[백남훈(1968), 《나의 인생》, 解慍백남훈기념사업회, 78쪽].
35) 2·8독립선언 때문에 투옥된 9명의 유학생들은 모두 학우회 회원이자 기독교 신
  자였다. 2·8독립선언서에 서명한 학우회 회원들은 모두 11명으로, 최팔용(27세,
  조대생 갑호), 김도연(27세, 경대생 갑호), 이광수(29세, 조대생 갑호), 김철수(24
  세, 경대생 갑호), 백관수(30세, 정칙영어생 을호), 윤창석(31세, 청산학원생 갑
  호), 이종근(23세, 동양대학 을호), 송계백(24세, 조대생 갑호), 최근우(22세, 동
  경고사생 을호), 김상덕(29세, 당시 무직), 서춘(23세, 동경고사생 갑호) 등이었는
  데, 그 가운데 최근우와 이광수를 제외한 나머지가 옥고를 치렀다. 이들은 2차 공
  판에서 대부분 석방되었으나, 최팔용과 최린은 실형을 받았다[정세현(1975), 《항
  일학생운동민족사연구》, 일지사, 68쪽; 강덕상(1979), 〈2·8선언ㅑ동경유학생〉,

는 간부들이 중복36)되는 경우가 많아 이명동체異名同體라 불릴 만큼 밀접한 관계였다.

동경조선기독교청년회는 2·8독립선언 이후 잠시 휴회 상태였다 1919년 10월에 간사 백남훈 외 40여 명이 모여 회의를 개최하고, 회비모집, 신래新來 학생의 환영, 재감동포在監同胞 위안과 신래선인新來鮮人 보호 등을 결의하며 활동을 펼쳤다. 또한 1920년 3월 1일에는 3·1운동 1주년 기념식, 만국학생기도회(민족독립을 염원하는)와 모의 회합 등을 개최했으며, 1920년 1월 10일에는 제14회 정기총회를 열어 강연회를 갖기로 결정하였다.

청년회는 1920년 4월 7일 교육부장 주최로 강연회를 개최했는데, 출석자는 약 80여 명이었으며, 그 가운데 48명은 여학생이었다. 더욱이 이 날 강연회는 2·8독립선언을 기념하기 위한 것이었는데, 연사는 김종필金鍾弼, 변희용卞熙瑢, 최승만崔承萬, 박승철, 유영준劉英俊, 고지영高志英 등이었고, 그들 가운데 대다수는 세계사조 변화에 따른 민족 독립의 필요성을 강력히 주장했다.37)

1917년부터 1923년까지 본회의 간사38)였던 백남훈白南薰은 "종교

《계간삼천리》 17, 40쪽].

36) 독립운동사편찬위원회(1984), 〈주의를 요하는 단체(1922)〉, 《독립운동사자료집》 별집 3, 14~19쪽. 1919년 11월 현재 도쿄의 조선기독교청년회는 회장이 미국인이었으며, 간부로는 부회장 김준연(甲号 제대생), 간사 백남훈(甲号), 서기 장영규(甲号 보급영어생), 종교부장 임종순(甲号 목사), 교육부장 김종필(甲号 조대생), 체육부장 원달호(甲号 중앙대생), 친접부장 박형병(乙号 조대생), 홍제부장 정래길(乙号 경대생)(내무성경보국, 〈朝鮮人槪況 第三〉, 《집성》 1, 87쪽) 등이 있었는데, 이들은 대부분 학우회 활동에도 적극적으로 참여했다.

37) 내무성경보국, 〈朝鮮人槪況 第三〉, 《집성》 1, 87~88쪽.

38) 이때까지 幹事라고 불리던 임원진에 대한 총칭은, 1924년 4월부터 理事長과 理事 등의 세부 명칭으로 나뉘어 불리기 시작했다. 1924년 현재 청년회의 회원 수는 2백여 명이었으며 이사장은 채필근이었고, 이사진에는 최승만, 한위건, 김낙영, 강

까지 일본의 지배를 받을 수는 없다"며, 동경기독교청년회가 일본 기독교청년회의 영향력에서 벗어날 수 있도록 힘썼다. 그는 2·8독립선언으로 수감된 유학생들의 침구와 사식 마련을 위한 모금[39]행사를 열고, 그들에게 변호사를 연결하거나 재판에 관련된 일[40] 등을 맡아 처리했다. 또한 일본 황제 히로히토裕仁에게 폭탄을 던진 김지섭金址燮 의사와 상하이 훙커우虹口 공원에서 시라카와白川 육군 대장 등 일본 요인 다수를 살상했던 윤봉길尹奉吉 의사, 친일파 민원식閔元植을 암살한 양근환梁槿煥 의사 등의 뒷바라지에도 전력을 다했다.[41] 구한국 시대로 말하자면, 재일한국 공사관의 대사 역할을 했던 것이었다.

이처럼 동경조선기독교청년회는 당시 재일본조선유학생 민족운동의 구심점이었는데, 이 사실을 증명해 주는 일화가 있다. 청년회는 1914년 9월에 신축했던 회관 건물을 1923년의 관동대진재 때 잃었

봉우, 김상돈 등이 있었다[조선총독부경무국동경출장원(1924), 〈在京朝鮮人狀況〉, 《집성》 1, 138쪽].

39) 1919년 7월 16일 조선의 자치 의회 개최를 요구하러 도쿄에 왔던 이른바 7인단 (박병철, 심대섭, 이기찬, 양기두, 박승빈, 고사 등 7명, 일제의 조선통치를 인정한 친일자들) 가운데 박모와 이모는 2·8독립운동 구속 학생을 위한 성금 2백 원을 백남훈에게 보냈다가 거절당했는데, 백남훈은 그들의 돈 "받을 성질이 것이 못 된다"며 돌려보냈다. 그러나 조선에서 건너온 김주연(구속된 연의 백형)과 송계은(구속된 송계백의 백형)에게는 각각 30원과 20원씩 받아 수감 들을 위한 비용으로 사용했다[백남훈(1968), 앞의 책, 86~88쪽].

40) 백남훈은 수감된 학생들의 변호인단을 만들고자 당시 동경조선기독교청년회 이사이자 교토제대 법과대 교수였던 니토베 이나조新渡戶稻造를 찾아가 부탁했으나, 그가 거절해 뜻을 이루지 못했다. 이후 그는 동경제대학생회 간사인 후지다 신난藤田進男과 교섭한 결과 변호사 이마이 요시유키今嘉幸, 사쿠마 고조作間耕造, 우자와 소우메이鵜澤總明, 하나이 다쿠조花井卓藏, 가나이 요시유키金井佳行, 후세 다쓰지布施辰治 등으로부터 도움을 받을 수 있었다[백남훈(1968), 위의 책, 86~88쪽].

41) 백남훈(1968), 위의 책, 86~88쪽; 김도연(1967), 《나의 인생백서: 常山 회고록》, 常山회고록출판동지회, 81쪽.

는데,[42] 1925년 4월에 북미 기독교청년회로부터 5만 달러, 국내(동아일보사가 주관했던 모금 운동의 결과)에서 8천 원 상당의 건축금을 기부 받았다.[43] 이에 모두 11만 5천여 원의 예산으로 다시 회관을 짓기 시작했고, 1929년 4월 4일 드디어 3층 회관을 새로 건축할 수 있었다.[44]

동경조선기독교청년회는 1917년 가을 총회에서 기관지를 발행하기로 결의했는데, 그해 11월에 백남훈白南薰을 편집 겸 발행인으로 월간 《기독청년》을 창간하였다. 1918년 3월에는 5호, 4월에는 6호, 5월에는 7호를 발간[45]했으며, 초기에 7백 부에 지나지 않았던 발행 부수가 독자 수의 증가에 따라 연이어 늘어나자, 이광수를 편집부원으로 추가하기도 했다.

《기독청년》에 실었던 기사들은 첫째, 기독교의 교리에 대한 설명, 둘째, 조선 기독교 청년의 종교적 각성 촉구, 셋째, 기독교청년회의 역사와 구실에 대한 설명 등으로 그 내용을 분류할 수 있다. 첫째와 둘째에는 기독교 색채가 두드러졌으나, 세 번째 부류에는 새로 온 유학생에 대한 환영사나 조선 청년의 사명에 대한 글 등 탈종교적이고 보편적인 내용이 많이 포함되어 있었다.

그러나 《기독청년》은 1920년 1월부터 이름을 《현대》로 바꾸고, 종교적 색채에서 벗어난 글들을 본격적으로 싣기 시작했다. 현재 확인할 수 있는 《현대》[46] 1호(1920. 1), 2호(1920. 2), 3호(1920. 3), 5호

---

42) 조선총독부경무국동경출장원(1924), 〈在京朝鮮人狀況〉, 《집성》 1, 138쪽.
43) 최승만, 〈재동경조선기독교청년회관〉, 《조선일보》, 1926. 12. 12.
44) 김을한(1986), 앞의 책, 109~110쪽.
45) 내무성경보국(1918), 〈朝鮮人槪況 第二〉, 《집성》 1, 68~70쪽. 현재 남아 있는 《기독청년》의 제호는 5호부터 7호까지로 연세대학교 귀중본 열람실에 소장되어 있다.

(1920. 5), 6호(1920. 6), 9호(1921. 2)에 실린 기사들은 기독교 전도,
사회논설, 학술, 문예,47) 기타 잡문48)으로 나눌 수 있는데, 전체 기
사 78편 가운데 기독교 전도가 12편(15퍼센트), 사회 논설이 34편(44
퍼센트), 학술이 3편(4퍼센트), 문예가 20편(26퍼센트), 기타 잡문이 9
편(11퍼센트)이었다. 《현대》 발행의 주된 목적은 민족의 계몽에 있
었고, 기독교 전도는 부차적인 것임을 알 수 있는 대목이다. 1921년
10월 23일 기독교청년회 교육부 주최로 열린 강연회에서도 이런 사
실은 확인할 수 있다. 당일 연사들과 해당 연제들을 살펴보면, 변희
용의 '문화투쟁과 노동문제', 김도연의 '데모크라시의 의의 及 활용',
백남훈의 '여러분의 청년회' 등으로, 주로 사회문제에 대한 내용이
많았다.49)

1920년 4월 23일, 일제는 치안을 해친다는 이유로 《현대》 4호에
발매반포금지처분을 내렸는데, 이미 《기독청년》의 주요 집필자 대
부분은 일제의 요시찰 대상이기도 했다. 더욱이 이광수(갑호), 현상
윤(갑호), 장덕수(갑호), 이덕규李德奎(갑호), 노익근盧翼根(갑호), 박승
철(갑호), 김도연金度演(갑호) 등50)은 《학지광》에도 자주 민족적 성
향의 글을 발표하곤 했다.

---

46) 《현대》 1호(1920. 1. 31), 2호(1920. 3. 2), 3호(1920. 3. 20), 5호(1920. 5.
10), 6호(1920. 6. 18), 9호(1921. 2. 5)는 현재 연세대학교 귀중본 열람실에 소장
되어 있는데, 열거한 제호들의 편집 겸 발행인은 백남훈으로 되어 있으며, 판매
가격은 30전 또는 40전이었다.
47) 문예에는 시, 소설, 수필이 있었다.
48) 기타 잡문에는 기독교청년회 활동보고문, 일기문, 기행문 등이 있었다.
49) 《현대》 9, 1921. 2.
50) 내무성경보국(1920), 〈朝鮮人槪況 第三〉, 《집성》 1, 97쪽. 그 밖의 집필자들로는
최승만, 전영택, 이일, 용주생, 염상섭, 부조양, 이동식, 화암, 이규남, 니토베 이나
조新渡戶稻造, 우치무라 간조內村鑑三, 미다 산진三田散人 등이 있다.

《현대》는 1호 머리말에서 "인도주의 아래서 세계를 표준으로 삼고 노력하자"며, 세계사조에 편승해 정의와 인도를 주장할 뜻을 분명히 했다. 이후 세계문명[51]이나 이상주의 사조를 설명하는 글을 많이 실었으며, 민족문제[52]나 여성문제,[53] 노동문제[54]에 대한 글들도 게재하기 시작했다. 이러한 사회 논설 분야의 글들은 당시 유학생들 사이에 유행하던 문화운동론을 바탕으로 하고 있었는데, 그 안에는 개조론과 문화주의 사조가 내포되어 있었다.

구체적으로 내용을 살펴보면 다음과 같다. 최원순은 〈개조의 근거〉(5호)에서 문화 발전을 위한 사회개조의 필요를 역설했고, 변희용은 〈럿셀의 이상의 일정〉(6호)에서 러셀의 주장대로 "창조충동을 증가시키고 소유충동을 감소시킬 것을 강조"했다. 김준연은 〈현대의 사명〉(1호)에서 자유와 평등의 가치를 설명했고, 김항복은 〈자유와 타유他由〉(9호)에서 완전한 내적 자유를 위한 책임과 의무의 자각을 말했으며, 박승철은 〈식자識者의 연구를 요要하는 실제문제 4〉(1호)에서 문화운동의 의의를 설명했다. 더욱이 민족문제·여성문제·노동

---

51) 세계문명을 다룬 글로는 박승철의 〈세계문명의 이동〉(1호)과 김우평의 〈현대문명과 우리〉(6호) 등이 있다.

52) 민족문제를 다룬 글로는 김종필의 〈신시대의 요구에 응하라〉(6호, 1920. 6. 민족적 해방을 요구)와 배성룡의 〈민족혼은 무엇이냐〉(9호, 1921. 2. 집단적 생명력은 민족혼에 있음을 역설) 등이 있다.

53) 여성문제를 다룬 글로는 박승철의 〈識者의 연구를 要하는 실제문제 5〉(2호, 1920. 3. 여성해방은 여성 스스로 해방에 대해 자각하고 실력 배양을 함으로써 해결될 수 있음을 역설) 등이 있다.

54) 노동문제를 다룬 글로는 변희용, 〈노동문제에 대한 余의 견문 2〉(1호, 1920. 1. 사회주의를 위해 필요한 것은 희생정신, 노동자 교육, 동정의식 임을 강조); 변희용, 〈사회와 경제〉(2호, 1920. 3. 경제문제는 모든 사회와 도덕문제의 기초임을 역설); 김항복, 〈자각하라〉(6호, 1920. 6. 노동문제는 각자가 자아의 희생정신을 자각함에서 출발함을 역설) 등이 있다.

문제 등의 해결책으로 정신적 자각이 강조된 것은 문화운동론 안의 문화주의 사조에서 개인 정신이 중요시되었기 때문이었다.

《현대》는 1923년 7월 《젊음이》로 이름을 바꾸어 발간되었는데, 그 이후 기록은 전혀 남아있지 않다. 다만 당시의 편집 겸 발행인은 최승만이었고, 발행 부수가 1천 부에 이르렀다는 사실만이 전해진다.[55]

3) 재일본동경조선여자유학생학흥회의 《여자계》

동경여자유학생친목회는 김필례, 나혜석 등 도쿄의 여자유학생 10여 명의 발기로 1915년 4월 3일에 결성[56]되었으며, 초대회장은 김필례[57]였다. 창립 목적은 '재경조선여자유학생 상호 간의 친목도모와 품성함양'[58]이었는데, 초기에는 재동경여자유학생들만의 단결과 지식 교류를 도모하였다. 그러나 1917년 10월 17일에 개최된 임시총회 때부터 일본 각지의 여자유학생친목회 대표들도 참석하기 시작[59]했고, 이를 계기로 재동경여자유학생친목회는 일본 여자 유학생들의 대표단체[60]가 되었다.

---

55) 조선총독부경무국동경출장원(1924), 〈在京朝鮮人狀況〉, 《집성》 1, 143쪽.

56) 《여자계》 2, 1918. 3. 2, 75쪽; 《학지광》 5, 1915. 5. 2, 64쪽. 여기에는 여자친목회가 김숙경, 김정화, 김필례, 최숙자 등의 발기로 4월 3일 김정식의 집에서 조직되었다고 기록되어 있다.

57) 〈소식〉, 《학지광》 5, 1915, 64쪽. 김필례(1891~?)는 황해도 장연 출생으로 연동여학교(1903~1907)를 졸업한 뒤 동경여학원대학본과(1909~1916)에서 유학하였다. 귀국한 뒤에는 정신여학교 역사·수학교사(1917~?)와 동학교 교장 등으로 재직하였으며, 22년에는 YWCA를 조직하여 총무를 역임하였다.

58) 내무성경보국(1920), 〈朝鮮人槪況 第三〉, 《집성》 1, 90쪽.

59) 〈소식〉, 《여자계》 2, 1918. 3, 75쪽.

60) 1918년 3월 무렵 동경여자친목회 전체 회원은 40여 명이었는데(〈소식〉, 《여자계》 2, 1918. 3, 75쪽), 이는 1918년 7월 1일 현재 재일조선여자유학생 수의 91퍼

1917년 10월 17일의 임시총회에서는 임원을 개선하여 김마리아를 회장, 나혜석羅蕙錫을 총무로 선출[61]하고, 《여자계》의 편집 사무를 주간하기로 결정했다. 《여자계》는 원래 숭의여학교 출신 여자 유학 생들이 1917년 봄에 등사판으로 인쇄[62]하다가, 1917년 7월에 정식 으로 창간호를 발간한 잡지였다. 그러나 동경여자유학생친목회가 전체 여자 유학생들이 참여하는 단체가 되면서 2호부터 발간도 맡게 된 것이다.[63]

이후 《여자계》는 동경여자친목회의 기관지[64]가 되었고, 전영 택[65]과 이광수[66]가 고문으로 참여해 2호(1918. 3)와 3호(1918. 9)의 비용과 편집[67]에 많은 도움을 주었다.[68] 1918년 9월 무렵 이들과의

센트에 해당했다. 조선유학생감독부의 조사에 따르면 당시 재일조선여자유학생 수 는 모두 44명이었다.

61) 그 밖의 임원으로는 서기에 정자영, 부서기에 김충의, 회계에 현덕신이 개선되었 다(〈소식〉, 《학지광》 13, 1917. 7. 19, 84쪽).

62) 〈소식〉, 《학지광》 13, 1917. 7. 19, 84쪽.

63) 〈소식〉, 《여자계》 2, 1918. 3, 75쪽. 여기에는 등사판 《여자계》와 그 정식 창간호 (1호)가 숭의여학교 출신 여자 유학생들의 주도 아래 발간되었다고 되어 있으며, 〈朝鮮人槪況 第三〉〔내무성경보국(1920), 《집성》 1, 91쪽, 97쪽)〕에는 《여자계》가 1917년 6월 말에 당국의 인가를 받고 7월 12일에 창간호(1호)를 냈다고 적혀 있다.

64) 《여자계》는 여자 유학생들뿐 아니라 고국의 여성들도 대상으로 한 잡지였다. 최 남선은 《여자계》가 동경여자유학생들의 새 소식을 고향 제씨에게 전하고자 간행 되었다고 했으며[최남선, 〈여자계〉, 《청춘》 10, 1917, 11쪽], 실제로 3호(1918. 9)부터는 도쿄뿐 아니라 경성 종로의 동양서원에서도 판매하였다.

65) 전영택은 《여자계》 2호(1918. 3)에 〈각성하라 신춘이로다〉, 〈가정제도를 개혁 하라〉, 〈경성에서 부산까지〉 등을 실었고, 3호(1918. 9)에는 〈여자교육론〉(이 글 에는 필자가 명기되어 있지 않지만, 2호(1918. 3)의 〈來號豫告〉, 5쪽를 통해 그가 전영택임을 알 수 있다), 〈헬렌켈러: 전기〉 등을 실었다.

66) 이광수는 2호(1918. 3)에 〈어머니의 무릎: 詩〉, 3호(1918. 9)에 〈小兒를 어찌 待 接할가〉를 실었다.

67) 1917년 10월 17일 동경여자친목회 임시총회에서는 《여자계》의 편집사무를 주 간하기로 결정하면서, 편집부장에는 김덕성, 편집부원들에는 허영숙·황애시덕·나

관계가 단절되자, 동경여자친목회는 그해 12월 17일《여자계》유지 방안에 관한 특별총회를 개최하여 잡지를 이어 발간하기로 결정했다.[69] 더욱이 1920년 1월에는 동경여자친목회 안에 별도로 여자학흥회[70]를 조직하여 《여자계》 발행 사무를 담당하게 했는데, 이를 통해 한동안 중단되었던 4호(1920. 3)를 발간하였다. 이런 사정 때문에《여자계》2호와 3호는 동경여자친목회 명의로,[71] 4호(1920. 3)부터는 재일본동경조선여자유학생학흥회 명의로 발간[72]되었다.

　《여자계》발간이 동경여자친목회의 주요 활동으로 자리 잡으면서 여자친목회는 차츰 여자학흥회에 흡수되었다. 그러나 《여자계》는 1921년 7월 7호[73]를 끝으로 그 발간이 중지되었는데, 재정곤란[74]과 학흥회 회장 유영준劉英俊의 발병[75] 때문이었다. 이후《여자

혜석, 찬조원에는 전영택·이광수 등을 임명하였다(〈소식〉,《학지광》13, 1917. 7. 19, 84쪽).

68)　김환,〈부활하는 여자계에게〉,《여자계》4, 1920. 3, 2～3쪽. 김환은 이 글에서 《여자계》는 "맨 처음 몇 사람 남자의 娛樂半分의 경영"으로 간행된 것이라고 하였다. 또한《학지광》15호(1918. 3. 25)의 〈신간소개란〉(74쪽)에 따르면,《여자계》에서《학지광》을 가리켜 "동경의 우리 오래비 잡지"라고 적고 있다고 했다.

69)　〈소식〉,《여자계》4, 1920. 3, 67쪽.

70)　《여자계》4호(1920. 3) 기사에는 "우리 친목회원 중에서 특별히《여자계》를 헌신적으로 응원하자는 목적으로 학흥회를 조직하였다"라는 언급이 있는데, 이는 학흥회가《여자계》의 발간을 위해 동경여자친목회 안에 별도로 조직된 단체였음을 알려준다. 1920년 6월 30일 현재 '재경조선인단체표'(내무성경보국, 〈朝鮮人概況 第三〉,《집성》1, 90～91쪽)에도 동경여자친목회와 여자학흥회는 별도의 단체로 기재되어 있으며, 여자학흥회는 "여자친목회의 범위가 협소하여 광범한 조선 여자의 교육보급을 도모하기 위해 친목회원으로 조직된 것"이라고 설명하고 있다.

71)　1919년 2월에 4호를 발간하기로 기획하였으나, 3·1운동 여파로 연기되어 한동안 중단되었다.

72)　〈편집여언〉,《여자계》4, 1920. 3, 65쪽.

73)　7호는 현재 그 보관 여부나 소재지가 확인되지 않고 있으며, 당시《학지광》에 실렸던 광고를 통해 목차를 확인할 수 있을 뿐이다(《학지광》22, 1921. 6. 21, 104쪽). 7호 목차는《조선일보》(1921. 8. 12)의 〈신간소식란〉에도 소개되어 있다.

계》는 1927년 1월 속간 4호의 형태로 다시 발행[76]되었지만 이것을 끝으로 종간되었고, 여자학흥회도 소멸되었다. 여자학흥회와 《여자계》는 그 시작과 끝을 함께 했던 것이다.

《여자계》에 실린 전체 기사[77]를 분야별로 구분하면, 총 119개 가운데 논설이 60편(50퍼센트), 문예[78]가 22편(18퍼센트), 학술이 9편(8퍼센트), 기타 잡문[79]이 28편(24퍼센트)이다. 이는 《여자계》의 주된 발행 목적이 기고자의 주장을 통한 일반 여성의 계몽에 있었음을 말해주고 있다. 그러나 《여자계》의 내용은 발행된 시기마다 약간의 차이가 있었다.

남학생들의 도움을 받았던[80] 2호와 3호에는 그들[81]의 논설이 많이 포함되어 있는데, 여성의 인격 회복 여부는 교육에 있다는 주장이 대부분이었다. 가정과 민족에게 여성의 중요성을 알리고자 먼저 여성교육을 확대하자[82]는 것인데, 이는 구습 타파가 절실했던 당시

---

74) 〈동경여자여학생으로 조직된 여자학흥회 근황〉, 《매일신보》, 1923. 4. 10.

75) 유영준은 폐결핵에 걸려 1922년에 중도 귀국하였는데(〈여자교육의 선구자〉, 《매일신보》, 1922. 7. 20), 이 때문에 학흥회는 《여자계》 발행과 강연단 파견을 중단했다.

76) 《여자계》는 1호(1917. 7)와 7호(1921. 7, 발행인 유영준)를 제외하면 그 내용을 모두 확인할 수 있다. 2호(1918. 3, 발행인 김덕성), 3호(1918. 9, 발행인 황애시덕), 4호(1920. 3, 발행인 유영준) 5호(1920. 6) 6호(1921. 1)와 그 이후 다시 속간된 4호(1927. 1, 발행인 이숙종)가 이에 해당된다.

77) 목차를 확인할 수 있는 2호·3호·4호·5호·6호·7호·속간 4호를 대상으로 하였다.

78) 문예에는 시, 소설, 전기 등이 포함되어 있다.

79) 기타 잡문에는 기행문, 보고문, 편지글, 일기 등이 포함되어 있다.

80) 김환, 앞의 글, 1~4쪽. 여기에는 다음과 같은 글이 실려 있다. "우리 여자계의 과거는 어떠하였습니까? 한번 생각해 봅시다. 기탄없이 말하면 그는 남자에게 의뢰를 받고 피보호자가 되어서 오후의 생활을 하여 왔습니다만, 이제부터는 남자의 기반을 벗어나서 독립자영의 신생활로 들어가려고 합니다."

81) 《여자계》에 기고했던 남자 유학생들로는 김우영, 김엽, 염상섭, 전영택, 이광수, 최승만, 김환, 황석우, 최원순, 서춘 등이 있다.

여성계에 문제 해결의 이론적 바탕을 마련해 주었던 담론으로[83] 평가될 수 있다. 그러나 이들의 견해는 다소 피상적인 면이 있었고, 여성의 구실을 육아와 남편 내조에만 국한하는 등의 한계가 있었다.

나혜석은 〈이상적 부인〉[84]이라는 글에서 양처현모良妻賢母의 교육법은 있는데 양부현부養夫賢父의 교육법은 없음을 꼬집으면서, "양처현모 교육은 여자를 노예로 만들기 위하여 부덕婦德을 장려한 것"이라고 비판했다. 그러나 《여자계》에 글을 기고했던 대다수 여자 유학생들은 일반적으로 남자 유학생들의 사고방식에서 크게 벗어나지 못하고 있었다. 그들은 모성론[85]이나 과학적 고찰을 통한 육아법,[86] 여성의 생물학적 특징[87]을 다룬 글을 주로 투고했는데, 이는 종래의 수동적·순종적이었던 여성관에서 벗어나 스스로를 주체적 존재로

---

82) 2호(1918. 3)와 3호(1918. 9)의 논설 가운데 여성문제의 원인과 해결책을 가장 심도 있게 제안했던 기사는 전영택의 〈여자교육론〉이었다. 이 글에서 전영택은 "현대문명의 특징은 인간 해방이며, 그 가운데 여자 해방의 가장 중요한 수단, 곧 여성문제의 해결책은 여자교육에 있다"고 전제했다. 이어서 그는 "여자교육은 교육의 참 의의가 그런 것처럼 우선 완전한 사람, 즉 개성의 계발을 도모해야 하고, 그 이후에는 여성의 천성과 의무인 자녀생산과 교육에 주의와 노력을 기울여야 할 것"이라고 결론지었다.

83) 2호(1918. 3)와 3호(1918. 9)에 실렸던 남자 유학생들의 논설들로는, 김엽의 〈신구충돌의 비극〉, 염상섭의 〈부인의 자각이 남자보다 긴급한 所以〉, 전영택의 〈각성하라 新春이로다〉·〈여자교육론〉·〈가정제도를 개혁하라〉, 최승만의 〈조선사람 儀式에 대한 의견〉 등이 있다.

84) 《학지광》 3, 1914. 12. 3, 13~14쪽.

85) 박순애, 〈대문을 나선 형제들에게〉, 《여자계》 2, 1918. 3.

86) 〈천재를 만드는 胎敎育〉, 《여자계》 3, 1918. 9; 〈아동의 구강위생〉, 《여자계》 3, 1928. 9.

87) 춘강생(전유덕), 〈處女의 煩悶〉, 《여자계》 2, 1918. 3, 16~17쪽; 우곡생, 〈月經論〉, 《여자계》 3, 1918. 9, 43~49쪽. 춘강생(전유덕은 전영택의 동생이다)의 글에는 동경여의전의 설립자인 요시오카 야요이吉岡彌生의 담화가 실려 있고, 우곡생의 글에는 '스티븐스 여사의 저서' 가운데 일부가 인용되어 있는데, 두 글 모두 의학지식을 바탕으로 씌어진 것이다.

인식하려는 정도 수준에 지나지 않았던 것이다.

그러나 3·1운동 이후 여자 유학생들의 의식은 빠르게 달라지기 시작했다. 이는 당시 유학생계에 문화운동론이 정착되면서 촉발된 현상이었는데, 문화운동론에는 이미 필연적으로 개인 해방의 하나로 여성해방의 문제가 심도 있게 포함되어 있었기에 가능했던 일이었다. 더욱이 《여자계》 4호(1920. 3) 이후부터 문화운동론과 관련된 많은 글들이 실리기 시작했고, 여성해방에 대한 다양한 의견들도 개진되었다. 그 논조들을 내용별로 정리해 보면 다음과 같다.

첫째, '자유라는 것도 그 안에 질서를 전제하는데, 인류 사회의 질서는 이성의 지배를 받는다'[88]라는 대전제 아래 여성해방을 온건한 가정개조론[89]으로만 이해한 것이다. 이는 가정을 개조하기 위한 과학적이고 근대적인 주부의 역할을 설정[90]한 것이었는데, 이미 2호 (1918. 3)와 3호(1918. 9)에도 비슷한 논리가 있었다.

둘째, 여성해방의 하나로 여성들의 민족운동과 사회 활동을 제시했다. 3·1운동 실패에 대한 반성[91]을 전제로 하는 사회적 헌신[92]을 나타낸 것이다. 실제로 동경여자친목회는 정기(연 3회) 또는 임시총회를 열어 상호친목을 도모하고 학식 토론을 전개했으며, 회무會務를 처리[93]함과 동시에 민족운동에도 적극 참여하였다. 1919년에 2·8독립운동이 발생하자 동회의 명의로 운동비를 기탁했으며, 회장

88) 최원순, 〈여성의 지위와 정조의 도덕적 가치〉, 《여자계》 6, 1921. 1, 4~6쪽.
89) 서춘, 〈남녀 상호補短에 就하여〉, 《여자계》 6, 1921. 1.
90) 춘강생, 〈신여자의 자각〉, 《여자계》 4, 1920. 3.
91) 현덕신, 〈새세계가 다시 왔네〉, 《여자계》 5, 1920. 6, 33~35쪽.
92) 유영준, 〈반도청년 여자에게〉, 《여자계》 5, 1920. 6; 황신덕, 〈어제밤 꿈〉, 《여자계》 5, 1920. 6; 유영준, 〈중국여자의 굳은 절개(속)〉, 《여자계》 5, 1920. 6.
93) 《여자계》 4, 1920. 3, 67쪽.

이었던 김마리아는 2·8독립선언서 밀송密送과 유포의 책임을 맡아 황애시덕과 함께 이를 조선으로 가져오기도 했다.[94] 김마리아와 황애시덕은 1917년 당시 동경여자친목회의 총무이자 《여자계》 편집부원이었는데, 1919에는 조선의 나혜석[95]과도 연락을 주고받으며 각지에서 선전 활동을 펼쳤다. 1920년 3월 1일에는 히비야 공원에서 그 회원들이 일본 경찰에 검거되기도 했는데,[96] 독립운동 1주년 기념식에서 황신덕黃信德과 현덕신玄德信 등 7명이 남자 유학생들과 함께 만세를 합창했기 때문이었다.

이처럼 동경여자유학생친목회원들이 민족운동에 적극적으로 참여하자, "조선 여성들은 오랫동안 집안에 칩거하여 사회정세에 전혀 관심이 없는 습관을 가졌다"[97]고 생각했던 일본 내무성경보국의 관점도 달라지기 시작했다. "매월 수회 회합을 하여 불온한 언론을 하는 감"이 있고, "점점 활동을 개시하려는 계획이 있어 주밀한 주의를 요한다"[98]고 판단하게 된 것이다.

이후에도 학흥회는 여러 민족운동에 참여했는데, 1924년 동아일

---

94) 동경여자친목회 회원이었던 김마리아와 황애시덕은 3·1운동 직전에 귀국하여 3·1운동에 참가했고, 여성독립운동단체였던 송죽회와 대한애국부인회를 지도하기도 했다(내무성경보국, 〈朝鮮人槪況 第三〉, 《집성》 1, 90쪽).

95) 나혜석(호는 晶月, 1896～1946)은 경기도 수원에서 태어나 진명여고보(～1913)를 거쳐 동경여자미술학교 서양학과(1913～1918)에서 유학했다. 도쿄 유학 시절에는 오빠 친구들이었던 최승구, 이광수 등과 교제했으며, 그 뒤 조선에서 김우영과 결혼하였다. 1918년 7월에 귀국한 그녀는 정신여고보에서 미술교사로 근무하였고, 1921년에는 조선 여자 최초로 개인전을 열었다.

96) 내무성경보국, 〈朝鮮人槪況 第三〉, 《집성》 1, 89쪽.

97) 이만규(1987), 《조선교육사》 2, 거름, 157쪽. 남자 유학생들이 일제의 엄격한 감시 아래 놓여 있었던 데 견주어, 여자 유학생들은 상대적으로 그 감시에서 자유로웠다. 이를 이용해 동경여자친목회 회원들은 3·1운동 때, 동경·상해·국내 동지들의 상호 연락원 구실을 하기도 했다.

98) 내무성경보국, 〈朝鮮人槪況 第三〉, 《집성》 1, 90쪽.

보 배척운동과 1928년 조선 학생 동맹휴학사건 찬성에는 학우회와 함께 참여했고, 웅변회·졸업생축하회·신입생환영회·운동회 등의 행사도 공동으로 개최하여 유학생들의 단결을 도모하기도 했다.

셋째, 여성의 주체적 자각을 통한 자유 획득을 강조했다. 여성 자신에 대한 자각과 자성을 여성해방의 조건으로[99] 전제했는데, 결혼문제·직업문제·교육문제·권리문제 등을 현실적·정치적으로 바꾸려면 먼저 여성들의 정신 혁명이 수반되어야 함을 말한 것이다.[100] 더욱이 속간 4호(1927. 1)에는 전술한 논조들이 고루 들어가 있으며, 그 인식의 변화도 과거에 비해 두드러졌다. 그것은 속간 4호가 이전의 제호들과 시간상 거리가 컸기 때문인데,[101] 구체적으로 행간들을 살펴보면 다음과 같다.

먼저 권두사인 〈선언〉에서 "우리는 조선 여자다. 조선 민족의 운명이 우리 여자로 하여 결정될 것임을 자각하였다"라며 민족의식을 드러내고, "우리는 남자와 평등의 협동자인 것을 선언한다. 그러나 동시에 우리는 여자로의 특수한 임무와 특권을 가진 것을 자각한다"고 했다. 인간으로서의 양성평등과 여성으로서 모성적 특성을 동시에 인정한다는 것이다. 본지의 사명이 "인ㅅ으로서의 여자, 모성으로서의 여자의 사상과 감정을 표현하는 것"에 있다고 표현한 것도 이를 잘 드러내 주고 있다. 더불어 여성해방의 문제를 가정·교육·연애

---

99) 김안식, 〈자기를 知하라〉, 《여자계》 4, 1920. 3; 파봉 박석훈, 〈청년 여자의 自助〉, 《여자계》 4, 1920. 3; 김필수, 〈여자의 五代 天職〉, 《여자계》 4, 1920. 3.

100) 춘성, 〈부인문제〉, 《여자계》 5, 1920. 6, 4~7쪽.

101) 〈편집여언〉, 《여자계》 속간 4, 1927. 1, 70쪽. 여기에는 "잘되나 못되나 여성계의 다만 하나의 本誌조차 몇 해 동안 목을 비어바리인 우리들"이라는 말이 있다. 이것으로 볼 때 속간 전까지 상당한 시일 동안 《여자계》가 발행되지 못했음을 알 수 있다.

문제102)뿐 아니라, 계급적 정체성에 기반한 사회운동103)으로까지 확장하고 있다. 이처럼 여자 유학생들은 1920년대로 들어서면서 여성의 주체적 지위를 자각함과 동시에 민족 또는 계급의식까지 갖게 되었으며, 그 변화의 선두에는 《여자계》가 있었다.104)

2. 고국순회강연

1) 학우회

학우회 회원들은 신도래학생 환영회, 운동회, 망년회, 졸업 축하회

---

102) 연애와 결혼문제에 대해서도 여러 견해들이 있었는데, "경제력을 갖춘 후에 결혼하자"(암파 지중세, 〈현대청년들이 구하는 신여성〉, 29~33쪽), "학교 공부나 연애보다 조선 장래를 위한 영원한 공부를 하자"(여자사범학교생 김정희, 〈청년아! 분투하자! 특히 여자계를 爲하야〉, 7쪽) 등이었다.

103) 이러한 경향의 글들로는 이운정의 〈부녀운동의 주관〉과 정칠성의 〈참 자유의 길〉 등이 있다. 이 글들에는 당시 여성해방운동의 양상이 잘 드러나 있는데, 기존의 자유주의에 사회주의적 문제의식이 추가되었음을 보여주고 있다.

104) 《여자계》외에 여자 일본유학생들이 발간에 관여했던 잡지로는 《여자시론》이 있다. 이는 1920년 1월 24일에 창간되었는데, 횡빈에 있던 여자시론사에서 발행되었다. 편집 겸 발행인은 당시 조도전대학 청강생이었던 이량전이었고, 필자로는 유각경, 송경선, 방순경 등이 있었는데, 이들은 당시 조선에서 활동했던 여성들이므로 조선과 일본의 학생들이 공동으로 참여했음을 알 수 있다. 1920년 3월에 발행되었던 《창조》 5호에 《여자시론》 2호의 발간을 알리는 짤막한 기사가 있으나, 그 구체적인 시기와 내용은 알 수 없다. 1920년 4월부터 《여자시론》은 조선여자교육회(조선의 여성교육단체)의 기관지가 되었다(내무성경보국, 〈朝鮮人槪況 第三〉, 《집성》 1, 97쪽). 그러나 2·3호에 대해서는 구체적인 기록이 남아있지 않으며, 1920년 5월에는 4호가 발간되었고, 11월 5호를 끝으로 종간되었다[이옥진(1980), 〈여자잡지를 통해 본 여권신장: 1906~1929년까지를 중심으로〉, 이화여대 박사논문]. 《여자시론》의 창간 취지는 "여자계에 신진문명을 보급시켜 가정개조를 꾀하는"데 있었으며, 그 방법적인 측면에서 언론을 주안으로 했기에 잡지 이름을 時論(《여자시론》 1, 1920, 68쪽)이라 하였다.

〈표 10〉 1914~1930년 학우회 주요 행사의 연설 상황

날 짜	행사 명칭	연설 상황
1915. 5. 2~7	제2회 졸업생 축하운동회	이경준, 〈펜의 힘에 대하여〉
1916. 4. 15	신도래학생 환영회	김영식, 〈고국에서 공부하는 것의 의미〉
1916. 10. 26	신도래학생 환영회	서상달, 〈환영사〉(동포를 위한 도일 환영) 김재희, 〈조선독립〉
1916. 12. 27	망년회	정노식, 〈노인과 피압박민족의 비운〉
1917. 4. 29	신도래학생 환영회 및 졸업생축하회	장덕수, 〈환영사〉 이광수·정노식, 〈축사〉
1917. 12. 27	망년회	이종근, 〈조선독립의 책임은 청년에게 있음〉 서춘, 〈조선독립의 날까지 굳건한 정신을 갖자〉 한치유, 〈조선유학생에게 기대한다〉
1918. 4. 14	졸업생 축하회	이지광, 〈애국〉, 민병세, 〈축사〉
1918. 4. 16	신도래학생 환영회	백남규, 〈조선말의 사용과 의복 착용할 것〉
1918. 10. 26	신도래학생 환영회	김준연, 〈환영사〉(학문연구 권유) 김철수, 경찰에 매수된 비열한을 폭로 백남규, 〈우리는 조선인이다〉
1929. 6. 23	정기총회	유원우, 〈오랫동안 국권을 탈취 당한 현 단계에서 박해를 받고 있는 조선인운동을 위해 전초투쟁의 역할을 하자〉
1930. 2. 23	졸업생축하회	신식연, 〈조선에서의 관헌의 탄압에 대항하여 일제히 독립만세를 부르자〉

〈자료〉《학지광》

등 여러 행사에서 자주 연설을 했다. 학우회가 주요 행사에서 했던 연설 상황을 정리하면 다음 〈표 10〉과 같다.

유학생들의 모임은 자신의 사상을 동료들에게 알리거나 토론을 하기 위한 장이기도 했다. 연설이야말로 가장 익숙한 발표 형식이었고,[105] 자신의 주의·주장을 주변에 전하는데 적합한 수단이기도 했

---

105) 그 예로 장덕수의 연설 실력은 당시 일본에서 회자되었을 만큼 대단했다. 장덕

기 때문이다. 그 연설 내용은 대체로 유학생들의 기능 강조와 민족
운동 참여 권유 등 식민지 유학생들이 당면한 문제들이었다.

학우회 회원들은 행사에서 연설하는 것을 넘어 각종 웅변대회를
개최하기도 했는데, 이를 요약하면 다음 〈표 11〉과 같다. 이 표에
따르면 1916년 유학생들의 연설 내용은 주로 유학생들의 역할에 대
한 각성을 촉구하는 것이었으나, 1918년을 고비로 사회주의·인도주
의·민족자결주의·실력양성론·자치론 등 민족운동의 방향을 제시하
는 내용이 등장하고 있음을 알 수 있다. 그러나 1923년 이후로 그러
한 논리적 모색의 내용은 줄고, 직접적인 민족운동·민중운동·여성
운동의 참여를 촉구하는 내용이 많아졌다.

학우회 주최의 웅변회는 주로 재일조선기독교 청년회관에서 개최
되었는데,[106] 많은 청중이 몰려 빈자리가 없을 정도였으며, 더러 남
녀 학생이 번갈아 연사로 나서기도 했다. 1923년 12월 28일에 열린
웅변회에서는 '형용하여 말할 수 없는 장면'이 연출되기도 했다. "이
필구군이 강연하는 중에 사회주의를 비난하는 구절이 입밖에 나오
자마자 청중의 맹렬한 반대소리가 요란하여 장내는 돌연히 노한 물
결이 덥히게 되었으므로, 한참 동안은 연사가 말을 하지 못하고 우
두커니 서 있는 활극이 다 일어났었는데, 이것을 동기로 하여 사회
운동가와 민족운동가가 서로 충돌되어 속연시간續演時間을 불구하고
공격 연설이 시작되었다"는 것이다.[107] 이렇듯 연사의 열변 도중 반

수가 와세다대학 2학년이었을 때 일본어 웅변대회인 전일본대학생웅변대회가 개
최되었는데, 그는 이날 1등으로 선정됐다[이경남(1982), 《雪山 장덕수》, 동아일보
사, 68~69쪽].

106) 유학생 출신이었던 김을한의 회고록에도 유학생들의 강연회는 주로 기독교청년
회관에서 열렸다고 기록되어 있다.

107) 〈학우회의 웅변대회〉, 《조선일보》, 1923. 1. 5.

〈표 11〉 1916~1929년 학우회 웅변대회의 연사와 연제

날 짜	대회 명칭	연사와 연제
1916. 1. 22	웅변회	이광수, 〈우리는 살아야한다〉
1916. 4. 28	졸업생 웅변회	장덕수, 〈청년이여 우리의 치욕은 무엇인가〉
1916. 11	연합웅변회	차남진, 〈의를 보고 행하지 않으면 무용하다〉 백남훈, 〈개인과 환경〉 김창돈, 〈自愛熱精神〉
1917. 11. 17	웅변회	송계백·이종근·장덕준, 〈풍기와 사상〉·〈유학생의 사명과 현상〉
1918. 3. 23	연합웅변회	김영, 〈우리들은 절규한다〉
1918. 5. 18	연합웅변회	한태원, 〈불평등한 사회와 사회주의〉 이춘균, 〈우리의 생활에 대하여 투쟁하자〉
1918. 11. 22	연합웅변회	김안식, 〈미래사회와 현대청년〉 이병화, 〈정의의 승리의 파동〉 김항복, 〈沈着窮究〉 김상덕, 〈학우회를 사랑하자〉 서춘, 〈미국, 영국이 주장하는 정의와 인도주의를 비판〉
1918. 11. 30	연합웅변회	김범수·이응수·최원순·안성호, 〈민족자결론〉
1918. 12. 30	연합웅변회	조선독립방식(급진론,실력양성론,자치론,국권회복론) 논의
1919. 1	신년웅변회	윤창석·서춘·이종근·박정식·최근우·김상덕·안승한·전영택, 조선독립이 가능한 시기가 왔다고 논의
1920. 5. 4	웅변회	이명식, 〈余의 소감〉/박□서, 〈동경에 온 느낌과 우리의 할 일〉/조명희, 〈세계의 역사를 논하여 우리 頭上에 비친 서광을 기뻐함〉/옥준진, 〈朋友〉/김송은, 〈금일의 우리사회〉/류득신, 〈그렇게 하면〉
1923. 12. 28	웅변회	김영철, 〈理想과 實際〉/宋奉瑀, 〈民衆運動의 眞價〉/이혁, 〈送迎의 際에 臨하여〉/박근희, 〈女性의 反逆〉/이희부, 〈社會改造와 協同的情神〉/이필구, 〈眞理의 反逆者〉, 이정수, 〈何處로 歸할꼬〉
1926. 11. 25	연합웅변회	
1929. 12. 14	광주학생사건 비판연설회	황규섭, 개회사 /박용해·이정욱: 진상보고 /채강호·이산매월·주태도: 비판연설.

〈자료〉《조선일보》,《학지광》

대 의견의 돌출은 웅변회에서 흔히 볼 수 있는 장면이었다.

학우회는 1926년 11월 15일부터 참가 신청을 받아[108] 1926년 11월 25일 오후 6시 반에 도쿄 시외 천래곡 수양단修養團 누상에서 전 동경조선유학생 연합 웅변대회를 개최했는데, "참석한 경찰로부터 주의 혹은 중지의 처분이 있어 27명의 검속자가 있었다"고 했다.[109] 당시 연설이란 으레 연사가 민족주의적인 배일사상을 들고 나와 소리치고, 청중은 흥분해 박수갈채를 보내는 맛에 하는 것이었기에, 웅변대회장에는 반드시 일본 경관들이 먼저 와 있었다. 이때 경관 가운데 하나는 정복을 입고 연단 위에 올라와 있다가, 내용이 이상하게 돌아가면 벌떡 일어나 "주의!"하고 외쳤는데, 주의를 두 번 주고 나면 세 번째에 "중지!"시키는 것이 관례였다. 그러므로 대개 웅변대회와 강연회는 끝까지 진행되지 못하고 중간에 강제 해산되는 경우가 많았다.[110]

웅변대회를 할 때 중도 해산과 함께 연사들이 검속되는 일은 꾸준히 이어졌다. 1929년 학우회가 신간회 동경지회와 함께 개최했던 광주학생사건 비판연설회에서도 그러했으며, 1930년 대판조선유학생학우회 관서지부 주최로 열린 웅변대회에서도 유학생들이 '조국의 독립과 식민지 해방을 절규'하는 내용의 연설을 하자 12명의 연사 가운데 8명이 체포되었다.

학우회는 1920년 4월 27일에 민족 계몽을 위한 고국순회강연회를 열기로 계획하였다. 이날 약 50여 명의 회원들은 친목 도모차 본향

108) 〈동경유학생 웅변회준비〉, 《조선일보》, 1921. 11. 15.
109) 〈웅변회석상에서 27명 검거, '주의'와 '중지'로 일관한 동경유학생 웅변회〉, 《조선일보》, 1926. 11. 25; 〈東京留學生 雄辯會準備〉, 《조선일보》, 1925. 11. 15.
110) 김을한(1986), 앞의 책, 98쪽.

정 삼정목 연락헌에서 간담회를 개최했는데, 회의석상에서 집행부는 여름에 조선 각처에서 순회강연을 하자는 안건을 제출했다. 이에 다수가 찬성함으로써 그 실행이 결정되었고, 연사들도 추천되었다.[111]

그러나 실제로 고국순회강연이 이루어지기까지 어려운 과정도 있었다. 1920년 6월 15일 열린 학우회 임시총회에서는 '학우회 혁신동맹'을 조직했던 이규원李槻元, 임세희林世熙 등의 주도 아래 김준연(회장), 변희용(총무) 등 집행부에 대한 탄핵이 시도되어 찬성 121대 반대 54로 가결되었는데, 그들의 전횡이 표면적인 사유였다. 이 일로 말미암아 학우회 간부들은 총사퇴하였고, 고국순회강연의 실행 여부도 불투명해졌다. 그러나 1920년 6월 17일 다시 간부파와 '혁신동맹' 사이에 격론이 일어나, 결국 후자 학생들이 퇴석하고 종래의 간부들이 재유임되면서 고국순회강연대 파견도 다시 결의되었다.[112]

학우회는 1920년 7월부터 1930년 7월까지 모두 일곱 차례에 걸쳐 조선에 유학생 강연단을 파견했다. 강연 지역은 이동할 열차선을 따라 순차적으로 정했으며 연사는 주로 간부진이 맡았는데, 여름방학 때 진행하여 다수의 유학생들이 참여했다.

제1회 학우회 강연단은 1920년 7월 9일 오전 10시, 부산 동래 동명東明고등보통학교에서 열렸고, 연사는 김준연·김송은金松殷·한재겸韓在謙·김연수金年洙·서춘 등이었다.[113] 첫 강연이 성황을 이루자 이 소식은 전국으로 퍼졌고, 강연단의 선전과 후원을 맡았던《동아일보》에는 국내 각지에서 강연 요청이 쇄도했다.[114] 10일에는 부산과

---

111) 〈在日京우리유학생계의 소식〉,《학지광》20, 1920. 7. 6.
112) 김정주(1970), 〈大正9年 6月 朝鮮人 槪況〉,《조선통치사료》7, 685쪽.
113) 〈강연단소식〉,《학지광》21, 1921. 1. 31, 75~77쪽.
114) 김도연(1967), 앞의 책, 88쪽.

부산진에서 강연회를 열었고, 11일부터는 강연단을 둘로 나누어 한 쪽은 울산·경주·대구·공주·청주 방향으로, 다른 쪽은 김해·밀양·마 산·진주·예산·천안 방향으로 나아갔다. 전자는 최원순·윤창석尹昌錫·박정근朴定根·김송은金松殷·신동기申東起가, 후자는 서춘·김연수金年洙·한재겸韓在謙·이동제李東濟·김준연이 담당했다. 김해에서는 남녀 노소 백여 명이 길가에 정례해 있다가 도착하는 강연단 일행을 환영 했는데, 더운 날씨에도 강연은 다섯 시간이나 이어졌고 청강자는 3 천 명에 이르렀다.115) 학우회의 제1회 고국순회강연 날짜와 지역, 연사, 연제는 다음 〈표 12〉와 같다.

둘로 나뉘었던 강연단은 17일 오후 10시 30분 경성에서 합류했고, 《동아일보》를 비롯한 조선경제회·조선교육회·조선노동공제회·중앙 기독교청년회·조선청년연합회기성회·천도교 청년회 등이 함께 환영 회를 열어 주었다. 강연단은 18일 오후 1시부터 단성사에서 강연회 를 개최했는데, 그날 종로 일대에는 기마대까지 등장하는 등 경비가 삼엄했다. 강연장은 입추의 여지가 없을 만큼 청중으로 꽉 차 들어 가지 못하는 이들도 있었으며, 당시 10전이었던 입장권이 암매로 5 원에 팔리기도 했다.116)

이날 강연회는 《동아일보》 주간 장덕수의 개회사 뒤에 김준연이 〈세계개조와 오인의 각오〉라는 제목으로 강연하면서 시작했다. 이 어 김도연117)이 〈조선 산업의 장래에 대하여〉라는 연제로 규슈의 산업 상황을 소개하고 본론에 들어가려 했을 때, 갑자기 종로경찰서

---

115) 〈강연단소식〉, 《학지광》 21, 1921. 1. 31, 75~77쪽.
116) 김도연(1967), 앞의 책, 88~89쪽.
117) 당시 일본의 경응대학 본과 2학년이었던 그는 강연회 전에 2·8독립선언 때문 에 15개월 동안 囹圄 생활을 했다. 1922년에 미국 유학길에 올랐는데, 친했던 아 베 미쓰이에阿部充家선생과 상의하여 여권을 얻을 수 있었다.

서장이 들어와 치안유지법 제2조 '치안방해' 혐의를 들먹이며 연설을 중지시켰다. 이에 격분한 장내의 군중들은 "경찰은 물러가라"는 함성들을 질렀지만, 종로 경찰서에서는 강연단장 김준연을 불러 "본도 내뿐만 아니라 조선 전반에 대하여 강연을 금지한다는 것"과 "현재의 강연단원 가운데 1인이라도 참여하는 강연은 강연단의 연장으로 인정하여 금지하니 따를 것"을 명령했다. 결국 1회 학우회 고국

〈표 12〉 제1회(1920. 7) 학우회 고국순회강연 상황

강연 날짜	1920. 7. 9~7. 20
강연 지역	경부선(부산·부산진·김해·밀양·마산·함안·진주·통영·거창·울산·경주·대구·공주·청주·조치원·천안·예산·경성 등)
강연 연사	김준연(단장)·김도연·김종필·최원순·고지영·이종근·김항수·김연수·박승철·변희용·박석윤·박정근·서춘·김송은·박세희·신동기·한재겸·이동제
강연 주제	김준연, 〈세계정치와 오인의 각성〉·〈20세기 청년의 포부〉 김도연, 〈조선산업의 장래〉 이동제, 〈사회의 파란과 우리들의 각성〉·〈사회와 교육〉 김송은, 〈교육에 관하여〉·〈개조와 우리청년〉·〈현실의 사회와 우리청년〉·〈암흑에서 광명으로〉·〈인습을 타파하라〉 서춘, 〈인생의 목적〉·〈교육가의 자격〉·〈가정교육〉 최원순, 〈문화발전과 언론자유〉·〈개조시대와 청년의 사명〉·〈문화상으로 본 청년의 사회적 지위〉·〈사회적 결합과 도덕의 변천〉·〈시대와 도덕〉·〈현대청년의 역사적 지위〉·〈단체생활에서 본 법률과 권력〉 신동기, 〈공동생활과 노동〉·〈현대청년의 절규〉·〈교육의 신요구〉·〈농민과 사회문제〉·〈개조기의 교육〉 윤창석, 〈인생과 종교〉·〈시대의 각성〉·〈현대사조변천〉·〈현대와 우리의 각성〉·〈현대와 우리〉 한재겸, 〈현대를 논하는 우리의 개조책〉·〈사회력과 개인의 활동〉 김항수, 〈조선과 공업〉·〈현하 재계공황의 원인에 대하여〉 박정근, 〈인류해방의 근본문제〉·〈농민의 해방〉·〈인과론〉·〈우리의 과거와 장래〉

〈자료〉《동아일보》,《학지광》

순회강연단은 20일 명월관 지점내 태화정太華亭에서 해산식을 거행
함으로써 그 활동을 끝내야만 했다.118)

그러나 일제의 탄압에도 아랑곳하지 않고 강연회는 2회(1921. 7)
와 3회(1923. 7)로 이어졌다. 1923년 동경대진재와 1925~1926년의
조선 기근 등으로 말미암아 한동안 중단되었으나, 1927년에 4회가
재개되어 학우회가 해체될 때까지 해마다 개최되었다.

또한 1회 강연회 때 문제가 된 지역적 편협성을 보완하고자 2회부
터 전국을 순회하면서 강연을 펼쳤다. 전국의 열차선, 곧 경부선의
부산·김해·마산·대구·청주·예산·경성 방면 진행로와 경의선의 경
성·개성·해주·진남포·평양·의주 등의 북관방면의 진행로, 경원선(함
경선)의 춘천·철원·원산·함흥·길주·명천·성진·회령 등의 진행로, 호
남선의 대전·강경·전주·군산·이리·광주·나주·목포 등의 진행로를
따라 강연회를 개최했는데, 1928년 5회 때는 간도 지역을 추가했
다.119) 2회부터 7회까지 그 연사와 연제를 살펴보면 〈표 13〉과 같다.

〈표 13〉 2~7회(1921. 7~1930. 7) 학우회 고국순회강연단의 연사와 연제

제2회(1921. 7) 고국순회강연	
강연 연사	김종필·민태원·이동제·김항복·박형병·이정윤 외 11명
강연 주제	이동제, 〈문화생활에 대한 양방의 노력〉 김항복, 〈문화운동의 정신〉 박형병, 〈매조부의 폐지론〉 이정윤, 〈호상부상조론에 대하여〉

118) 〈강연단 소식〉,《학지광》21, 1921. 1. 31, 75~77쪽.
119) 〈在日留學生聰俊網羅〉,《동아일보》, 1928. 7. 18.

제3회(1923. 7) 고국순회강연	
강연 연사	최원식·김영식·한위건 등
강연 주제	한위건, 〈자본주의와 사회주의에 대한 학술적 고찰〉 김영식, 〈문화운동의 기조〉·〈현대인류의 고심과 경제적 관계〉 최원식, 〈뉴우튼에서 아인쉬타인〉 한위건, 〈개인과 사회〉·〈현하의 우리사회의 사회학적 고찰〉 이여성, 〈정신주의적 사상의 학술적 비판〉·〈평화를 찾는 이상〉 한재겸, 〈자아실현과 사회와의 관계〉·〈자아의 사회화〉·〈부분적 생활 전면적 생활〉

제4회(1927. 7) 고국순회강연	
강연 연사	경의선: 김의선(책임)·박균·김형식·김익호·김원·호정환 경원선: 한홍령(책임)·윤대현·김태열·한덕 호남선: 박량근(책임)·한림·김삼봉·김영진 경부선: 이덕진(책임)·류영준·강진순·이민행
강연 주제	강진순 , 〈현대교육의 비판〉 박량근, 〈인류의 과거와 현재〉·〈조선민족과 자연과학〉 김삼봉, 〈진화와 가족제도〉·〈조선여성해방운동의 편견〉 한홍령, 〈방향전환과 그 사회적 근거〉 김익호, 〈사회발전의 사적고찰〉·〈생의 발전〉 김형식, 〈학생과 현실〉·〈학생과 현실〉 김의선, 〈인간성의 자유〉 김원, 〈농촌문제에 대하여〉 한림, 〈우리는 여하如何한 조직을 가질까〉 주해산, 〈자기 비판을 철저히 하자〉 한억, 〈결정론과 비결정론〉 서인식, 〈역사상으로 본 농민의 사회적 역활〉

제5회(1928. 7) 고국순회강연	
강연 연사	경의선: 김병욱(법대 경제과)·김세철(조대 정경과)·김동훈(조대 정경과)·김형식(조대 정경과) 경부선: 김시용·김황우·이종기·장지형·박형채(학우회 대표, 조대 정경과) 경원선: 신철·임무·한식·천독근 호남선: 강영순(법대 정치과)·최돈·최한규·송여상·고경흠 간도: 박상준·강광수·이홍렬·여창빈·박수길
강연 제목	조중곤, 〈예술이란 무엇인가(현대예술의 귀추)〉 김세철, 〈사회의 경제적 기초(사회의 모든 제도는 경제를 토대로 함)〉 임종웅(조대 경제과), 〈조선의 철학적 고찰(조선 사상운동의 발단과 취향)〉

제6회(1929. 7) 고국순회강연	
강연 연사	위원장: 이창인 경의선: 이정근(책임)·신일성·장인갑·박용해·김형식 경부선: 강일산(책임)·최봉식·김제곤·이종태·임경·김광휘 호남선: 정진(책임)·최정렬·송여상·박노갑·손창주·신철 경원선: 이창인(책임)·임천·이원인·김효화·김교란·이문희·이동준
강연 주제	이정근, 〈국제정국과 추세〉 신일성, 〈세계적 문제와 조선적 문제〉, 〈조선궁핍에 관한 일고찰〉 신철, 〈조선부인의 경제적 지위〉 □화준, 〈운명론의 필연적 몰락〉 이창인, 〈권력의 사회성〉 최한규, 〈아자의 철학〉 강일산, 〈변증법의 사물 인식〉 임천, 〈삶에 대한 약간의 토구〉 장인갑, 〈법률의 계급성〉

제7회(1930. 7) 고국순회강연	
강연 연사	임대남·한인택

〈자료〉《동아일보》,《조선일보》,《학지광》

이상을 살펴보면 1회부터 7회까지 유학생 고국순회강연은 시기에 따라 그 내용과 연사들이 다음과 같이 달라졌음을 알 수 있다.

첫째, 1회(1920)에서 2회(1921)까지는 개조론과 문화주의를 바탕으로 한 자유주의적 문화운동론에 관한 내용들이 대부분이었다. 1회 내용은 현대사조의 변화와 그에 따른 청년의 자각, 개조론과 개조책, 교육과 공업의 중요성, 문화발전, 농민과 노동자 문제 등으로 이루어졌고, 그 가운데 개조론과 청년의 구실에 대한 것들이 많았다. 2회 내용은 문화생활, 문화 발전 등 문화운동에 관한 것들이 주류를 이루었다.

둘째, 3회(1923)에는 당시 개조론이 자유주의적 문화운동론과 사회주의적 개조론으로 분화된 것에 대해 각각 설명하는 내용이 많았다. 3회 내용은 사회에 대한 사회학적 고찰이나 자본주의와 사회주의에 대한 학술적 이해 등이 주요 내용이었는데, 강연 내용이 파악되는 5명의 연사 가운데 2명(한위건韓偉健, 이여성李如星)은 사회주의를 설명하거나 옹호하는 내용으로, 2명(김영식, 한재겸)은 문화운동을 역설하는 내용으로 연설했다.

셋째, 사회주의계 학생들이 학우회를 주도하면서 4회(1927)부터 7회(1930)까지는 사회주의 사상을 전파하는 내용이 우세를 점했다. 사회주의적 경제론과 역사관에 따라 현재 조선의 교육제도·가족제도·농촌조직·여성문제 등에 대해 비판하는 내용이 대다수를 차지하였으며, 자유주의적 문화운동론을 바탕으로 하는 전문적인 학문고찰의 내용도 등장하고 있었다. 사회주의계의 한림, 김삼봉金三奉, 유영준, 이창인李昌仁, 신철申哲 등이 연사로 참여한 것도 확인할 수 있다.

이처럼 학우회의 고국순회강연회는 유학생계의 사상과 세력 동향에 따라 그 연사와 연제에 변화가 있었지만 공통점도 있었다.

첫째, 학우회 강연단은 그들의 강연회가 문화운동의 하나라는 의식을 가지고 있었기에, 문화운동이라는 깃발 아래 신사상을 조선의 각 지방에 전파하고자 했다. 1차 강연단 단장이었던 김준연도 강연회가 끝난 뒤 보고에서, "작년[120] 3월부터 조선은 새로운 사상을 요구하게 되었고, 우리는 이 요구에 얼마간 보충할 바 있고자하여 강연을 계획하였다"고 강연회 동기를 밝히고 있다. 또한 강연단이 "도처에서 열렬한 환영을 받았지만 대다수는 우리의 강연을 듣고 혹 실망하였을 줄로 생각한다고"도 했는데, 그 이유로 "우리의 학식과 품격이 부족함에도 원인이 있겠지만, 우리 동포가 우리에게 듣고자 하는 것은 더 긴절하고 급박한 문제에 대한 해결방침"이기 때문이라고 추측했다. 그럼에도 그는 강연단이 "다만 교육을 역설하고 세계 신사조에 대한 이해를 역설"한 것은 "로마의 성취됨이 일일지공이 아니었듯이 우리의 생활을 자주적이고 행복스럽게 하는 데 필요 불가결한 것 역시 교육이 제일이다"라고 여겼기 때문이라고 했다. 강연회의 목적이 "우리 문화발전 상의 공헌"에 있다는 것이다. 1차 고국순회강연회에 참여했던 김도연도 회고록에 당시 강연단의 목적과 의의에 대해 다음과 같이 적고 있다.

그 당시의 국내 정세에 비추어 이 강연회가 개최되는 의의는 실로 대단히 심대하였다. 유학생들이 하기방학을 이용해 고국에 돌아오게 되는 기회를 이용하여 평소 우리가 연구한 학문과 국내외 정세를 고국 동포들에게 알려주는 것이 좋겠다고 생각되었고, 동아일보는 이것이 민중에게 계

---

120) 1919년을 말함.

몽선전이 될 뿐만 아니라 첫째로는 민족혼을 살리고 둘째로는 새로운 학문과 사상을 국내 청년들에게 널리 소개 선전하려는 데서 출발한 것이므로 적극적으로 후원하게 되었던 것이다.[121]

1921년의 2차 강연단 또한 고국순회강연이 '문화운동에 다대한 공헌'을 할 것이라는 기대 아래 계획되었는데,[122] 학우회 강연단을 대대적으로 보도하며 후원했던 《동아일보》는 강연회 일정이 끝난 뒤에 "각자 우리 사회의 파괴와 건설을 위하여 열렬하고 심절한 말을 하여 만장 청중에게 깊고 깊은 감정을 주고, 문화에 목마르고 신문명에 열심 분투하는 조선 사람들에게 무한한 자각과 결심과 느낌을 주었다"며 그들의 노고를 치하했다.[123]

둘째, 학우회 고국순회강연은 《동아일보》와 다른 사회단체들의 후원을 받아 개최되곤 했다. 1회(1920) 강연회는 《동아일보》를 비롯하여 조선경제회·조선교육회·조선노동공제회·중앙기독교청년회·조선청년연합회기성회·천도교청년회가,[124] 4회(1927) 강연회는 각 지방 청년회와 중외·동아·조선의 3언론사가,[125] 5회(1928) 강연회는 신간회·각 지방 청년동맹·3언론사가[126] 각각 후원했다.

학우회 강연단은 1929년 강연회를 떠나기 전 "동아·조선·중외 등 신문사들에 적극적 원조를 의뢰하는 동시에, 순회할 지방들의 사회

121) 김도연(1967), 앞의 책, 87~89쪽.
122) 《학지광》 22, 1921. 6. 21, 73쪽.
123) 〈제2회 학우회순회강연〉, 《동아일보》, 1921. 7. 28.
124) 〈강연단소식〉, 《학지광》 21, 1921. 1. 31, 78쪽.
125) 〈夏期休暇를 利用 講演, 演劇, 活寫 等 내 고향 위해 활동하는 학생들〉, 《동아일보》, 1927. 7. 30.
126) 〈東京留學生學術大講演, 學友會主催 本誌學藝部 後援〉, 〈學友會講演隊 地方巡廻日程〉, 《동아일보》, 1928. 7. 18.

단체들에도 후원을 소청所請하는 통신 60여 통을 발發"했으며, 한편
으로 "경찰 당국과의 교섭을 통해 강연 장소를 결정"하는 등 빈틈없
는 준비를 했다. 후원 요청에 대해서는 "각 지방 사회단체들로부터
학우회에 대한 성원의 회서가 답지하기를 끊이지 않았기"에 강연단
의 힘은 배가 되었다. 강연단이 가는 곳에는 항상 환영회가 열렸는
데, 이는 여름방학을 이용해 먼저 고향에 가 있던 그 지역의 유학생
들이 유지들과 힘을 모아 함께 준비한 것이었다. 또한 지방 유지들
은 강연단의 숙박 장소와 식사를 제공했으며, 여비까지도 마련해 주
는 경우가 많았다.127)

셋째, 강연회는 가는 곳마다 청중의 환영과 환대를 받았다. 1914
년 학우회의 기관지《학지광》이 발간된 이후, 이 잡지를 통해 일부
유학생들의 이름이 이미 국내에도 널리 알려졌는데, 그들을 보려고
찾아온 사람들을 비롯한 수많은 청중이 강연회마다 모여들어 연사
들에게 호응했던 것이다.128) 강연 장소의 혼잡을 피하려고 주최측에
서는 더러 입장료를 받기도 했는데,129) 그것 때문에 청중이 눈에 띄
게 줄어드는 일은 결코 없었다. 조선의 일반인들은 "동경 각 대학에
서 최고 학문을 연구하는 학생들인 만큼 그 강연의 내용이 풍부하고
참신할 것은 물론일 것이고, 가장 알고 싶어 하는 문제를 선택하여
명쾌한 학술적 해설을 할 것임은 종래 다른 단체의 강연회와 그 성
질이 매우 다르리라"는 기대를 품고 열성적으로 학우회의 강연회를
찾아갔던 것이다.

더욱이 강연단은 조선의 청강 학생들을 배려하는 차원에서 그들

---

127) 이창인,〈하기순회강연기〉,《학지광》 29, 1930. 4. 5.
128) 이경남(1982),《雪山 장덕수》, 동아일보사, 78쪽.
129) 1929년 고국순회강연 때는 학생 10전, 일반인 20전의 입장료를 받았다.

의 시험 기간을 피해 강연 날짜를 정하기도 했다.[130] 강연회 동안 저녁에는 강연단이 묵고 있는 집으로 동네 부인들이 몰려와 함께 밤을 새우며 이야기를 나누었고, 시골 할아버지들도 어린 유학생들에게 '박 선생', '김 선생'하고 존대하며 나라를 다시 찾는 큰일을 같이 하는 동지인 냥 대접해 주었다.[131] 숨 쉴 틈 없이 이어지는 일정[132]에도 아랑곳하지 않고 유학생들이 열정적인 강연을 할 수 있었던 것은 이러한 동포들의 호응 때문이었다.

넷째, 일제의 간섭으로 강연 도중 금지나 해산을 당하는 일이 많았다. 1차 학우회 강연단은 "전 세계를 지배하는 시대적 정신이 그들에게 촉구"하는 것 가운데 가장 중대한 것은 문화적 각성이라고 판단하고, 이를 보편화하며 구체화하려고 고국순회강연을 결정했다. 강연단에게는 "쾌활한 기세도 있었고 의연한 담력"도 있었으나 "때가 때요, 경우가 경우"인지라, 주도면밀하고 세심한 주의로 "시종일관 순연한 문화운동으로 강연회 일정을 마치고자" 했다. "단순한 문화운동 이외에는 일발도 말을 아니 내는 것이 강연단의 본의요 작정"이었던 것이다. "그러므로 강연단의 행동은 온순했고, 강연 내용은 학술적이었다."[133] 그러나 일제는 보안법 제2조 '치안방해' 혐의를 들어 수시로 강연회를 해산하고 금지 명령을 내리곤 했다. 조선총독부는 1차(1920) 고국순회강연 당시 경성 강연회를 해산시킨 뒤에 그 이유를 다음과 같이 《동아일보》에 실었다.

---

130) 〈동경유학생학우회 전조선순강강연〉, 《조선일보》, 1929. 7. 14.
131) 김을한(1986), 앞의 책, 98~101쪽.
132) 강연단의 강연은 보통 저녁 6~8시 사이에 시작되어 12시 정도에 끝났다. 그리고 다음날 아침 다음 장소로 이동하여 오후에 다시 강연을 하는 것이 보통이었다.
133) 光山一樵, 〈강연단소식〉, 《학지광》 21, 1921. 1. 31, 80쪽.

今回 東京 재류조선인학생은 하기휴가를 이용하여 조선의 각지에서 강
연회를 개하고 平素修得한 학술상의 지식을 拔盡할 事를 申出하고 且 반드
시 국법을 守하며 國憲에 遵하여 一意 文化의 선전에 종사하되 결코 정치
를 논의하며 치안을 소란할 事가 無하기를 誓하얏슴으로써 總督府는 喜悅
하야 그 計劃을 認容하얏도다. 然而 本月 10日 이내 부산을 始하여 김해·
밀양·대구·경주·공주·조치원·청주 등에 在한 강연을 실제로 見하면
사실이 전혀 당초의 선서에 反함이 有하얏스나 更히 誓告를 與하야 경성에
서는 勉勵하야 穩健한 精神下에 문화의 선전을 爲케 하얏스나 秋毫도 所改
가 無하고 一層 不穩의 言事를 用하여 치안을 紊亂함이 頗大함으로써 不得已
遂히 此를 금지치 아니치 못하기에 至하얏도다. 旣各 演士의 演說은 悉皆 조
선의 독립을 내용으로 삼아 反語 又 隱語를 用하며 或은 諷刺하고 혹은 例
를 他邦에 取하야 不穩思想을 煽動함이 실로 甚히 有하며 특히 辯士를 紹介
하는 際에 大槪 독립운동의 관계자로 처형된 志士임을 표시하며 又는 有意
的으로 唱歌를 奏하여 會衆의 心을 激動하얏슴을 恒例로 하야 각지에서 경
찰관이 屢屢히 此에 注意를 促하나 감히 紹介가 無하니 如斯함은 실로 倂合
의 大情神을 無視하고 통치의 大方針에 背反하는 행사로 且 단순한 학술강
연의 範圍를 脫하야 治安을 紊亂함이 실로 大하다 云치 아니치 못할지라.
此는 斷然한 處置를 執하기에 또한 所以니라.[134]

이후 3회(1923) 강연단 가운데 제2그룹(강연대)이 대구에서 검속
되었으나 불기소되었고,[135] 4회(1927) 강연회 가운데 7월 26일에 열
렸던 나주 강연에서는 "박량근朴亮根이 열변熱辯을 토吐하던 중 돌연
임석경관臨席警官으로부터 중지中止의 명령이 내리게 되었음으로 할

---

134)〈순회강연단 영영해산〉,《동아일보》, 1920. 7. 19.
135)〈學友會巡講〉,《동아일보》, 1923. 8. 12.

수 없이 하단下壇하여 폐회閉會"하기도 했다.[136]

이러한 사정은 6회(1929)와 7회(1930)도 같았다. 1929년 종로경찰 당국자는 고국순회강연 신청을 하는 학우회 강연단에게 "너희들의 언론 자유를 억압할 의사는 당국으로써 가지지 않았다. 너희들은 너희들로써 자유가 있을 것이며, 그 대신 우리는 우리로써 또한 자유가 있을 것이다. 너희는 언론의 자유, 우리에게는 취체의 자유가 있으니 너희들이 하고자 하는 말은 무엇이든지 자유로 하되, 거기에 의하여 우리들의 취체의 자유가 있는 것은 미리 각오하지 않으면 안 된다. 너희들의 말을 말대로 두되 법률에 저촉되는 것이 발견되면 되는 대로 기소할 것을 미리 고해 둔다"라고 밝혔다. 강연단은 이에 대해 "정면으로 강연대의 해산"을 명령하지 않았기에 표면상 온건穩健을 가장하는 태도를 지킬 수밖에 없었다.[137]

1929년에 "조선 내의 극심한 기근을 생각하여 정구, 축구 등 운동 경기는 일체 중지하더라도 강연 준비에만은 전력을 집중하자"[138]고 했던 것은 그들이 강연회에 얼마나 정성을 쏟았는지 짐작케 해주는 대목이다. 그럼에도 그해 7월 19일 밤 경성 중앙기독교 청년회관에서 열린 강연은 경찰들의 '주의'와 '중지'로 시종일관 방해를 받았다. 〈법률의 계급성〉이란 제목으로 강연을 시작하던 장인갑이 처음부터 중지를 당한 것을 포함하여, 11명이 등단한 가운데 7명이나 중지를 당했다. 또한 다음 날 인천 신간지회에서 열린 강연에서는 등단한 연사 모두가 강연 중지 처분을 당했는데, 이에 이르자 강연단은 고

---

136) 〈夏期休暇를 利用 講演, 演劇, 活寫 等 내 고향 위해 활동하는 학생들〉, 《동아일보》, 1927. 7. 29.
137) 이창인, 〈하기순회강연기〉, 《학지광》 29, 1930. 4. 5.
138) 〈동경유학생학우회 夏期巡講〉, 《조선일보》, 1929. 7. 6.

국순회강연을 '언론탄압에 대한 자유획득운동'으로 천명하고 다시 경성에 집합했다. 강연단은 이 운동을 신간회, 노총, 청총青總, 근우를 비롯한 경성의 각 투쟁단체와 연합하여 적극적으로 펼치기로 하고, 먼저 이 문제를 민족단일당을 표방하던 신간회에 알렸다. 신간회는 며칠 뒤 '언론탄압비판연설회'를 개최했으나, 이 또한 일제로부터 중지를 당했다.

한편으로 강연단은 총독부 정무총감에게 면담을 신청했다. 그러나 20여 일이 지나도록 일은 성사될 기미가 없었고,139) 그동안 총감 비서로부터 2·3차례에 걸쳐 불가하다는 응답만 받았을 뿐이었다. '언론자유획득운동'은 그 이후 지속되지 못했다.

7차(1930) 강연회에서도 경성·이천·수원 등지에서 연사 모두가 강연 중지를 당했고, 강연 단원 가운데 '학지광 광고 모집 운동'을 벌였던 임대남林大男은 경찰서로 불려가 "강연하러 와서 광고 모집하는 것은 부당하며, 또 다시 모집운동을 벌이면 검속하겠다"는 경고를 받았다.140)

이처럼 당시 학우회의 고국순회강연장에서는 유학생들과 총독부 사이 신경전이 벌어지고 있었다. 1929년에 강연단을 이끌던 이창인이 "고국순회강연은 단순한 연사 자신들의 연설 훈련 기회가 아니라 사회성을 구유具有한 학생운동이다"141)라고 했던 것에서도 알 수 있듯이, 유학생들이 전개한 고국순회강연의 의도는 문화운동이라는 기치 아래 민족 단결과 계몽을 꾀하려는 데 있었고, 총독부가 이를 용인한 것은 문화운동이라는 미명 아래 반일적인 정치운동 기운을 다

---

139) 이창인, 앞의 글.
140) 〈동경유학생순강대 개성에서 遂해산〉, 《조선일보》, 1930. 7. 25.
141) 이창인, 앞의 글.

른 곳으로 돌리려는 목적이 있었다. 강연장은 문화운동에 대한 동상
이몽의 장이었던 것이다.

2) 기타 유학생 단체

1920년에는 학우회 말고도 고국순회강연을 도모했던 유학생 단체
들이 생겨나기 시작했다. 1920년 도쿄유학생들 가운데 일부가 고국
순회강연을 위해 문원사文園社를 조직하였는데,[142] 그 회원이었던 남
녀 유학생 18명[143]은 여름방학 기간인 7월 10일 밤, 경성 정동예배
당에서 처음으로 강연회를 개최했다. 연사는 문세영文世榮, 강성주姜
星周, 정인익鄭寅翼, 김진목金鎭穆, 이천우李泉雨, 전유덕田有德 등이었
다.[144] 그들은 "수천의 청중과 더불어 비참한 경우에 빠져있는 조선
의 현상에 대하여 함께 눈물을 흘리고, 험악한 장래를 생각하며 함
께 부르짖기를 오래 한 후에 청중의 박수로 폐회를 하려할 때에 일
경으로부터 불시에 강연 중지를 당하여 가슴에 슬픔을 안고 쓸쓸한
침묵으로써 해산"해야만 했다.

문원사는 이후 대구(15일), 안동(17일), 부산 등을 순회하며 강연
회를 이어갔는데,[145] 대구 강연의 연사들과 해당 연제는 강성주(해

---

142) 〈文園社 東京留學生간에 文藝學術에 관한 雜誌를 發行할 計劃으로 組織한 講演隊〉,
《동아일보》, 1920. 6. 24.

143) 문원사 고국순회강연단은 원래 4~5명의 남자 유학생과 2~3명의 여자 유학생
들이 사회 개선과 문예 선전에 관한 문제를 강연하고자, 7월 1일에 도쿄를 출발하
여 고국으로 돌아올 예정이었다(〈文園社 東京留學生간에 文藝學術에 관한 雜誌를 發
行할 計劃으로 組織한 講演隊〉, 《동아일보》, 1920. 6. 4). 그러나 예정대로 실행되
었는지는 확인할 수 없다.

144) 〈文園社員 大邱로 出發〉, 《조선일보》, 1920. 7. 15.

145) 〈文園社 巡廻講演團〉, 《조선일보》, 1920. 7. 12; 〈文園社員 大邱로 出發〉, 《조선
일보》, 1920. 7. 15.

방은 하何뇨)·김진목(위인偉人과 사회)·전유덕(미지정未指定)이었다.146) 8월 16일 2회 경성 강연의 연사들과 해당 연제는 문세영, 강성주(오인의 세계관과 조선의 지위), 이범일李範一(노력하라), 김진목(사회에 대한 오인의 책임) 등이었는데,147) 이때도 강성주가 강연하는 도중 관할 경찰서로부터 중지 명령을 받았다.148) 청중 가운데 일부는 "부자유 속에서 우리를 위로하기 위하여 더위와 장마에도 불구하고 온 강연단은 실제로 넉넉지 못한 금전으로 근근히 공부하는 데 강연을 준비하는 것이 얼마나 어렵겠느냐"며, 《조선일보》에 문원사 강연단 동정금을 기부하기도 했다.149)

문원사 강연단과 달리 사회주의 선전을 목표로 고국순회강연을 개최했던 유학생단체들도 있었다. 1923년 1월에 창립된 북성회가 대표적으로 과거 흑도회(최초의 사회주의 유학생 단체) 멤버였던 학생들이 주축이 되어 결성했다. 이들은 1923년 5월 국내에 들어와 신사상연구회(뒤에 화요회로 개명됨)와 토요회 등의 사상 연구단체들을 조직하고, 1923년 7월부터 김약수金弱水, 김종범金鐘範, 정우영鄭又影, 백무白武 등이 일본인 사회주의자 후세 다쓰지布施辰治 등과 함께 일본과 조선순회강연단을 창단하여 서울, 평양, 광주, 마산, 진주, 김해 등지에서 순회강연을 하기도 했다.150)

북성회 조선순회강연단은 조선일보 광양지국의 주최로 1923년 7월 6일 오후 9시부터 12시까지 광주보통공립학교에서 강연회를 개

---

146) 〈文園社 巡廻講演團〉, 《조선일보》, 1920. 7. 12.

147) 〈文園社主催 第二會大講演〉, 《조선일보》, 1920. 8. 15.

148) 〈文園社主催의 大講演中止〉, 《조선일보》, 1920. 8. 17.

149) 〈경성 유기동씨 談 - 동정의 漏(경성강연첫날)〉, 《조선일보》, 1920. 7. 13.

150) 여환연(1982), 〈1920년대 재일한인의 민족운동 - 협동전선을 중심으로〉, 이화여대 석사논문, 27쪽.

최했다. 연사들과 해당 연제로는 안기후安基厚(복활)·정순제鄭淳第(생명)·우승현禹承鉉(나의 과거)·김석주金錫柱(데모크라시와 불란서혁명)·정창욱鄭昌旭(노동운동의 사명)·정순화鄭順和(사람) 등이었는데, 이날 연사들은 주로 전남 광양을 본적으로 한 유학생이었으며, 청중은 3백여 명 정도였다.[151]

8월 6일 오후 10시에는 광양 소작상조회의 요청으로 광양청년회관에서 강연회를 개최했는데, 북성회 이사 박준수朴準洙의 개회사에 이어 정순제(농촌의 문화운동)·이선동李宣東(소작인의 노동)·정창욱(농촌의 유행병) 등의 연설과 박준규의 감상담을 끝으로 오후 11시 반에 폐회하였다. 이날의 인기 연사는 정창욱이었는데, 그가 "농촌의 유행병은 호열자나 흑사병이 아니요 빈곤"이라는 내용의 열변을 토하자 청중으로부터 "옳소, 옳소"하는 소리와 박수가 터져 나오기도 했다.[152]

8월 9일 오전 11시에는 마산노농동우회[153]와 마산무산소년단의 요청에 따라 마산구락부회관에서 여해呂海의 사회로 강연회를 개최했다. 이날 강연회에는 일본인 사회주의자 후세 다쓰지의 〈무산계급운동의 정신〉이란 제목의 강연이 있었는데, 마산노농동우회 김형두金炯斗의 동시통역으로 대중에게 전달되었다. 후세 다쓰지는 "무산자

---

151) 〈북성회주최 동경유학생강연회〉, 《조선일보》, 1923. 7. 16.
152) 〈農村現狀의 講演會〉, 《조선일보》, 1923. 8. 17.
153) 마산노농동우회는 위원회를 만들어 북성회 강연단에 의뢰할 정도로 강연회 개최를 열망했다. 처음에는 시일 관계로 강연회 개최가 여의치 못하였는데, 북성회 강연단원인 후세 다쓰지布施辰治가 경성에서 의열단 사건을 변호하고 마산으로 온 것이 기회가 되었다. 이때 마산노농동우회의 김형두가 후세 다쓰지와 교섭한 결과 1923년 8월 9일의 마산 강연이 결정된 것이다. 8월 9일 마산노농동우회 회원들은 북성회강연단이 구마산 역에 도착하자 적서한 기를 들고 나와 만세를 부르며 환영했다(〈北星會巡講團講演, 無産者解放은 必然의 理致〉, 《동아일보》, 1923. 8. 12).

끼리의 사상 공명과 실행상의 희생"을 역설한 뒤, "노동자의 생활
상태를 실례로 하여, 무산자의 해방운동은 필연의 소치"라고 절규했
다. 이때 한 경관으로부터 주의가 떨어짐과 동시에 방청석에서는 우
레와 같은 박수가 쏟아졌다. 이어 그는 노동 사회에 재산을 기여한
광주 최석수崔錫洙의 사업을 매우 찬양했으며, "우리는 각자의 기갈
飢渴보다 기갈에 몰汲한 형제에게 구원의 정을 표하여야 한다"는 것
으로 강연을 마무리했다. 그 당시 연단의 오른쪽에 있던 마산경찰서
장 이하 다수의 경관들은 언제든 그의 강연을 중단시킬 준비를 하고
있었다.154)

이 밖에 재학 지역별 유학생 단체나 본적별 유학생 친목단체, 유
학생 종교단체, 유학생 학술단체, 여자 유학생 단체 등도 고국순회
강연을 개최했다.

첫 번째 사례는 다음과 같다. 오사카 지역의 고학생들로 이루어진
조선고학생대판관서일야원고국방문단 일행 12명은 1924년 8월 5일
오후 8시부터 12시까지 진주座에서 재일본동경유학생구락부·진주노
동공제회·형평사연맹총본부·형평사진주청년회·동아일보진주지국·
조선일보진주지국의 후원으로 강연회를 개최했다. 이날 강연에서는
일야원一也院 원장 조시언趙時彦의 동원 창립 경과보고가 있은 뒤, 고
학생 장기봉張基奉의 〈사람은 사람된 가치를 발휘할 것〉이란 연제의
강연과, 고학생 안태용安泰涌의 〈우리의 요구〉란 연제로 장시간에 걸
친 열변이 이어졌으며, '기갈飢渴'과 '고학생의 죽음'이란 비극적인
연 공연을 끝으로 12시에 폐회되었다. 8월 6일에는 비가 와 부득이
강연이 중지되었고 다음 날 다시 이어졌는데, 후원단체 회원들의 노

154) 〈北星會巡講團講演, 無産者 解放은 必然의 理致〉, 《동아일보》, 1923. 8. 12.

래와 연주(박봉애朴鳳愛의 독창과 강영대姜永大, 최익수崔益壽의 바이올린 연주)는 청중에게 큰 흥미를 주었으며, 고학생들에 대한 동정금도 많이 모였다.155)

본적별 유학생 친목단체의 고국순회강연 사례들은 다음과 같다. 1926년 8월 2일 전북 김제 만경공보교강당에서 있었던 재일본동경 호남학생친목회의 하기학술강연,156) 1926년 7월부터 8월에 걸쳐 열렸던 동경호남학생의 순회강연,157) 1927년 8월 16일 경북 개녕청년 회의 후원 아래 경북 김천 개녕보통학교 강당에서 있었던 재동경김 천학우회 주최의 농촌순회강연158) 등이다.

유학생 종교단체들의 고국순회강연은 1921년 천도교청년회 동경 지회의 고국순회강연과 1921년과 1922년 조선불교유학생회의 고국 순회강연 등이 있었다. 천도교 세력은 당시 도쿄의 민족주의계 단체 가운데 우선으로 꼽혔는데,159) 1921년 1월 10일 방정환(발기인 대

---

155) 〈大阪苦學生講演〉, 《조선일보》, 1924. 8. 11(4).
156) 1926년 8월 2일 오후 8시부터 열렸던 이 강연회의 연사로는 최양순(연제는 재 외동포의 생활상)·김호운(연제는 천하의 일품) 등이 있었다(〈留學生의 活動〉, 《동 아일보》, 1926. 8. 5).
157) 이 강연단은 유학생들을 3그룹(3대)으로 나누었는데, 각 그룹별 강연 지역과 연사는 다음과 같다. 제1대 강연지역: 전주·군산·이리·만경·김제·화호·부안·정 읍·고창·영광·함평·목포·해남, 제1대 연사: 김호운·최양순·류수필·김상화, 제2대 강연지역: 무주·금산·진안·장수·임실·남원·구례·곡성·순창·담양·장성, 제2대 연 사: 박신규·고광만·정찬홍, 제3대 강연지역: 화순·능주·보성·벌교·순천·광양·여 수·고흥·장흥·강진·영암·나주·남평·광주, 제3대 연사: 곽병문·김제·박량근(〈湖南 學生巡講 二日萬頃서〉, 《동아일보》, 1926. 8. 5).
158) 이날 강연은 개녕청년회 이영수의 사회로 시작되었는데, 우상비의 〈朝鮮의 現 狀〉, 김창식의 〈朝鮮農民의 活路〉, 황태성의 〈農村靑年의 使命〉, 김영제의 〈男性道德 과 合同道德〉이라는 강연들이 이어졌으며, 더불어 음악 연주가 있었다(〈留學生活動, 講習 講演 演劇〉, 《동아일보》, 1927. 8. 29).
159) 司法省刑事局(1928), 〈朝鮮人問題〉, 《집성》 1, 249쪽.

표), 김상근金相根, 이기정李基定, 정중섭鄭重燮, 박달성朴達成 등은 천도
교청년회 동경지회160)를 설립하고 그해 여름에 순강단을 조직하기
도 했다.161) 천도교청년회 동경지회 순회강연단은 3대로 나누어 제1
대 박달성·정일섭鄭日燮, 제2대 정중섭·전민철全敏轍, 제3대 방정환·
민병옥閔丙玉으로 각각 이루어졌는데, 박달성은 천도교청년회 동경지
회 대표로서 동양대학 문과에 재학 중이었고, 정중섭은 동양대학 철
학과에, 전민철은 일본대학 사회과에, 방정환은 동양대학 철학과에
재학 중이었다.162)

1921년 6월 17일 신라환 편으로 부산에 도착한 동경지회 유학생
들은 부산청년회와 동아일보 부산지국의 후원으로 6월 18일 오후 2
시에 강연회를 개최하였다. 박달성이 〈당면의 문제와 요구되는 인
물〉, 전민철이 〈현대사조와 인내천주의〉, 방정환이 〈잘살기 위하
여〉, 박사직이 〈종교를 바로 이해하라〉는 제목으로 강연했는데, 7백
여 명의 청중은 깊은 감명을 받았으며 강연회는 성공적으로 막을 내
렸다.

6월 19일부터는 지역을 나누어 제1대 박달성·정일섭은 경상도 방
면으로(천도교 경성본회 특파원 김의친 동행), 제2대 방정환·민병옥은
전라도 방면으로(천도교 경성본회 특파원이자 순강단 대표였던 박사직朴
思稷 동행), 제3대 전민철·정중섭은 충청도 방면으로(본회특파원인 김
홍식金弘植 동행) 출발했다. 이후 제1대는 경상도와 경기도의 각지를

---

160) 1924년 천도교 청년회 동경지회 회원 수는 50명이었으며, 이 회의 취지는 천도
　　교종지선전과 교도의 친목이었다. 1924년 포덕부장은 박사직이었고, 간의원은 민
　　석현과 방정환이었다.
161)〈東京留學生 閔丙玉, 方定煥兩氏 夏期休暇로 歸途 中 論山서 敎育에 관해 講演〉,
　　《동아일보》, 1921. 6. 24.
162) 위와 같음.

순회하고 7월 4일에 입경하였고, 제2대는 전라도 각지를 순회하고 7월 5일 입경하였으며, 제3대는 충청도와 강원도 각지를 순회하고 7월 7일에 입경하였다.[163]

순회강연단은 7월 8일 오후 8시 반 경운동 천도교당에서 수천 명의 청중과 정·사복 경관 4~5명이 모여 있는 가운데 방정환의 사회로 강연회를 열었다. 정일섭이 〈우리의 요구는 무엇〉이라는 제목으로, 박달성은 〈종교안목으로 본 조선의 고금〉이라는 제목으로 강연했는데, 정일섭의 강연은 경관의 제지로 중단되었다. 이날 방정환은 소년회 담론부의 요청으로 8세 이상 17세 이하의 어린이를 위한 강연을 하기도 했다.[164]

서울에서 잠시 머물던 순회강연단은 7월 11일 다시 3대로 나누어, 이번에는 북쪽으로 출발하였다. 제1대 황해대는 7월 말에 강연을 마쳤고, 제2대 평안대는 강연 도중 전민철이 당국에 검거되어 정주검사국으로 송치되었지만,[165] 정중섭과 김홍식은 강연을 계속해 8월 초에 마무리했다. 제3대 함경대도 박달성이 반일의식과 민족의식을 높였다는 이유로 포유처분을 받았으나,[166] 8월 초에 강연을 성공적으로 끝냈다.[167]

당시 천도교 청년회 동경지회 순강단의 강연 내용을 주제별로 정리하면 다음과 같다. 첫째, 이상 세계 건설을 지향하는 현대사조들을 소개했다. 이는 정중섭의 〈신시대의 요구와 이상적 세계〉, 〈신시

〈표 14〉 1921년 천도교청년회 동경지회 고국순회강연단의 연사와 연제

강연 연사	강연 제목
김의진	〈누구의 죄〉
김홍식	〈인류의 자연성과 종교〉·〈신시대의 요구와 이상적인 세계〉·〈신풍조의 흡수와 오인의 소화〉·〈신문화의 흡수와 조선청년의 소화〉·〈정신문명 벽두에 임하여〉
민병옥	〈신사회와 부인〉·〈오인의 삼대 의식〉·〈인의 욕〉·〈인생의 행로〉
박달성	〈당면의 문제와 요구의 인물〉·〈이상향과 신인간〉·〈신시대와 신종교〉·〈인본주의와 종교의 석금昔今〉·〈현대사조와 종교의 석금昔今〉·〈각 계급에 대한 여余의 충정〉
박사직	〈종교를 바로 해석하라〉·〈세계의 평화와 도덕〉·〈신사회와 부인〉·〈신문화의 건설과 여자 해방〉
방정환	〈잘살기 위하여〉
전민철	〈현대사조와 인내천주의〉·〈사람다운 생활을 하기 위하여〉·〈현대종교와 우리의 사명〉·〈신문화건설과 우리 사명〉·〈교육과 노력〉·〈인생과 교육〉
정일섭	〈개인으로 사회에〉·〈동정의 감感〉·〈생활난 원인에 대하여〉·〈생활난의 근본적 해결〉·〈우리의 생활에 대하여〉·〈자아를 각성하라〉
정중섭	〈인생의 진생활〉·〈신시대가 요하는 이상적 사회〉·〈영구의 평화와 사인여천〉·〈우리의 희망하는 이상적 세계〉·〈우리의 각성覺醒과 래두來頭 세계〉·〈신시대의 신세계〉·〈과학상으로 인한 인내천〉·〈청년의 각오〉·〈신시대의 신생활〉·〈종교의 신각성新覺醒〉
조기간	〈사람과 종교〉
차용복	〈조선민족과 천도교〉·〈조선문화와 천도교〉·〈지상천국과 오인의 영생〉·〈조선인의 사명〉·〈종교란 무엇이냐〉
유한일	〈우리의 신앙은 무엇이냐〉

〈자료〉 조규태(1998), 〈1920년대 천도교의 문화운동 연구〉, 서강대 박사논문, 119~121쪽 참조.

대의 신세계〉, 〈신시대가 요구하는 이상적 사회〉라는 연제들에서 알 수 있다.

둘째, 천도교는 현대사조에 입각하여 이념을 구현하고자 함을 강조했다. 이는 전민철의 〈현대사조와 인내천주의〉, 박달성의 〈신시대와 신종교〉, 김홍식의 〈인류의 자연성과 종교〉라는 연제들에서 알 수 있다.

셋째, 문화나 신문화 건설을 위해 노력했다. 이는 김홍식의 〈신문

화의 흡수와 조선청년의 소화〉, 전민철의 〈신문화 건설과 우리의 사명〉, 박사직의 〈신문화의 건설과 여자해방〉이라는 연제들을 보면 알 수 있으며, 그 가운데 전민철은 "우리는 사회에 행복스럽고 평화스러운 신문화를 건설하려고 왔다"고 주장하기도 했다.[168) 순회강연단 연사와 강연 제목은 다음 〈표 14〉와 같다.

당시 순강단 강사들이 문화나 신문화라는 말을 자주 사용한 것은, 그때 유행하던 문화주의 사조와도 연관이 있었다. 그들 가운데 김흥식은 〈정신문명의 벽두에 임하여〉라는 강연에서 물질문명을 비판하고 정신문명의 중요성을 강조했으며, 박달성은 〈이상향과 그 인물〉, 민병옥은 〈신사회와 부인〉, 박사직은 〈신문화의 건설과 여자해방〉이라는 연제들을 내세우며 각각 인간의 변화로 사회 변혁을 이루자는 취지의 강연들을 전개했고, 전민철은 〈교육과 노력〉, 〈인생과 교육〉 같은 연제의 강연들로 민족 실력양성론을 펼쳤다. 이렇듯 천도교청년회 동경지회의 고국순회강연단은 그 기본 이념인 포교 말고도 다른 가치들을 구현하고자 노력했으며, 그 목적은 바로 새로운 민족문화의 건설이었다.

조선불교유학생회[169)의 고국순회강연단[170)도 마찬가지였다. 1921

---

168) 〈不穩思想 宣傳햇다는 천도교 留學生 全敏轍씨 公判〉, 《동아일보》, 1921. 8. 20(3).

169) 조선불교유학생회는 1919년 4월에 발족되었는데, 김용덕·박봉래·최평한 등이 주도했으며, 불교계 유학생들의 단합을 꾀함과 동시에 그들이 세계 신사조와 접촉할 수 있도록 통로 구실을 했다[坪江汕二(1980), 《朝鮮民族獨立運動秘史》, 고려서림, 226쪽].

170) 1922년 8월 6일 경성 수송동 각황사에서 개최된 불교청년회 고국순회강연단의 강연회 연사들과 해당 연제들로는 김경흥(인생과 종교), 김상철(삼보), 김상문(사회가 발전치 못하는 일대 원인은 무엇인가) 김태흡(미정) 등이 있었다(〈불교동경 유학생강연회〉, 《동아일보》, 1922. 8. 6).

년 여름의 순회강연 도중 불교청년회 소속의 유학생 김경주金瓊柱(동
양대학 철학과 재학)는 과격주의와 무정부 공산주의를 주창하는 크로
폿킨과 러셀 등의 인물을 소개하고, 그들의 정신적 문화생활을 숭배
하고 실행하라며 선전했다는 이유로 경상북도 경찰부에 검거되어 1
개월 남짓 옥고를 치렀으며, 1921년 8월 3일 열린 공판에서는 보안
법 위반 혐의로 징역 6개월에 처해졌다.171) 이는 순회강연단 연사
가운데 처음으로 실형을 언도 받은 사례였다.

　유학생 학술단체의 고국순회강연 사례로는 1924년 일본 공업전문
학교에 다니던 유학생들로 이루어진 고려공업회高麗工業會의 고국순
회강연, 1926년 도쿄에서 창설된 조선의학생회의 고국순회강연,172)
조선공학생 일본지부 유학생들의 고국순회강연173) 등이 있다.

　마지막으로 여자 유학생 단체의 고국순회강연으로는 1920년과
1921년 재일본조선여자학흥회의 고국순회강연이 있었다. 여자학흥
회는 1920년 5월 총회174)에서 편집부원, 변론부원, 교제부원 등을
추가175)로 영입하고, 그해 7월과 이듬해 8월에 고국순회강연단을 조

---

171) 〈過激思想을 宣傳한 리경주씨는 징역 육개월에〉, 《동아일보》, 1921. 8. 9.

172) 〈東京에 創設된 朝鮮醫學生會〉, 《조선일보》, 1926. 6. 27.

173) 〈부산에서 第一聲 순회지역과 일자를 결정, 조선공학회 일본지부 주최〉, 《조선
일보》, 1930. 7. 18.

174) 1920년 10월 23일에도 조선기독교청년회관에서 회합을 갖고 임원들을 개선(출
석자는 모두 25명)했는데, 회장에는 손정규(여자 고등사범학교 교원양성소 학생),
총무에는 유영준(여자 의학생, 갑호), 서기에는 황신덕(천대전 학생, 갑호), 현신
덕(여자 의학생, 갑호), 회계에는 성의경(여자 고등사범학교 생)등이 뽑혔다. 또
한 1923년 4월 현재 학흥회는 그 회장이 최진상, 총무가 박명련(박순천, 갑호) 간
사가 한연순·최영상·김량 등이었으며, 새로 체육부를 신설하기도 했다(〈동경여자
여학생으로 조직된 여자학흥회근황〉, 《매일신보》, 1923. 4. 10). 또한 1924년 4월
말 현재에는 그 회원 수가 모두 30명이었다[조선총독부경무국동경출장원(1924),
〈在京朝鮮人狀況〉, 《집성》 1, 140쪽].

175) 이날 새로 선출된 임원은 다음과 같다. 회장: 유영준, 총무: 현덕신, 서기: 전혜

직했다. 그 창립 목적인 '광범한 조선여자 교육보급과 지식향상'176)
을 구현하고자 했던 것이다. 이 가운데 전자는 강연단(유영준, 한소제
韓小濟, 황신덕 등)이 도쿄를 출발했다는 기사177)를 끝으로 더 이상 관
련 자료를 찾아볼 수 없다. 이에 대한 정확한 원인은 파악할 수 없
으며, 다만 일제는 "내분이 생겼기 때문"에 강연이 중지되었다고 기
록하고 있다.178) 이와 달리 후자는 1921년 8월 7일에 도쿄를 출발하
여 부산(8월 12일), 통영(8월 13·14일), 마산(8월 15일), 광주(8월 25
일), 안성(8월 29일), 함흥(9월 1일), 경성(9월 6일) 등을 순회하며 강
연회를 개최했고,179) 대중의 열렬한 기대와 환영 속에서 무사히 일
정을 마무리했다. 그 연사와 연제는 〈표 15〉와 같다.

　당시 연사 가운데 박순천朴命連180)은 일본여대 사회사업과에, 유

덕·임아영, 편집부원: 유영준·현덕신·이현경·박정식, 재무부원: 길몃석·황귀경·이
덕요, 변론부원: 강순희·송복신, 교제부원: 한소제·김숙경·윤시선, 발행인: 김량·
임아영, 간사:이양선·이거채, 찬성원: 백남훈·김낙영·김종순(〈소식〉,《여자계》6,
1921. 1, 52쪽).

176) 내무성경보국, 〈朝鮮人槪況 第三〉,《집성》1, 91쪽.

177) 〈동경유학 중의 여학생강연단〉,《동아일보》, 1920. 7. 5; 〈동경에서 유학하는
　　조선인여학생의 순회강연〉,《매일신보》, 1920. 7. 13. 1920년 7월 동경여자친목회
　　의 고국순회강연단원들은 황신덕, 김량, 강순자, 임정식, 한소제, 김혜덕, 박아영,
　　김명순, 유영준 등이었다(〈동경유학 중의 여학생강연단〉,《동아일보》, 1920. 7. 5).

178) 조선총독부경무국, 〈在京朝鮮人關團體調一大正九年〉, 渡部學·阿部洋編(1990),《植
　　民地朝鮮教育政策史料集成》51(下), 龍溪書院, 151쪽.

179) 〈여학생의 강연단〉,《동아일보》, 1921. 8. 8; 〈여자유학생순강단〉,《동아일
　　보》, 1921. 8. 18; 〈여자유학생강연회〉,《동아일보》, 1921. 8. 21; 〈재동경여자유
　　학생순회강연단〉,《매일신보》, 1921. 9. 2; 〈동경여자강연착발〉,《동아일보》,
　　1921. 9. 6; 〈동경여자강단착발〉,《동아일보》, 1921. 9. 8.

180) 박순천(1898~1983, 남편 변희용)은 경남 출생으로 동래일신여학교 고등과를
　　졸업한 뒤 마산에서 신학교 교사로 재직하다가 동경여의전(1919~1920)에 편입
　　했다. 1921년부터 1926년까지 일본여대 사회사업과에서 공부하였는데, 1924년에
　　는 학흥회 총무를 역임하기도 했다.

〈표 15〉 1921년 여자 학흥회 고국순회강연단의 연사와 연제

강연 연사	강연 제목
박순천	〈옛날 부인의 생활과 금일 우리의 책임〉·〈우리의 고침〉·〈과거 우리 결점〉·〈우리의 자각〉·〈이것은 맹목적〉·〈현 사회개조는 우리에게 있음〉·〈실행의 금일〉·〈현대여자의 경제적 자립에 대하여〉·〈현대 부인의 직업과 경제적 자립〉·〈우리의 노동〉
유영준	〈가정 위생〉·〈의복의 위생〉·〈아동의 위생, 임부의 위생〉·〈수水〉·〈주부와 위생관계〉·〈부인의 용기와 자선〉·〈주부의 사업〉
김 선	〈신념의 생활〉·〈종교와 사회와의 관계, 오인의 자각〉·〈절대의 신앙〉·〈현세에 승리자가 누구이뇨?〉·〈청년남녀에 고함〉·〈행복의 원천〉·〈인생의 절대가치〉·〈사회와 개인의 관계를 의론하여 우리의 혁신을 재촉한다〉

〈자료〉《동아일보》

영준181)은 동경여의전에, 김선金善182)은 고베神戸 여자신학교에 각각 재학 중이었는데, 박순천은 주로 사회개조, 여성해방, 여성교육 등을 강연했다. 〈우리의 고침〉에서 그녀는 "과거 급 현재의 모든 부자연한 제도를 혁파시켜 절대 자유평등주의와 남녀해방주의를 구현할 것"을 주장하였고, 〈현 사회 개조는 우리에게 있음〉에서는 "구별 많고 공평치 못한 사회를 우리는 극력 개조하여야 되겠다"라고 했으며, 〈실행의 금일〉에서는 "불합리, 부도덕, 불공정한 사회제도 아래에서 우리가 해탈치 못함은 앎이 없음이요, 앎이 없음은 배움이 없음 때문이라"고 주장했다. 이와 달리 유영준은 주로 가정 위생183)과

---

181) 유영준(호 추성, 1890~?, 남편 김종필)은 평남 평양 출신으로 정신여학교와 북경고등사범학교를 거쳐 동경여의전(1919~1923)에 입학하였다. 유학하는 동안 친목회 총무, 학흥회 회장과 편집부원 등을 역임했고, 귀국한 뒤 이화학당 교의校醫로 활동, 경성에서 탁아소를 경영하기도 했다.

182) 김선(1896~?)은 평북 출신으로 경성여고보를 졸업(1916)한 뒤 일본 신호여자신학교에서 공부하였으며, 귀국한 뒤에는 정신여고부 교사, 여자교육회부회장, 태화여자관 교원 등으로 활약하였다.

183) 이와 관련된 강연들로는 〈가정 위생〉〈우리 가정과 사회의 위생 사상이 박약함

여성의 자선[184]을 강연하였고, 김선은 신뢰·부조·이해·단합 등의
가치를 중요시하면서 정의와 인도주의에 바탕을 둔 정신적 각성, 인
격의 수양, 자아의 확립 등에 관해[185] 강연하였다. 이상의 강연들에
서는 문화운동론에 바탕을 둔 자아·가정·사회·세계의 개조를 폭넓
게 역설했는데, 이에 대해 《동아일보》는 "실로 우리 문화운동 상에
새로운 기록을 이룰 만한 것"[186]이라고 평가하기도 했다.

　이처럼 학우회 말고도 여러 유학생 단체들이 1920년을 기점으로
고국순회강연회들을 열기 시작했는데, 이는 순회강연이 단체 선전뿐
아니라 민족계몽의 가장 적절한 수단으로 인식되었기 때문이다.

　을 통론하여 각성을 환기하는 내용)과 〈水〉(가정 위생에 대한 적절한 교훈) 등이
　있다.
184) 이와 관련된 강연들로는 〈부인의 용기와 자선〉(자선은 사람의 힘 가운데 가장
　굳센 힘인바 원래 부인은 이 힘을 많이 가졌다는 내용) 등이 있다.
185) 이와 관련된 강연들로는 〈행복의 원천〉(행복은 하늘이 아닌 오직 자기에 있다
　고 절규), 〈절대의 신앙〉(자신의 신념이 부족하면 성공하기 어렵고, 타인에 대한
　신뢰가 약하면 단합하기 힘들다는 내용), 〈인생의 절대가치〉(인생의 가치를 찾는
　데는 정의·인도가 중요하고, 강자가 약자를 돕는 것이 현대사조의 정신이라는 내
　용), 〈사회와 개인의 관계를 의론하여 우리의 혁신을 재촉한다〉(인격의 수양이
　있고 정신이 이해가 있는 산 생명을 가진 개인으로 조직된 사회라야 그 사회가
　참 이상의 사회라는 내용) 등이 있다.
186) 〈開會前에 禁止, 영변에서의 東京留學生天道敎講演 마침내 座談會로〉, 《동아일
　보》, 1921. 8. 8.

제2절 신교육 보급 활동

유학생들은 전공 분야별로 여러 학회를 만들거나 설립하였다. 이는 기본적으로 새로운 학문 연구에 목적이 있었지만, 뒤떨어진 조선 학계에 자신들의 성과를 보급하려는 의도도 있었다. 학회들은 각각의 기관지로서 학술잡지를 발행하거나 학술서적을 출판했으며, 더러 고국순회학술강연회를 개최하기도 했다. 또한 의학 전공자들의 경우 의료 봉사활동에 앞장섰고, 소년문제 연구단체는 소년교육에 대한 강습회도 열었다. 유학생들은 기존의 억압적이고 획일적인 교육을 반대하고 더 자유로운 교육을 강조하며, 국내에 다양한 교육 내용을 보급하고자 했던 것이다.

1. 교육잡지 발행: 재일본조선교육연구회의 《교육연구》

재일본조선교육연구회는 1923년 6월 초순 무렵 조선유학생들이 일본에서 창설한 교육 연구단체이다.[1] 본회 회원이었던 진장섭의 회고에 따르면, 연구회는 당시 동경고등사범학교에 재학하던 조재

호2)와 진장섭秦長燮 등 몇 사람이 주도해 조직되었으며,3) 설립 목적
은 '일반교육에 관한 사항을 연구하며 회원 간 상호 친목을 도圖함'
(규칙 제2조)이었다. 연구회는 통상회원과 찬조회원으로 이루어졌는
데, 이 가운데 통상회원은 일본에서 유학 중인 조선인으로 장래 조
선 교육에 종사할 자(규칙 제4조)로 그 자격 조건을 정했다. 사범 전
공자뿐만 아니라 조선 유학생 가운데 국내 교육자가 되기를 원하는
사람이면 누구나 통상회원이 될 수 있었던 것이다.4)

1926년 7월 현재 통상회원은 모두 79명이었는데, 이 가운데 동경
고등사범학교 재학생이 33명으로 가장 많았으며, 조도전대학 고등사
범부 15명, 동경제국대학 6명, 여자고등사범학교 5명, 일본대학 고등
사범부 4명, 동양대학 4명, 기타 순으로, 동경고등사범학교와 조도전
대학 고등사범부 재학생들이 주류를 이루고 있었다. 이들을 다시 전
공별로 분류하면 영어·영문이 26명으로 가장 많았고, 윤리(윤리역
사) 9명, 일어·한문 8명, 수학 7명, 지리·역사 4명, 이·화학 4명, 사
학 3명, 기타 순이었다.5)

찬조회원은 졸업했거나 귀국한 통상회원,6) 동회를 찬조하는 조선
인사(규칙 제4조) 등으로 이루어졌는데, 1926년 11월 현재 모두 54명

---

1) 편집인, 〈創刊의 처음인사〉, 《교육연구》 1, 1926. 1, 1쪽.
2) 조재호는 1920년에 경성고등보통학교를, 1921년에 동교 사범과를 졸업했다. 1922
   년에 급비생으로 일본에 건너가 1926년 3월 동경고등사범학교를 졸업했으며, 귀
   국한 뒤 관립 경성사범학교 교사로 근무했다.
3) 진장섭(1969), 〈인왕산 호랑이 조재호 학장〉, 《양헌집》, 서울교육대학, 32쪽.
4) 〈在日本朝鮮敎育硏究會規則〉, 《교육연구》 2, 1926. 7, 76쪽.
5) 위의 책, 74~75쪽.
6) 통상회원이었다가 졸업 후 귀국했던 이들 가운데에는 장응진(1909년 동경고등사
   범학교 졸업), 최명환(1911년 동경고등사범학교 졸업), 강매(1912년 일본대학 고
   등사범부 졸업) 등이 포함되어 있다(김성학, 〈서구교육학 도입과정연구, 1895~
   1945〉, 연세대 박사논문, 184쪽).

으로 전자가 44명,[7] 후자가 10명이었다. 찬조회원들은 1926년 경성에서 '찬조회'를 결성하여 연구회를 적극적으로 후원하기도 했다.[8]

재일조선교육연구회는 주로 사범대 재학생들과 졸업생들의 모임이었는데, 이는 통상회원들이 졸업한 뒤에 대부분 국내 사립 중등학교에서 교원으로 근무했기 때문에 가능했다. 1924년에서 1926년까지 졸업생 통계를 보면, 경성의 사립 중등학교에 18명, 지방 사립 중등학교에 8명, 기타 사립 교육기관에 3명, 관공립 교육기관에 3명이 재직하였고, 무직은 7명이었다.[9]

연구회는 산하 부서로 총무부와 학예부를 두었으며, 각부에는 간사들이 있었다(규칙 제4조). 본회 규칙에 연구회의 목적, 설립 장소, 회원, 부서, 임원, 총회와 회비에 대한 사항들이 규정되어 있으나 회장에 대한 언급은 보이지 않는다. 당시 회원이었던 진장섭은 채필근蔡弼近[10]이 회장이었다고 회고했지만,[11] 기관지 《교육연구》의 제호들에는 그 사실이 전혀 명기되어 있지 않다. 1926년에 이 연구회의 4회 정기총회 소식을 전했던 《동아일보》[12]도 총무부와 학예부의 간사 선출만을 임원 개선이라고 보도하고 있었다.

연구회 회원들은 "실제 운동의 전선에 입각한 사상단체와 달라

---

7) 〈贊助會員芳名〉, 《교육연구》 3, 1926. 11, 60～61쪽.

8) 〈義捐金 보내신 특별회원芳名〉, 《교육연구》 2, 1926. 7, 74쪽.

9) 김성학(1995), 앞의 책, 184쪽.

10) 채필근은 1921년에 명치학원 고등과를, 1925년에 동경제국대학 문학부를 졸업했다(《학지광》 22, 1921. 6. 21, 101쪽).

11) 진장섭(1969), 앞의 책, 33쪽.

12) 4회 정기총회는 1926년 2월 6일 오후 2시에 조도전 스콧트 홀에서 열렸는데, 이때 개선된 임원은 다음과 같다. 총무부: 김희완·조창영·김량하, 학예부: 최진순·최의순·김명엽·김창운·장용하(〈朝鮮敎育研究總會〉, 《동아일보》, 1926. 2. 18).

겸손한 태도로 연구를 계속하여 온즉, 내적 충실을 도모하고 있었음으로 그 간에 무슨 이렇다 할 만한 행적은 없었지만"교육 연구의 궁극적 목적은 분명히 '조선 교육의 혁신'에 두고 있었다. "현금現今의 조선 교육 그것은 확실히 특수한 제령하에서 기이한 방식으로 실행되는 기형적 교육"임을 통탄하였기에, "조선의 교육은 좀 더 정당한 교육, 교육다운 교육이 되어야 하며, 그렇게 되려면 우리 교육계에 어떠한 혁신이 반드시 생겨야 할 것이 분명하다"는 문제의식 아래 "젊은 교육가들의 조그마한 모임"도 갖게 되었던 것이다.13)

연구회는 1925년 조도전대학의 고등사범부 부장을 초정하여 〈조선교육의 근본의〉라는 주제로 강연회를 개최했으며, 얼마 뒤에는 〈교육의 이상과 조선 교육의 실제문제〉를 주제로 간담회를 열기도 했다.14) 또한 1926년 정기총회에서는 하기 사업계획으로 조선 교육 상황 조사와 강습회 개최에 대해 논의하기도 했는데,15) 이런 사실들은 연구회의 주요한 활동 목적이 민족 교육에 있었음을 잘 알려주고 있다.

연구회 회원들은 나아가 민족운동에 직접 참여하기도 했다. 1926년에는 형설회, 여자학흥회, 학우회와 연합하여 '순종 봉도식奉悼式'을 거행하려던 계획이 사전에 발각되어 준비위원 전원이 구속됐으며,16) 1926년과 1927년에는 도쿄의 각 조선인 단체와 함께 '관동대지진 학살 동포를 위한 추도회'를 열기도 했다.17)

재일본조선교육연구회는 그 기관지로 《교육연구》를 발간했는데,

---

13) 편집인, 〈創刊의 처음인사〉, 《교육연구》 1, 1926. 1, 1쪽.
14) 《교육연구》 1, 1926. 1, 75쪽.
15) 《교육연구》 2, 1926. 7, 73쪽.
16) 〈消息片片〉, 《교육연구》 2, 1926. 7, 73쪽.
17) 〈本會의 지난 일〉, 《교육연구》 3, 1926. 11, 59쪽; 《교육연구》 4, 1928. 3, 79쪽.

이는 1926년 1월에 창간되어 1928년 3월 4호로 종간되었다. 《교육
연구》는 매호 70~80쪽 정도 분량으로 경성의 한성도서주식회사에
서 발매되었고, 1926년과 1928년에는 《동아일보》의 신간 소개란에
등재[18]되어 국내에 널리 보급되었다. 이 잡지의 전체 60개 기사에는
교육에 관한 연구·소론·감상문[19]·소개문[20]·문예[21] 등이 있는데,
교육에 관한 연구가 25편(41퍼센트), 소론이 10편(17퍼센트), 감상문
이 10편(17퍼센트), 소개문이 10편(17퍼센트), 문예가 5편(8퍼센트)으
로 교육에 관한 연구물들이 많았고, 문예는 소수였다.

더욱이 교육 연구물에는 교육학 일반과 근현대 교육사조, 각과 교
육론에 대해 다룬 기사가 많이 포함되어 있었는데, 이는 당시 조선
의 교육계가 번역된 정보만 입수하던 시기에서 벗어나, 서구 교육학
에 관한 연구 시대로 접어들기 시작했음을 뜻한다.[22] 조선 교육 현
실에 대한 비판적 글들도 있었는데, 오봉빈吳鳳彬의 〈조선 신교육의
유래〉(갑오개혁부터 1920년대 초반까지의 조선 교육을 비판적으로 검토)
와 주병건朱炳乾의 〈조선 교육제도의 一考〉(전문학교 이상의 교육기관
에서 벌어지고 있던 조선인 입학 차별을 지적) 등이 그것이다.

소론에는 교육자의 사명, 조선 교육에 대한 제언, 재일본조선교육
연구회와 연구지의 구실 등을 다룬 기사들이 주류를 이루고 있다.
《교육연구》는 근대적 교육 지식을 소개하는 학문의 장이자 조선의
교육 상황을 개선하고자 하는 토론의 장이기도 했던 것이다.

---

18) 〈교육연구(제2호)〉, 《동아일보》, 1926. 7. 15; 〈교육연구(3월호)〉, 《동아일보》,
   1928. 3. 3.
19) 감상문에는 수필, 편지글, 일기문, 대화글 등이 있다.
20) 소개문들에는 조선인 단체들과 본회 활동에 대한 내용들이 소개되어 있다.
21) 문예에는 시와 비평이 있다.
22) 김성학(1995), 앞의 책, 193쪽.

2. 고국순회학술강연과 그 밖의 활동

유학생들은 자기가 전공한 학과에 따라 학회를 조직하였고, 잡지 발간, 서적 간행, 고국순회학술강연 등의 활동을 펼쳤다. 그 학술단 체들의 이름과 각각의 활동 내역은 다음과 같다.

첫째, 농학 전공 학생들의 흥농회興農會(1914)[23]가 있었다. 흥농회 는 1918년 2월 22일 계간지 《농계農界》를 간행했는데, 그 창간호는 동경농업대학생 김병하와 일본 수의학교생 김문 등이 발의하고 김 영섭이 출자한 40엔으로 4백 부를 인쇄하여 도쿄유학생들과 조선· 일본의 유지들에게 무료로 배포하였다. 또한 2호는 같은 해 7월에 7 백 부를 발행하여 1부당 10전씩 받고 배포하였으나 구독자가 극히 적었으며, 1919년 2월 22일 4호를 발행한 뒤 잠깐 휴간했다 1920년 6월 3일에 5호를 발행했다. 《농계》는 정치적 색채 없이 농업에 관 련된 기사들만 주로 싣던 잡지로 추정되는데, 당시 몇 호까지 발행 되었는지는 확인할 방법이 없다.[24]

둘째, 일본 공업전문학교 학생들의 고려공업회高麗工業會(창립 시기 가 분명치 않음)가 있다. 침체된 조선의 산업 사상을 높이고자 설립 된 이 회는 1924년부터 1930년까지 하기 고국순회 과학강연회를 개 최했는데, 이는 조선인 기업, 청년회, 신문사 등의 후원으로 이루어 졌다. 먼저 1924년 강연단[25]은 그 선전지 인쇄 비용을 주리회(대판 고공 기계과)가 부담하고 차광은車廣恩(동경고공東京高工 응용화학), 백

23) 《학지광》 3, 1914. 12, 53쪽.

24) 내무성경보국(1918), 〈朝鮮人槪況 第二〉, 《집성》 1, 68~70쪽.

25) 〈高麗工業會 工業講演, 순전한 과학강연으로는 처음되는 일이다〉, 《동아일보》, 1924. 7. 14;〈工業 장려의 선전지 수천장을 백이어 각처에 배포, 日本留學生으로 조직된 高麗工業會〉, 《동아일보》, 1924. 7. 17.

남두白南斗(동경고공예 인쇄), 최사열崔士烈(동생고공桐生高工 방직), 이동제(동생고공 방직) 등을 연사로 하여 조선으로 출발했다. 2개 조로 나뉘어 1대는 남부 지역, 2대는 북부 지역을 순회한 강연단은 대개 공업·방직·인쇄에 관한 내용을 강연했는데, 이는 당시 과학에 대한 인식을 보여주는 것이었다. 비록 이때 강연은 장마로 도중에 중단되었지만, 많은 사람들의 호응을 불러일으켰다.[26] 또한 1927년 강연단은 기독교청년회와 《조선일보》의 후원 아래 강연과 활동사진 상영을 병행했고,[27] 1930년 강연단은 조선공학회와 《조선일보》의 후원을 받아 부산, 울산, 진주, 대구, 김제, 군산, 목포, 광주, 공주, 청주, 경성, 신의주, 선천, 정주, 평양 사리원, 개성, 철원, 회녕, 함흥, 원산 지역 등을 순회하며 강연과 과학영화 상연을 했다.[28]

셋째, 도쿄유학생들[29]의 과학문명보급회(1925)[30]가 있다. 본회는 도쿄에 있었으며, 과학보급 운동의 시작으로 조선에 선전기관을 설치하고자 하였다.[31] 또한 1927년 조선의 각 지방에 특파원을 파견하여 회원 모집에 나섰으며, 《과학전서科學全書》라는 책 출판을 시도하기도 했다.[32]

넷째, 도쿄 의학생들의 조선의학생회(1926)가 있었다. 본회는 그

---

26) 김근배(1996), 〈일제시기 조선인 과학기술인력의 성장〉, 서울대 박사논문, 193
  ~194쪽; 〈조선과 공업: 동경유학생의 공업강연〉, 《동아일보》, 1924. 7. 18.
27) 〈高麗工業會〉, 《조선일보》, 1927. 7. 24.
28) 〈공학회의 순강〉, 《조선일보》, 1930. 7. 11; 〈공학생하기순강 부산에서 第一聲〉,
  《조선일보》, 1930. 7. 18.
29) 〈科學普及運動〉, 《동아일보》, 1926. 8. 29.
30) 〈東京에서 留學生 崔鳳運을 中心으로 科學文明普及會를 組織〉, 《동아일보》, 1925.
  4. 4; 1925. 9. 29; 1925. 10. 29; 1925. 11. 17; 1925. 12. 4.
31) 〈科學普及運動〉, 《동아일보》, 1926. 8. 29.
32) 〈東京留學生 科學會組織〉, 《동아일보》, 1927. 4. 4.

임원들로 위원대표 류태익劉泰翊, 서무부 배백수裵伯洙, 검사위원 백
무 말고도 여러 명이 있었는데, 그 설립 목적은 "인류 생명을 구하
는 천직에 입각한 의사의 책임을 완성한다"는 것이었다. 그 사업으
로 첫째, 기관 잡지를 발간하여 최신 의학설을 소개하며, 둘째, 매년
하기휴가를 이용하여 "내지에 있는 한방의를 위하여 과학적 기초를
세우고 내지 민중의 보건에 대한 순회강연을 할 것"을 계획하였으
며, 셋째, "일본재류 조선 무산자들의 질병을 무료로 적당한 방침 아
래에서 치료"하려고 했다.33) 그러나 이상의 활동 계획들이 실행되었
는지 여부는 확인할 수 없다.

마지막으로 소년문제 연구단체인 색동회가 있었다. 색동회는 도
쿄유학생들을 중심으로 1923년 4월에 결성되었는데, 그 회원으로는
방정환 말고도 강영호姜英鎬, 손진태孫晉泰(조도전대학 역사과), 고한승
高漢承(일본대학 예술과), 정순철鄭順哲(동양대학 음악과), 조준기趙俊基,
진장섭(동경고등사범학교 영문과), 정병기丁炳基, 윤극영尹克榮(동경음악
학교), 조재호(동경고등사범학교), 마해송馬海松(川端 미술학교), 정인섭
鄭寅燮(조도전제일고등학원), 이헌구李軒求 등이 있었다.34) 그들은 1923
년 5월 28일 색동회 4회 모임에서 여름방학을 이용한 하기 사업으
로 전국적 규모의 전조선소년지도자대회를 개최하기로 결의하고, 7
월 23일부터 일주일 동안 지방 소년회 대표들과 유치원·소학교 교
원을 대상으로 소년교육에 관한 강습을 실시하였다.35)

---

33) 〈東京에 創設된 朝鮮 醫學生會-韓方醫를 위하여 努力하며 無産同胞의 疾病을 救濟
　　해-〉, 《조선일보》, 1926. 6. 27.
34) 이들 가운데 진장섭, 조재호, 이헌구는 재일본조선교육연구회 회원이기도 했다.
35) 마해송(1954. 2), 〈나와 색동회 시대〉, 《신천지》 9권 2호, 서울신문사, 154~
　　158쪽.

제3절 예술 활동

  유학생들은 1910년대 후반부터 다양한 형태의 예술단체들을 조직하여 집단적으로 예술 활동을 펼쳤다. 문학운동에 뜻이 있던 유학생들은 창조사를 설립하여 조선 최초의 동인지 《창조》를 발간했으며, 외국문학 연구회를 결성하여 외국문학 연구 잡지인 《해외문학》을 간행하기도 했다. 《창조》 동인들은 자유로운 개성 발현을 바탕으로 인간과 민족을 둘러싼 세계에 대한 진지한 고발을 하였으며, 《해외문학》의 회원들은 외국문학의 소개와 연구를 통해 민족문화 발전의 초석을 마련하고자 했다.

  또한 극예술협회, 토월회 등의 유학생 연극단체나 그 밖의 유학생 단체들에서는 하기방학을 이용해 고국순회연극공연을 개최하여 학생극 시대를 열기도 했는데, 이는 예술 형태의 하나인 근대극에 대한 개인적 수련과 그 대중적 보급, 더 나아가 인간 영혼의 해방과 민족 현실 각성에 그 목적을 둔 것이었다.

1. 문예지 발행

1) 창조사의 《창조》

1919년 2월 일단의 재일조선유학생들은 도쿄에서 창조사를 설립하고 월간 《창조》[1]를 발행했는데, 그들은 조선 최초의 문예 동인이었으며 잡지 또한 최초의 문예 동인지였다.[2] 《창조》의 창간 멤버는 김동인金東仁(금동인·김만덕·시어딤), 주요한朱耀翰(벌꽃), 전영택(늘봄·장춘·추호), 최승만(극웅), 김환(흰뫼·백악)으로, 이들은 잡지가 폐간될 때까지 활동했다. 이후 김관호金觀鎬, 김억金億(안서생), 김찬영金瓚永(김유방·포경), 이광수(춘원), 이일(동원·남성), 오천석吳天錫(천원), 임장화林長和, 박석윤(새별), 김소월金素月, 방인근方仁根(벽파생), 박영섭朴英燮(백야생), 노자영盧子泳(춘성생), 황석우黃錫禹(상아탑), 김엽金燁 등도 《창조》 활동에 참여했다.

《창조》는 1919년 2월 1일 창간호를 시작해 1921년 5월 30일의 통권 9호를 마지막으로 폐간되었는데, 처음 의도와 달리 월간이라는 형식은 제대로 지켜지지 않았다. 1호와 2호는 각각 1천 부씩 인쇄했고,[3] 1호부터 7호까지는 도쿄에서, 8호부터는 경성(창조사임시창조발행소)에서 발간되었다. 주요한과 김환은 《창조》의 동인이자 유학생이었지만, 고경상은 인사동에서 해동서관海東書館을 경영하던 '순수문학이해자'였다.[4] 또한 《창조》가 염두에 둔 대상층이 조선인이었기 때문에 발행소가 도쿄일 때도 판매소는 모두 조선에 두었는데, 1

---

1) 《창조》 1, 1919. 2. 1, 82쪽.
2) 백순재(1970), 〈創造誌의 解題 및 創刊序〉, 《창조》(영인본), 문양사.
3) 김동인(1938), 〈조선문학의 여명 《창조》 회고〉, 《조광》 32, 46~50쪽.
4) 주요한(1982), 〈나의 履歷書〉, 《朱耀翰 文集》 1, 朱耀翰記念事業會.

호 판매는 경성의 동양서원東洋書院과 평양의 기독서원基督書院·광명
서원光明書館 등 3곳에서 맡았고, 2~9호의 경우에는 경성의 광식서
관廣益書館에서 일괄 판매하였다. 그 발행 상황과 2편 이상을 출품했
던 동인들의 발표 내역은 각각 〈표 16〉, 〈표 17〉과 같다.

〈표 16〉《창조》의 발행 상황

발행 호수	발행 연도	발행인	전체 쪽 수	정 가
1	1919. 2. 1	주요한	82	30전
2	1919. 3. 20	주요한	60	30전
3	1919. 12. 10	김 환	78	40전
4	1920. 2. 23	김 환	62	40전
5	1920. 3. 31	김 환	100	50전
6	1920. 5. 25	김 환	79	45전
7	1920. 7. 28	김 환	70	45전
8	1921. 1. 27	고경상	116	40전
9	1921. 5. 30	고경상	96	40전

〈표 17〉《창조》동인들의 작품 수와 작품 내역

작가 명	총 작품 수	작품 내역
주요한	59편	시 29/ 평론 1/ 수필 3/ 번역시 26
김동인	12편	소설 5/ 평론 2/ 수필 3/ 잡평 2
전영택	16편	소설 6/ 평론 1/ 수필 2/ 번역시 7
이광수	7편	시 5/ 평론 1/ 수필 1
김 억	26편	시 7/ 번역시 17/ 번역소설 2
이 일	11편	소설 2/ 시 8/ 수필 1
김 환	7편	소설 1/ 평론 1/ 수필 2/ 기행문 1/ 희곡 1/ 번역시 1
최승만	7편	시 1/ 평론 3/ 수필 2/ 희곡 1
김찬영	7편	시 4/ 평론 2/ 수필 1
오천석	6편	시 2/ 번역시 4
김소월	5편	시 5
포 추	4편	시 2/ 평론 2
박석윤	3편	수필 2/ 번역소설 1
황석우	2편	시 2
김 엽	2편	기행문 2

발표된 작품 수는 모두 197편으로, 소설이 17편, 시가 64편, 평론이 12편, 수필이 20편, 기행문과 희곡은 각 3편, 번역 작품이 78편이었다.

《창조》에 대한 연구는 주로 문학인들이 했는데, 그 성격이나 역사적 의의에 대한 평가는 대부분 비슷하다. 평가 내용은 순수 문예 잡지로서 근대문학의 출발점이고, 창간 목적은 근대적 자아의 확립과 예술의 자율성 획득에 있었다는 것,[5] 문예사적으로는 일본의 인도주의·자연주의·낭만주의 등의 영향을 받았으며, 정치보다는 문학 그 자체를 중시했다는 것[6] 등이었다. 그러나 근대문학의 형성이라는 관점에서 주로 논의된 점을 감안한다 하더라도, 《창조》가 예술적 차원에서만 거론되기에는 무엇인가 아쉬운 면이 있다. 그 동인들이 문학 자체나 개인의 문학적 성향을 위해서만 활동하지는 않았기 때문이다.

《창조》는 주요한[7]과 김동인,[8] 전영택[9]의 주도 아래 창간되었다.

_____

5) 황호덕(1997), 〈1920년대 초 동인지 문학의 성격과 미적 담론 주체〉, 성균관대 석사논문.

6) 김윤식(2000), 《김동인 연구》, 민음사, 114~118쪽.

7) 주요한(1900~1979)은 평양에서 목사 집안의 장남으로 태어났는데, 1912년에 일본으로 건너가(동경조선기독교청년회의 목사로 파견되었던 아버지와 함께), 유학생감독부가 열었던 일어강습소에서 수업하였다. 이후 명치학원 중학부, 제1고등학교 등에서 공부하였으며, 《창조》 2호를 발행한 뒤에는 상하이로 옮겨 임시정부 기관지 《독립》의 편집에 가담했다〔강진호(1999), 《한국문단裏面史》, 깊은샘, 48쪽〕.

8) 김동인(1900~1951)은 1914년(만 14세)에 일본으로 건너가 동경학원 중학부에 입학, 일본 생활을 시작했다. 1918년에는 천단화학교(미술학교)에 입학했으나, 재학 기간은 길지 못했다. 1919년 3월 1일 도쿄 일비곡 공원에서 유학생 집회에 참가하다 검거됐기 때문이다. 이후 그해 6월까지 평양에서 구유생활을 하면서 일본 유학을 끝냈다〔白川豊(2001), 〈한국근대문학 초창기 문인들의 일본 유학 체험고〉, 《한국문학과 근대성의 형성》, 아세아문화사, 220~221쪽〕.

1918년 가을에 주요한이 먼저 김동인에게 문예잡지 창간을 제안했고, 그해 12월 두 사람이 전영택을 찾아갔다. 발행 자금은 김동인이 전부 충당하기로 하여 창간호는 그가 집에서 받은 2백 원으로 발행했다. 그러나 매 호마다 1백 원의 손실금을 메워야 하는 상황이 지속되어 김동인은 더 이상 손을 쓸 수 없게 되었고,[10] 나머지 다른 동인들이 재정 확보를 위해 고심할 수밖에 없었다.[11] 이런 사정으로 《창조》는 5호부터 한성도서주식회사에 그 재정을 의탁하게 되었지만 이것도 오래 가지는 못했다. 7호부터 한성에 있는 동인들이 재정원조를 거부했기 때문인데, 그 직접적인 원인은 한성도서주식회사가 편집과 발행을 부당하게 간섭했기 때문이다. 다음은 《창조》 동인들이 이에 대해 설명한 내용이다.

　　자기네 회사에서 직영하는 다른 잡지와 같이 인정하여 《창조》 발행소를 한성도서주식회사 출판부 동경지부로 하라고 강청할 뿐 아니라 잡지의 내용과 발행권을 간섭하려 하며 또는 《창조》는 회사에서 경영하는 잡지인즉,《창조》 동인은 물론 회사 출판부원이 된다는 이유로 본인의 승낙도 없이 신문지에 발표를 하는 등 우리 동인을 모욕하는 일이 비일비재하니 도저히 그냥 간과할 수 없음으로써 이에 우리는 몇 가지 조건을 該회

---

9) 전영택(1894~1968)은 농장을 경영하는 사업가의 아들로 태어나 어릴 때 기독교에 입신하였다. 대성학교를 마친 뒤 1912년(18세)에 일본으로 건너가 청산학원 중학부, 고등학부, 대학부를 졸업하고 1923년 3월에 귀국하였다. 유학 중이던 1918년 12월에 《창조》의 동인이 되었고, 조선청년독립단에도 참여했다〔白川豊 (2001), 위의 글, 226쪽〕.

10) 김동인, 〈조선문학의 여명 《창조》 회고〉, 《조광》 32, 1938, 46~47쪽.

11) 《창조》가 금전적 어려움에 처한 것은 "경영상의 어려움 때문에 발매가 늦어지게 된 점을 사죄드린다"는 말이 매호 출간 때마다 되풀이되는 것에서도 확인할 수 있다.

사에 요구하는 동시에 그 무리한 擧錯을 항의하였더니 완고한 該부장은
우리의 정당한 요구를 거절하는 고로 우리는 憤然 該회사와 관계를 절연
하고……12)

동인들은 한성과의 관계를 정리한 뒤에 주식회사를 세우려고 시
도했다. 《창조》의 독자적인 출판을 위해서라면 재정의 어려움도 감
수할 작정이었는데, 그들이 목적대로 "우리가 참되다고 생각하는 바
를, 우리가 고민하고 생각하고 고심하고 번민한 기록13)을 갖가지 곡
해와 오해" 속에서도 펼쳐 보이려면, 그 편집과 발행에 있어 외부적
간섭을 단호히 배제해야만 했던 것이다.

또한 그들은 예술로 자신들이 살고 있는 시대와 그 안에서 신음
하는 인간들을 표현하려 했다. "인간 생명의 현재 파도라든지 그
파도의 장차 나아갈 방향을 표현한 자"가 '가장 훌륭한 예술가'라고
생각한 그들은14) 정신적·예술적 자유의 중요성을 강조하면서, 이
에 반대되는 것들로 육체적 욕망과 물질적 부,15) 더 넓게 억압적인
사회의 관습16)을 상정했다. 기만,17) 가난과 질병,18) 무지19) 등이

---

12) 〈급고〉, 《창조》 7, 1920. 7. 28.
13) 〈여언〉, 《창조》 1, 1919. 2. 1, 81쪽. 《창조》에는 창간사가 없었으며, 1호의 〈여
   언〉에 그 창간 목적을 알려주는 대목이 있다.
14) 춘성생, 〈예술에서 무엇을 求하는가〉, 《창조》 6, 1920. 5. 25, 71쪽.
15) 전영택의 〈운명〉(3호), 이일의 〈피아노의 울림〉(5호), 박영섭의 〈1년 후〉(6호)
   등에는 육체적 욕망이나 물질적 부를 추구하고자 진정한 사랑을 버리는 모습이
   그려져 있다.
16) 구식 결혼제도(조혼으로 대표되는)가 젊은이들을 죽음으로 몰아넣는다는 내용의
   작품으로는 최승만의 〈황혼〉(1호)과 전영택의 〈혜선의 사〉(1호)가 있다.
17) 여학생들이 성적 노리개나 부자의 첩으로 전락하는 내용의 작품으로는 김동인의
   〈약한 자의 슬픔〉(1호)과 이일의 〈피아노의 울림〉(5호) 등이 있다.
18) 송당생의 희곡 〈살기 위하여〉(5호)에는 젊은이들이 아편쟁이와 범법자로 내몰

판치는 가혹한 물질적 세계는 오히려 순수한 정신적 가치들을 부각
시킨다고 보았기에, 예술에서 역으로 표현함으로써 현실을 바로 보
려 했다.

당시의 피폐한 물질세계는 민족이 처한 상황이기도 했기에, 《창
조》 동인들의 활동은 이 문제와도 무관하지 않았다. 그들은 당대 최
고의 지성으로 일반에게 주목받는 위치에 있었기 때문에, 자신이 원
하든 원하지 않든 민족문제를 대중에게 고발하게 되었던 것이다. 재
정적인 압박을 포함하여 독서 대중의 몰이해와 매도[20]가 크면 클수
록 그들의 예술적·민족적 사명의식은 뚜렷하고 강렬해졌으며, 작품
의 원문이 검열로 삭제[21]당하는 일이 잦아지는 것에 반발해 의지는
더욱 확고해졌다. 검열 때문에 직접적으로 독립 문제를 다루지 못했
지만, 그들은 민족의 현실과 그 문제점을 직시하여 표현한 민족 계
몽가들이었던 것이다. 김동인이 "정치운동은 그 방면 사람에게 맡기
고 우리는 문학으로"[22]라고 했던 것은 《창조》의 탈정치적 지향을
나타내는 도피적인 문구[23]가 아니라, 민족운동을 정치운동과 예술

리는 현실이 그려져 있다.

19) 예술에 대한 일반의 몰이해를 그렸던 작품들로는 김환의 〈신비의 막〉(1호)과
   김동인의 〈음악공부〉(8호) 등이 있다.

20) 김동인의 글에 따르면 "작년 봄에 어떤 목사가 예배당에서 '동경서 발행되는 잡
   지는 모두 도덕 파괴가 아니면 음탕한 소리뿐이니 도무지 사보지 말라'고 공고한
   일이 있다 한다. 이번 평양서 소규모의 무역잡지 열람소인가 하는 것을 한다는데,
   '창조는 악마의 잡지니 보지 말자'는 말이 났다"는 것이었다(김동인, 〈글동산의 거
   둠(附雜評)〉, 《창조》 7, 1920. 7. 25, 67쪽).

21) 《창조》 8호(1921. 1. 27)와 9호(1921. 5. 30)에 실린 작품들에서는 삭제의 흔적
   들이 많이 발견된다.

22) 김동인, 〈문단 30년사〉, 《신천지》, 1948. 3[김동인(1976), 《김동인 전집》 6권,
   삼중당, 9쪽].

23) 최수일(2000), 〈1920년대 동인지 문학의 심리적 기초〉, 《대동문화연구》 36집,
   성균관대학교 대동문화연구원, 107쪽.

운동으로 구분하여 표현한 셈이다.

《창조》의 동인들은 "본지는 문예를 주안으로 삼지만은 우리 현 사회의 요구에 응키 위하여 이번 3호부터는 사상방면(즉 평혼)의 글도 약간 기재[24]하려고 한다"고 밝혔는데, 이에 최승만은 《창조》 3호에서 〈불평〉이라는 글로 "불평은 사람의 생명이요 사회의 생명이니, 불평이 없으면 죽은 사람이요 불평이 없으면 죽은 사회"라면서, "불평이 있어서 부단의 개량이 있으며, 부단의 개량이 있어서 원만한 해결을 얻을 수 있다"고 주장했다.[25] 이러한 뜻의 '불평'을 담아 낸 작품들 가운데는 민족 현실을 바탕으로 쓰인 것들이 적지 않다.

먼저 3·1운동을 배경으로 자신의 체험을 형상화했던 전영택의 3 부작이 있다. 3·1운동에 참가하여 옥고를 치르게 된 한 학생의 내면을 그린 〈운명〉(3호), 3·1운동에 참가했다가 투옥된 처와 그 남편의 고뇌를 그린 〈생명의 봄〉(5~7호), 3·1운동으로 인한 옥중생활 도중 3개월 된 딸아이(영양실조)를 잃게 되는 부모의 참담한 상황을 그린 〈독약을 마시는 여인〉(8호)이 그것들이다.

김환은 여름방학을 맞아 고향에 갔던 경험담을 〈고향의 길〉(2호) 이라는 제목으로 발표했는데, 그 내용 가운데 "우리의 광업가들은 광석을 캐어다가 소리小利를 얻고 팔아버리니 대리大利는 물론 저[26] 에게 돌아갈 것이다. 진남포가 반도에 굴지하는 무곡상이라 하지만은 우리의 손으로 경영하는 정미소 하나도 완전한 것이 없다"[27]라고 자신의 생각을 적기도 했다.

---

24) 〈여언〉, 《창조》 3, 1919. 12. 10, 77쪽.
25) 최승만, 〈불평〉, 《창조》 3, 1919. 12. 10, 1~3쪽.
26) 일본인.
27) 김환, 〈고향의 길〉, 《창조》 2, 1919. 3. 20, 56쪽.

박석윤은 〈생의 비애〉(5호)라는 제목으로 일본 쿄토에서의 학생생활을 기록하였는데, 산보 도중 본 "집이라고 하기보다는 그 내부가 다 보이는 땅위에다 판자를 세우고 지붕을 올린 문자 그대로의 판자집"안의 풍경을 묘사하기를, "마루에서 땅바닥으로 떨어진 생후 1개월 정도의 어린아이를 발견했노라"고 적고 있다. 그런데 그 어린아이가 일본 옷이 아닌 우리나라의 옷을 입고 있다는 것을 본 뒤에 그는 "단순히 일본 옷을 입은 아이를 보고 받은 인상과는 확실히 다른 느낌을 받은 동시에 이상하게 심장의 고동이 심하게 뛰고 있음"[28]을 깨닫고, 그 아이를 얼른 마루 위로 올려놓았다는 것이다. 아마도 이것은 박석윤이 일본에 살던 조선인의 비참한 생활상을 보며 민족적 감정이 살아났을 때를 회고한 것으로 추정된다.

주요한은 1919년 3월(《창조》 2호를 발간한 후) 일본 당국자의 충고를 무시하고 상하이로 떠나 임시정부 기관지 《독립》(1919년 8월 창간)의 편집에 참여했는데,[29] 그곳에서 동인 3명에게 편지글 〈장강長江 어구에서〉 3편을 보냈다. 먼저 그는 김환에게 보낸 1편(4호, 1919. 12. 25)에서 3·1운동 후 조선에 "큰 문화운동이 내면으로"부터 일어나고, "각지에 일간신문과 월간잡지가 많이 생긴다니 오래 쇠하였던 조선 문화에 부활의 서광"이 비춘다고 했다. 또한 현재에는 조선의 문화가 "갓난아이처럼 참 어리지만 생장은 빨라, 기르는 법이 좋으면 좋을수록 완전순결"할 수 있기에, 이에 《창조》는 "우리 문화의 향상을 위하여, 우리 사상생활의 수평을 높이기 위하여, 우리 쇠잔한 예술의 부흥을 위하여 계몽적 색채를 어디까지든지 유지하여야 한다"고 했다.[30]

---

28) 박석윤, 〈생의 비애〉, 《창조》 5, 1920. 3. 31, 53쪽.
29) 주요한, 〈창조시대〉, 《신천지》 2월호, 1954[강진호(1999), 앞의 책, 48쪽].

김동인에게 보낸 2편[31])에서는 "중국은 1919년 여름부터 시작된 일화배척운동으로 인하여 각지에서 학생운동이 굉장히 활발"하다면서, "상해에서 일어나는 신선한 계급"인 "학생계급에서 중국을 구원할 새 능력을 찾을 수 있다"고 했다. 당시 중국은 5·4운동 직후 학생들의 반일애국투쟁이 활발히 전개되고 있었다. 이러한 상황을 목격한 그는 중국과 조선의 청년 문화운동을 비교하면서, "조선 청년계의 정신이 3·1운동 후 대변동을 얻은 줄로 알지만 조선 청년의 지식열을 만족케 할 기관, 기회가 없음을 한탄한다"며, 그러나 반대로 현실이 이러하기에 "우리의 사업이 얼마나 큰 것을 깨닫고 우리의 장래가 얼마나 긴 것을 깨닫고 희망과 용기를 백배할 것이요, 이런 점에서 우리의 조그만 잡지의 사명도 적지 아니하다"고 역설했다(3편에는 시에 관한 평론이 들어있다).

이처럼 《창조》의 주요 동인들은 그들의 '불평'이었던 민족적 상황을 글로써 표현했을 뿐만 아니라, 해결하려고 민족운동에도 적극적으로 참여했다. 김동인이 《창조》 발행 비용으로 집에서 2백 원을 송금 받았을 때, 일본 경찰은 학생에게는 거금이라는 이유로 그 출처와 사용처를 의심한 적이 있었다. 이 때문에 그를 1919년 2월 8일 도쿄 약송若松 경찰서로 연행했다가 사실이 밝혀지자 다음 날 무죄 석방했다.[32] 그때 이미 동인들의 사생활은 철저히 감시되고 있었던 것이다. 그럼에도 김동인은 1919년 3월 1일 도쿄 일비곡 공원에서 유학생 집회에 참가했다가(이는 1919년 2월 그가 《창조》 1호 발간에 참여한 직후였다) 검속되어, 1919년 3월 26일부터 6월까지 평양에서 구

---

30) 〈장강 어구에서〉, 《창조》 4, 1920. 2. 23, 59~60쪽.
31) 〈장강 어구에서〉, 《창조》 5, 1920. 3. 31, 73~74쪽.
32) 김동인(1976), 〈문단 30년사〉, 《김동인 전집》 6권, 9쪽.

류생활을 하였다.[33] 전영택도 1919년 2월 조선청년독립단이 결성될 때 10명의 전권위원全權委員 가운데 한사람으로 참가해 2·8독립운동에 깊숙이 관여했다.[34]

《창조》의 동인들 가운데는 1919년에서 1921년 사이 일본 경찰로부터 조선인 요시찰인으로 지목당했던 사람이 많았다. 각종 유학생 단체 간부로 활동하거나 유학생 단체 기관지에 투고해 일제의 주목을 받았기 때문이다. 1920년 6월 30일 현재 일본 경보국보안과의 보고에 따르면,[35] 《창조》 3호부터 7호까지의 편집 겸 발행인이었던 김환(갑호)을 비롯하여 최승만(갑호), 황석우(갑호), 전영택(갑호), 이광수(갑호)[36] 등은 모두 요시찰인이었다. 이들 가운데 최승만은 동경기독교청년회 기관지 《현대》의 편집인이자 학우회 평의원, 동경기독교청년회 간사, 조선연합 야소교회의 위원이기도 했으며, 전영택은 조선학회 서기, 《학지광》 편집위원, 《여자계》 고문이었고, 박석윤은 《학지광》 20호의 편집 겸 발행인이었다.

《창조》 2호를 발간한 뒤에 상하이임시정부로 간 주요한의 행적에 대해서 "주군은 우리를 위하여 어디론가 갔다"[37]고 했던 동인들의 표현처럼, 그들의 시선은 문학 밖 그 어딘가로 향하고 있었던 것이다.

---

33) 白川豊(2001), 앞의 글, 220∼221쪽.

34) 白川豊(2001), 위의 글, 226쪽.

35) 내무성경보국, 〈朝鮮人槪況 第三〉, 《집성》 1, 86∼89쪽.

36) 이광수(1982∼1950)는 1905년(13세)에 일진회 공비 유학생으로 일본으로 건너가 1907∼1910년에는 명치학원에서, 1915∼1919년에는 조도전대학에서 학업을 이어갔다. 수배 중이던 1919년 2월 5일에는 상하이로 탈출했는데, 그해 2월 18일 조대에서 제명당해 유학 생활에 마침표를 찍었다. 유학 중 그는 《학지광》, 《여자계》 등에 글을 기고했으며, 1918년에는 최팔용 등과 함께 조선청년독립단을 결성해 조선청년독립단 선언서를 기초하기도 했다(이광수(1979), 〈이광수 연보〉, 《이광수 전집》 별권, 우신사).

37) 〈여언〉, 《창조》 3, 1919. 12. 10, 77쪽.

2) 해외문학연구회의 《해외문학》

1925년부터 일부 도쿄유학생들 사이에서는 외국문학의 번역·소개·연구[38]에 대한 관심이 높아지기 시작했다.[39] 그들은 주로 각 대학에서 외국문학을 전공하던 학생들이었는데, 1926년에는 동지들을 모아 외국문학연구회(통칭 해외문학연구회)를 창립하고[40] 매달 회원들이 모여 연구회를 가졌다. 동회 결성에는 정인섭(영문학), 김진섭金晋燮(독문학), 김온金氲(러문학), 손우성孫宇聲(불문학), 이선근(러문학), 이하윤異河潤(불문학) 등이 참여했고, 그 뒤 이헌구(불문학), 김광섭金珖燮(영문학), 장기제張起第(영문학), 김석향金石香(영문학), 노재비鱸再鼻(불문학), 함일돈咸逸敦(일문학), 함대훈咸大勳(러문학), 김명엽金明燁(영문학) 등도 가담했다.[41]

그들은 1927년 1월 17일에 기관지 《해외문학》을 창간했으나, 2호(1927. 7. 4)를 낸 뒤 더 이상 발행하지 못했다. 창간호의 편집 겸 발행인은 이은송, 발행소는 경성부 냉동 112번지 해외문학사, 도쿄 총위탁판매소는 도쿄 간다쿠神田區 진보초神保町 1번지 삼성당 소매부

38) 《해외문학》이 창간되기 이전 외국문학 번역을 주목적으로 간행된 국내 문예지들로는 《泰西文藝新報》(1918년 8월 26일 창간)와 《金星》(1923년 11월 10일 창간)이 있다(김병철, 〈서양문학수용태도에 관한 이론적 전개-1920년대의 번역문학논쟁을 중심으로〉, 《인문과학》 3권 1호, 성균관대 인문과학연구소, 161~162쪽).

39) 정인섭(1982), 《이렇게 살다가-눈솔 정인섭 박사 제6수필집》, 가리온출판사, 240쪽.

40) 《해외문학》 창간의 중심인물 가운데 한 명인 정인섭은, 외국문학연구회의 결성 시점에 대해 스스로 엇갈린 진술을 하고 있다. 그는 1927년 3월에 조선의 동화·전설·민담·괴담 등을 수집하여 《온돌야화》라는 책을 간행(日本書院)하였는데, 그 序에서 외국문학연구회가 1927년 1월 3일에 결성되었다고 밝히고 있으나, 그 뒤 간행한 수필집(앞의 책, 241쪽)에서는 동회가 1926년에 구체화되었다고 했다.

41) 이헌구, 〈해외문학 창간전후〉, 《조선일보》, 1933. 9. 29~10. 1; 〈편집여언〉, 《해외문학》 1, 1927. 1. 17, 201쪽; 〈執筆諸氏의 最近消息〉, 《해외문학》 2, 1927. 7. 4, 66~68쪽.

〈표 18〉《해외문학》 동인들의 작품 수와 작품 내역

작가 명	총 작품 수	작품 내역
김진섭	13편	평론 1/ 번역소설 1/ 번역시 11
정인섭	3편	평론 2/ 번역소설 1
손우성	9편	번역소설 3/ 번역시 6
이선근	7편	평론 2/ 번역시 5
이하윤	22편	번역소설 3/ 번역시 17/ 수필 2
김석향	4편	평론 1/ 번역시 3
김 온	2편	번역희곡 2
이은송	1편	번역소설 1
야 광	2편	평론 1/ 수필 1
김한용	2편	번역시 2
정규창	2편	번역희곡 2
장기제	1편	번역희곡 1
함일돈	1편	평론 1
호 적	2편	중국어자유시 2
Raymond Bantock	3편	영어산문시 2/ 수필 1

였고, 2호(1927. 7. 4)의 편집 겸 발행인은 정인섭,[42] 발행소는 도쿄시외東京市外 가이토쓰카上戸塚 이세가하라伊勢ヶ原 831번지 외국문학연구회, 경성총 판매소는 경성부 공평동 114번지 조선부인기예사였다. 작가별 작품 수는 〈표 18〉과 같다.

《조선문단》 1927년 1월호에는 《해외문학》의 창간을 알리는 광고가 실려 있는데, 《해외문학》의 전 목차와 함께 '조선 유일의 외국문학연구 고급잡지'라는 소개문으로 이루어져 있다. 이에 앞서 《창조》의 동인들도 외국문학 번역 작품에 잡지의 많은 지면을 할애했다.

---

42) 정인섭은 1921년(19세)에 대구 고등보통학교를 졸업하고 일본으로 건너가 동경욱문관중학(1922, 수료), 제일조도전고등학원(1926), 조도전대학 영문과(1929)를 거쳐 1929년 4월 귀국하였다. 이후 그는 연세대·중앙대·런던대·일본천리대·경도대·서울대·외국어대에서 차례로 교수 생활을 했으며, 색동회·극예술 연구회·한국민속학회·한국영문학회 등에도 적극적으로 참여하였다[김윤식(1976), 《한국근대문예비평사연구》, 일지사, 137~141쪽].

《창조》에 실린 198편의 작품 가운데 78편(39퍼센트)이 번역물이었는데, 국가별로는 독일 28편, 일본 27편, 러시아 10편, 프랑스 8편, 영국 4편, 미상 1편으로 주로 독일과 일본 작품이 많았다. 그러나 《해외문학》은 전 작품 91편[43] 가운데 번역 작품이 63편(69퍼센트)으로 대부분을 차지하고 있었고, 국가별로는 프랑스 25편, 독일 12편, 영국 10편, 러시아 8편, 미국 7편, 일본 1편으로 구미 문학의 비중이 큰 점이 《창조》와 달랐다. 또한 외국 문학을 일본어로 번역하고 다시 한글로 옮기는 방식에 문제를 제기하며, 주로 외국 문학 전공자들 중심으로 직접 원전을 번역했다. 나아가 《해외문학》에는 외국의 새로운 문예사조와 그 해당 작가들의 작품이 소개되고, 그에 대한 비평도 실렸는데, 외국 작가로 영국의 레이먼드 밴턱Raymond Bantock과 중국의 후스胡適는 본지에 직접 자신들의 작품을 발표하기도 했다.

그러나 《해외문학》의 창간 목적이 외국 문학의 연구에만 국한된 것은 아니었다. 《해외문학》은 〈창간권두언〉에서 그 점에 대해 다음과 같이 밝히고 있다.

무릇 新文學의 創設은 外國文學 輸入으로 그 記錄을 비롯한다. 우리가 外國文學을 硏究하는 것은 결코 外國文學 硏究 그것만이 목적이 아니요, 첫째에 우리 文學의 建設, 둘째로 世界文學의 互相範圍를 넓히는 데 잇다. 卽 우리는 가장 敬虔한 態度로 먼저 偉大한 외국의 作家를 대하며 作品을 硏究하여써 우리 文學을 偉大히 充實히 세워노며 그 光彩를 독거보자는 것이다. 이에 우리는 우리 新文學建設에 앞서 우리 荒蕪한 文壇에 外國文學을 밧어

---

43) 《해외문학》(창간호·2호)은 번역 작품 63편(시 51편, 소설 8편, 희곡 4편), 평론 10편, 수필 14편, 영어 산문시 2편, 중국어 자유시 2편으로 되어 있다.

드리는 바이다.44)

윗글에는 《해외문학》이 외국 작품의 정확한 번역과 소개에 힘을 써야 하는 이유가 드러나 있는데, "조선에 신문학을 건설하여 그 광채를 드높이기 위함"이라는 것이다. 나아가 정인섭은 〈포오를 논하야 외국 문학 연구의 필요에 급하고 해외문학의 창간함을 축함〉이라는 글에서 "인류의 문학적 소산의 종합적 범위를 가령 사람의 예술적 본능을 그 공통 중심으로 한 일종의 원면적圓面積에 비할 수 있다면 국민문학과 세계문학은 그 반경과 원의 관계에 있다"면서, "반경이 커지면 커질수록 원도 커지고, 원이 커지면 커질수록 반경도 커지는 것"이라고 전제했다. 그런데 "현재 우리 문학은 그 원주상의 가장 세약한 점"에 자리 잡고 있으므로, 먼저 "타他를 흡취吸取하여 연차 그 원심력을 강하게 한다면, 그 원상에 예민한 일각의 돌출을 작作하여 원용상圓用上의 모든 점에서 일종의 선도적 파동의 전류를 주어 그 결과 세계문학의 종합적 질과 량을 위대화하게 될 것"이라고 주장했다.45) "외국 것을 조선화하고 조선 것을 외국화하는 데 본지의 초점과 목표46)가 있다"는 것이다.

이상의 목표를 실현하고자 회원들은 "염하炎夏의 논바닥처럼 건조乾燥에 파열破裂된 조선"47)에 단비를 내리듯, 《해외문학》은 소수의 동인으로 이루어진 문예지라는 형식을 벗어나 그 저변을 민족적으로 확대하고자 여러 노력을 했는데, 구체적인 내용은 다음과 같다.

---

44) 추송, 〈창간권두사〉, 《해외문학》 1, 1927. 1. 17, 1쪽.
45) 정인섭(花藏山人), 〈포오를 論하야 外國文學 硏究의 必要에 及하고 海外文學의 創刊함을 祝함〉, 《해외문학》 1, 1927. 1. 17, 19쪽.
46) 정인섭, 〈두언〉, 《해외문학》 2, 1927. 7. 4, 1쪽.
47) 위와 같음.

첫째, 어떠한 주의나 분파를 초월한다는 점을 분명히 했다.48)

둘째, 조선 문학청년들에게 세계문학을 소개하며, 제자諸者의 상당한 작품을 엄선하여 세상에 알리는 것이 《해외문학》의 사명이라고 보고, 이를 위해 "만천하에 동지를 구求코자 해외문학 사우제"를 시행했다. 먼저 60원을 선납하는 자에게는 영년유지사우永年維持社友의 자격이 주어졌고, 3원을 선납하면 보통사우普通社友가 되게 하였다. 총 사우 수는 선착순 2백 명으로 한정했는데, 그들에게는 다양한 특전을 주었다.49) 즉, 순회강연과 순회강습회에는 무료입장, 사우들만을 위한 순회문고 설치, 출판 서적들의 실비 제공, 기관지 무료 제공 등을 예정해 놓았다.

셋째, 독자들을 위해 조선에서는 처음으로 "조선 내에서 구求코저 하다가 못한 책"에 대한 주문을 받기로 했다. 《해외문학》은 "본사 발행본 외에 일어·청어·영어 등의 서적은 물론, 주문만 하시면 어떤 책이든 원근을 불구하고" 달려가 구해 올 것임을 독자들에게 다짐했다.50)

---

48) 추송, 〈창간권두언〉, 《해외문학》 1, 1927. 1. 17, 1쪽. 이러한 《해외문학》의 태도에 대해 카프(프롤레타리아 문학)의 비평가 송영과 임화는 각각 《조선일보》(송영, 〈1931년도의 조선문단 개관〉, 《조선일보》, 1931. 12. 16~27)와 《조선중앙일보》(임화, 〈1931년간의 카프 예술운동 정황〉, 《조선중앙일보》, 1931. 12. 7~13)에 비판의 글을 실었는데, "《해외문학》이 천명하는 무정파적 입장은 허구이며, 해외문학파는 소부르주아 중간층의 예술적 분자로부터 우파로 전향한 일군의 집단"이라는 것이었다. 이에 대해 이헌구는 해외문학파의 성격에 대해 상세히 설명하는 글을 《조선일보》(이헌구, 〈해외문학과 조선에 있어서의 해외문학파의 임무와 장래〉, 《조선일보》, 1932. 1. 13~13)에 발표하며 그들과 논쟁하기도 했다〔고명철(2002. 6), 〈해외문학파와 근대성, 그 몇 가지 문제: 이헌구의 '해외문학과 조선에서의 해외문학파의 임무와 장래'를 중심으로〉, 《한민족문화연구》 10집, 한민족문화학회, 136~137쪽〕.

49) 〈本社社友가 되는 法〉, 《해외문학》 1, 1927. 1. 17.

50) 〈社告〉, 《해외문학》 1, 1927. 1. 17.

넷째, "독자들의 정당한 비평, 솔직한 감상, 진실한 희망" 등을 들고자 《해외문학》에 독자란을 두려고 했다.[51)

더불어 그들은 좋은 의미에서의 반동운동, 곧 우리말의 통일과 발달을 위한 활동이 반드시 필요하다고 생각했다. '우리 예술, 우리 문학'을 위해 훌륭한 언어를 가지게 되는 것이 그들이 기대하는 성공 가운데 하나였기 때문이다.[52) 이를 위해 《해외문학》 회원들은 1927년 6월 9일 '제1회 해외문학 좌담회'를 개최했는데, 여기에서 그들은 "일본화된 피상적 문헌으로서 만족치 않고 직접으로 세계 문화를 흡취하고저 하는 타율적 일면과 향토적 독자성을 밝히려는 운동의 일부", 곧 "한글을 자율적으로 표기하고자 하는 자율적 일면"이 발행 목적에 모두 포함되었다고 했다. 또한 "한발을 외국에 두고 또 한발을 내지"에 둔 처지에 있는 자로서 "조선 문자 표기의 근원적 자유성을 어느 정도까지 응용하고 그 효과가 어떨까 하는 문제"에 대해서도 관심이 있음을 밝히고, 참석자들끼리 이 문제에 대한 토론을 전개했다.[53)

《해외문학》 회원들이 한글 사용 문제에도 관심을 둔 것은 외국문학 연구회 배경에 '한빛회'가 있었기 때문이다. '한빛회'는 조도전대학의 정인섭, 이선근, 김윤기金允基, 전진한錢鎭漢 등이 민족 갱생을 위해 조직한 비밀결사였는데,[54) 정치·경제·문화·과학 등 각 방면에

---

51) 〈편집여언〉, 《해외문학》 1, 1927. 1. 17, 201~202쪽.

52) 위의 글, 201쪽.

53) 〈제1회 해외문학좌담회—한글 사용에 대한 외국문학 견지의 고찰〉, 《해외문학》 2, 1927. 7. 4, 60쪽. 《해외문학》 2호의 편집 겸 발행인이었던 정인섭은 이때 《동아일보》에 〈가갸날과 외국문학연구〉라는 긴 제목의 논문을 실어, 외국 문학 번역에서 한글 연구의 중요성을 역설했다.

54) 정인섭(1982), 앞의 책, 146쪽.

서 동지들55)을 구해 회칙이나 부서, 임원 조직 등을 별도로 두지 않
고(일본의 감시를 피하려고) 자주 회합을 했다. '한빛회' 회원들은 각
각의 전공별로 실천운동을 했는데, 정치·경제 방면의 학생들은 '협
동조합'을 발족하여 국산품 장려와 소비조합운동을 일으켰고, 자연
과학 방면의 학생들은 '고려과학클럽'을 조직하여 과학진흥운동을
벌였다. 또한 농학·의학·미술 방면의 학생들도 자신들의 분야에서
여러 활동을 추진했는데, 이때 문학 방면의 학생56)들이 모여 조직한
것이 바로 '외국문학연구회'였다.57) 그렇기 때문에 그 기관지《해외
문학》의 회원들은 자신들의 활동이 조선 문예부흥운동의 하나라는
점을 잊지 않았던 것이다.

2. 고국순회연극공연

1910년대 초반 유학생 연극인 이기세李基世가 일본 신파극58)으로

---

55) '한빛회'에 참여했던 유학생들로는 조도전대학의 정인섭·이선근·김윤기·전진한·
   함상훈·김원석·김봉집·유한상·서원출·여회구·진태완·임태호, 명치대학의 한규성
   ·박준섭, 동양대학의 이시목, 입교대학의 김용채, 법정대학의 이하윤·김진섭·홍재
   범, 동경고공의 유동진·임일식, 동경고사의 김명엽·강재호·조재호, 청산학원의 장
   용하, 농업대학의 이세환, 외국어학교의 함대훈·이홍종, 의과대학의 박용하, 동경
   미술학교의 강필상, 프랑스 유학파인 공진항 등이 있었다[정인섭(1982), 위의 책,
   194쪽].
56) 《해외문학》에 참여했던 유학생들은 1929~1930년 사이 귀국하여 1931년부터
   국내 활동을 본격적으로 전개했는데, 주로 각 신문들의 학예면 편집인(《중앙일
   보》의 이하윤과 《조선일보》의 이선근·이헌구 등)으로 활약했다[김윤식(1976),
   앞의 책, 141쪽].
57) 정인섭(1982), 앞의 책, 194~195쪽.
58) 이기세는 재일유학생 가운데 가장 먼저 신파극 훈련을 받은 인물이다. 그는 동
   경물리학교에서 소인극을 하다가, 1910년부터 약 2년 동안 경도 신파극의 대가 靜

부터 큰 영향을 받은 이후로 유학생 연극인 대부분은 일본 신극운동59)에서 많은 자극을 받았다. 일본 신극운동은 문예협회(1911~1913)와 그를 이은 예술좌(1913~1924), 자유극장(1909~1919) 등의 연극단체들이 생겨나면서 시작되었다. 문예협회는 쓰보우치 쇼요坪內逍遙(1859~1935)와 시마무라 호게쓰島村抱月(1871~1918)가 중심축이었던 단체였으며, 자유극장은 오사나이 가오루小山內薰(1881~1928) 위주로 활동을 전개했다. 쓰보우치 쇼요와 시마무라 호게쓰는 조도전대학의 문화적 전통을 이어받은 인물들이었다. 쓰보우치 쇼요는 1891년에 《조도전문학》을 창간하고 사실주의 문화운동의 이론가로 활약했고, 시마무라 호게쓰는 1895년부터 《조도전문학》을 사실상 주도했다. 시마무라 호게쓰 또한 자연주의 문화운동의 이론가로 활동하며 일본 근대문학과 근대극에 관한 이론적 바탕을 마련하기도 했는데, 이는 그가 유럽의 자연주의 문학을 접하고 자유극장운동을 본 뒤에 귀국했기에 가능했던 일이다.

이렇듯 일본의 근대극운동은 자유극장이 처음으로 서양 근대극을 소개한 뒤, 문예협회와 예술좌가 전국을 순회하면서 입센, 톨스토이 등의 명작을 상연함으로써 본격화되었다. 이러한 움직임은 1920년대 초기(1920~1921) 도쿄의 경응, 조도전, 제대 등 유력 대학들의 연극 연구단체 설립과 학생극단 창립으로 이어졌다.60)

間小次郎 문하에서 각본 취제를 맡으며 연극 훈련을 하였다. 귀국한 이기세는 예술협회를 창설하고 조선의 신파극운동을 주도했다(이기세, 〈신파극의 회고〉, 《매일신보》, 1937. 7. 2~7. 7).

59) 일본의 신극운동은 기성연극의 전근대성에 대항했던 근대극운동으로, 유럽 연극의 영향을 받았다. 외국의 극작술에서 많은 자극을 받았기 때문에 연극을 상연할 때 외국 희극이 큰 비중을 차지했다.

60) 이두현(1989), 《韓國演劇史》, 학연사, 258쪽.

오사나이 가오루도 1909년에 잡지 《신사조》를 창간해 서구의 근대문학과 희곡을 번역 소개하며 신극운동에 참여했는데, 나중에는 극단 축지소극장築地小劇場(1924~1930)[61]을 창설하기도 했다. 축지소극장은 서구 근대극과 일본 극작가의 작품들을 상연했으며, 연출의 개념과 위상을 정립하고 조명과 효과 등 무대예술의 전반적 여건들을 비약적으로 발전시키는 데 일익을 담당하였다.[62]

당시 조선유학생들 가운데 연극에 관심이 있던 이들은 이러한 일본의 분위기에 적잖은 자극을 받고 있었는데, 일본 신극운동에서 직접 영향을 받았던 유학생들로는 현철, 김정진金井鎭, 김우진, 홍해성洪海星 등이 있다. 현철玄哲은(본명 희운禧運, 호는 효종曉鐘, 1891~1965) 1920년부터 조선에서 신극운동을 주도했던 인물로, 1911년 보성중학교를 졸업하고 그해 동경정칙영어학교에 입학했다. 그는 1913년 10월 명치대학 법과 재학 중 "민족적 의력曉鐘이 발달되지 못한 나라는 연극 또한 발달되지 못하였다"는 서철徐哲의 글을 읽고 분함을 느껴 '민족의 의지'를 찾고자 시마무라 호게쓰가 주도하던 예술좌 부설 연극연구소 예술구락부에 입교하여 연극 훈련을 시작했다. 현철은 1913년 12월부터 1915년까지 예술좌의 관서지방 순회공연에 연구생으로 참여하면서 단역 출연도 하는 등 연극훈련을 받았다.

---

61) 축지소극장은 일본의 첫 번째 연극 전용 상설관으로, 근대극의 출발점이기도 했다. '연극의 실험실, 상설관, 이상적 소극장, 민중의 작은 공간'이라는 취지 아래 창립된 이 극단은 오사나이 가오루小山內薰가 주도했으며, 도모다 교스케友田恭助, 마루야마 사다오丸山定夫, 야마모토 야스에山本安英, 히지카타 요시土方與志 등 다수가 동참했다. 그러나 1928년 오사나이 가오루가 죽은 뒤 분열되기 시작해 신축지극단(1929~1934, 프롤레타리아 정치운동을 지향했던 연극단체)과 축지좌극단(1932~1936, 예술지상주의를 지향했던 연극단체)으로 나뉘게 되었다[이두현(1985), 《한국연극사》, 학연사, 244~245쪽].

62) 이두현(1989), 위의 책, 244~245쪽.

1917년에 상하이로 건너가 성기연극학교星綺演劇學校를 돕고, 3·1운동 발생 직전에 귀국한 그는 개벽사의 학예부장으로 재직하면서 극론과 햄릿 등의 작품을 번역해 발표했다. 1920년 2월에는 서울에 예술학원을 설립하고 연극반과 무용반을 운영했으나 곧 해산되었고, 1923년에 다시 조선배우학교를 설립하여 1926년 2월에 제1기 졸업생을 배출하였다.[63]

시마무라 호게쓰의 영향을 받았던 또 다른 유학생 김정진金井鎭(호 운정雲汀, 1886~1936)은 경성에서 태어나 성장했는데, 일본으로 건너가 동경상업학교를 2년 동안 수료하고 1917년에서 1920년까지 시마무라 호게쓰의 문하생으로 들어가 극문학을 연구했다.[64]

김우진金祐鎭(호 초성焦星, 1897~1926)도 1921년부터 1924년까지 쓰보우치 쇼요, 시사무라 호게쓰가 교수로 재직했던 조도전대학 문학부 문학과에서 영문학을 전공해 그들의 영향을 받았다. 그가 도모다 교스케友田恭助(축지소극장의 조도전대학 출신 배우)의 도움으로 1921년 동우회 고국순회극단의 공연 작품을 완성했던 점, 절친한 친구 홍해성을 축지소극장의 배우로 나서게 했던 점, 축지소극장에서 공연했던 '인조인간'에 대해 공연평을 했던 점 등을 봤을 때 오사나이 가오루의 연극적 영향을 받았을 가능성도 높다.[65] 축지소극장은 오사나이 가오루의 주도로 설립된 극단이기 때문이다.

홍해성(1893~1957)은 1917년에 일본으로 건너가 중앙대 법학과에 다니다가 김우진의 권유로 연극계에 발을 들여놓았다. 일본대학

63) 현철, 〈演藝千一夜話〉, 《서울신문》, 1958. 9. 10.
64) 김정진(1938), 〈약력〉, 《현대조선문학전집(희곡집)》, 조선일보사출판부, 230쪽.
65) 김연수, 〈극단야화〉, 《매일신보》, 1931. 5, 22~30쪽; 이두현(1990), 《한국신극사연구》, 서울대학교출판부, 115쪽; 양승국(1998), 《김우진, 그의 삶과 문학》, 태학사, 101~102쪽.

예술학과로 편입한 그는 1924년 도모다 교스케 소개로 축지소극장에 입소해 배우로 활동하며 정식으로 일본 신극 훈련을 받았는데, 1924년 10월부터 1929년 3월까지 모두 78회의 공연과 110여 편의 연극에 출연한 뒤,[66] 1930년 6월에 귀국하였다.[67]

유학생들은 1920년대 초반부터 일본 신극운동의 영향을 받아 연극단체를 조직하거나 고국순회연극공연을 계획하고 실행에 옮겼다. 당시 주요 고국순회연극공연들은 다음과 같다.

첫째, 1921년에 있었던 극예술협회의 고국순회연극공연이다. 극예술협회(1920~1938)는 1920년 4월 연극을 좋아하던 도쿄 유학생들이 모여 발족한 연극 연구단체였다. 주요 회원은 김우진, 조명희趙明熙, 유춘섭柳春燮, 진장섭, 홍해성, 고한승, 조춘광趙春光, 손봉원孫奉元, 김영팔金永八, 최승일崔承一[68] 등 20여 명이었으며, 이들은 매주 토요일마다 모여 외국 고전과 근대극 작품(셰익스피어, 괴테, 하웁트만, 고골, 체호프, 고리키 등)을 연구하였다. 1921년에는 고학생동우회로부터 하기 고국순회연극공연단을 조직해 달라는 요청을 받았다. 그 목적은 동우회 회관 건립 기금 모집으로 극예술협회는 이에 찬동하여 곧바로 준비에 착수하였다. 여기에는 고학생의 구제 겸 실제 무대에서 연극운동을 실천하려는 의도도 있었다. 공연에는 연극 말고 음악도 연주해 다채로움을 더했는데, 홍영후洪永厚(난파)에게 바이올린 독주를, 윤심덕(수선)과 한기주에게 독창을 부탁했으며, 연극 분야에서도

---

66) 민병욱(2000), 《일제 강점기 재일 한국인의 연극운동》, 연극과인간, 22~28쪽.
67) 안광희(1986), 《홍해성연구》, 단국대 석사논문, 3쪽.
68) 최승일은 일본대학에 재학 중이던 1922년 4월 극문회를 조직하였고, 귀국한 뒤에는 함흥에서 지두한·서무익·박정걸·나운규(후일에는 영화인, 초대 무대였음) 등 여러 명과 함께 '희망의 눈물', '돌아오는 아버지', '결혼신청' 등을 공연했으며 (동명극장에서), 간도로 순회공연을 떠나기도 했다.

송경학우회松京學友會의 마해송과 그 밖의 몇 사람에게 참가 요청을 했다.

이들은 1921년 4월부터 연습을 시작했는데, 연출은 김우진, 연기는 유춘섭柳春燮, 홍해성, 김기진金基鎭, 허일許一 등이 맡았고, 공연비는 김우진이 모두 부담하기로 결정하였다. 상연 목록은 먼저 조명희(포석)가 '김영일金永一의 사死'를 썼고, 홍난파는 자신의 소설 '최후의 악수'를 2막으로 각색했는데, 이는 절박한 현실문제를 주제로 삼아야 한다는 의견이 우세했기 때문이다. 또한 김우진은 아일랜드 던세이니 경의 원작 '찬란한 문'(1막)을 번역해 소개하기로 했는데, 이는 그가 아일랜드 국민극운동에 자극을 받았고, '애란 문학운동의 신성新聲'으로 불린 던세이니의 출세작을 번역·상연하고 싶어 했기 때문이다. 그리고 창작극보다 번역극 상연이 우세하던 당시 일본 신극계의 영향 탓도 있었다.

그러나 김우진이 원래 수줍고 말이 없는 성격이라, 연기자들을 잘 지휘하지 못해 연습이 제대로 이루어지지 않았다. 이에 그는 직접 축지소극장의 일본인 신극 배우 도모다 교스케에게 도움을 요청했고, 도무다 교스케의 협조로 연극다운 형태를 갖추게 되었다.69) 동우회 고국순회연극단이라고도 불렸던 극예술협회의 1921년 고국순회연극공연 상황은 〈표 19〉와 같았다.

이들의 상연 목록 가운데 가장 많은 공감을 불러일으킨 작품은 단연 '김영일의 사'(1923년 단행본으로 간행)였는데, 이와 달리 '찬란한 문'은 무대장치와 조명 분야에서 새롭고 인상적이었다는 평을 받았다. 《동아일보》(1921. 7. 27)에서 소개한 바에 따르면, 이 두 극의

---

69) 양승국(1998), 앞의 책, 91쪽.

〈표 19〉 1921년 극예술협회 고국순회연극공연 상황

단 장	임세희
정리위원	박춘금·안성호·손영극·한인봉
사교위원	박붕서·홍승로·황석우·최석기
무대감독	김우진(김수산)
연 사	홍재원·조명희·홍영후(홍난파)·김기원·공원호·허일·마해송·오의상
상영각본	김영일의 사(전 3막 포석 조명희 작, 김영일 역의 유춘섭, 박대연 역의 허하지, 이춘희 역의 마상규(해송)와 전석원 역의 김기원)/ 최후의 악수(단막 난파 홍영후 작, 주인공 홍영후, 신여성 역 마해송)/찬란한 문(단막 던세이니 경 원작, 초성 김우진 번역)
공연일정	7월 9일-부산(부산좌) 7월 10일-김해 7월 13일-마산(수좌) 7월 18일-경주(가설극장) 7월 20일-대구(대구좌)·목포·광주 7월 28~31일-서울(단성사) 8월 3일-평양(가무기좌) 8월 4일-평양 공연 경찰 불허로 중지 8월 8일-진남포(항좌) 8월 11일-원산(동락좌) 8월 18일-서울(종로 기독교청년회관)에서 해산식 거행

〈자료〉《동아일보》, 박노춘(1959), 〈한국 신연극 50년 사략〉,《논문집》 2권, 경희대학교, 52쪽 참조.

중심 내용은 근대적 자아의 각성이었다. 한편 평양에서는 '김영일의 사'를 상연하던 도중 "말이 너무 과격하다 하여 경관의 중지를 당하매 만장관객은 박수로써 단원을 위로"[70]하기도 하는 등 일제의 검열과 탄압이 있었지만, 그 연기는 가는 곳마다 관객들에게 감명을 주어 호평을 받았다. 여름방학 기간에만 한정한 기획이라 연극공연

---

70) 〈'十年' 二字로 中止 命令, 同友會巡回演劇公演 許一氏의 出獄〉,《동아일보》, 1921. 8. 7.

단은 곧 해산했지만, 그들의 공연은 조선 신극운동의 선구였다는 점
에서 그 의의가 컸다.[71]

둘째, 송경학회松京學會의 고국순회연극공연이다. 송경학회는 1921
년 7월 극예술협회 회원인 고한승의 주도로 개성 출신의 도쿄유학
생들이 설립한 향토학생극단으로, 1921년 11월 고국순회연극공연
때는 마해송, 김영팔 등 극예술연구회 회원들 일부가 찬조 참가하기
도 했다. 송경학회는 1921년 7월 27일 개성좌에서 초계 임영빈任英彬
작 '백파白波의 우름'(전 3막, 일명 학생 이동화의 사死, 이동화 역 김흥옥
金興玉, 부친 이삼봉李參奉 역 공진태孔鎭泰)[72]과 '과거의 죄인'(전 2막,
알라스카 기담, 광산 감독 작크 고한승高漢承, 광산 주인의 딸 애리쓰 진장
섭秦長燮)을 상연하였고, 28일에는 고한승 각색 '불쌍한 사람'(전 3막),
공진태 작 '기도'(1막), 희극 '경鏡' 등을 상연하였다.[73] 또한 1923년

---

71) 이두현(1985), 앞의 책, 251~252쪽; 〈유학생으로 조직된 劇藝術研究會 금년 하
기를 이용해 조선내지순회연극〉, 《조선일보》, 1926. 3. 13.

72) 《동아일보》, 1921. 5. 6; 김준연, 〈李東和의 죽엄〉, 《학지광》22, 1921. 6. 21,
62쪽. 김준연은 〈이동화의 죽음〉이라는 제목의 글을 실어 그의 자살 배경을 자세
하게 설명하였다. 이 글에 따르면, 이동화는 자살 당시 23살로 그의 조부 이현창
은 대구에서 돈놀이를 하는 갑부였다. 이동화는 조부에게 경성 유학을 여러 번 청
했으나 강한 반대에 부딪히자 도망하였다. 이후 그는 경성에서 부기강습원에 다녔
는데, 돈이 떨어지자 누차 집으로 편지를 보내 학비 도움을 요청하였다. 그러나
답장은 끝내 오지 않았고, 이를 비관한 이동화는 4월 29일 한강 철도에서 자결했
다. 이 사건에 대해 김준연은 "동양도덕은 항상 在下者 有口無言을 주장하며 자녀
들을 강제"하는 것이 문제라면서, "자녀들에게 공부는 시키지 않고 오직 자손을
얻거나 일군을 얻을 목적으로 결혼을 강제 집행하는 것"에 대해 강하게 비판했다.

73) 〈松京學會의 夏期事業團一行〉, 《조선일보》, 1921. 5. 29. 이 기사에 따르면 송경학
회 고국순회연극공연의 수익금은 첫째, "개성 사람으로 조직된 송경학회가 경비에
대하여 곤란을 받고 있음으로 그 학회에 기부할 것이오", 둘째, "동 학회에서 지금
까지 월보를 발행하지 못하였는데 이번 수입금으로 발행하는 데 사용될" 계획이었
다. 당시 송경학회는 강연단과 연극단을 동시에 파견하였는데 각각의 구성원들은
다음과 같다. 연극단: 김성형·공진형·고한승·장희순·공진항(공진항)·김승영·주장

11월 23·24일에는 조춘광趙春光 작 '개성個性이 눈뜬 뒤', 번역 가극 '집시의 부녀, 알트하이델베르크'를 공연하기도 했다.[74] 그들의 공연은 비록 개성에서만 상연되었으나, 지방의 전통을 바탕으로 했던 향토적 학생극운동의 대표로 그 의의가 있다.

셋째, 형설회의 하기 고국순회연극공연이다. 형설회는 동우회가 해산된 뒤 재조직된 모임이었는데, 1923년에 고한승[75] 등 14명의 단원으로 이루어진 연극단을 조직하여 조선 각지에서 순회공연을 하였다. "형설회 기숙사를 증축하기 위함"이라는 목적을 내세웠던 고국순회연극단은 1923년 6월 29일에 도쿄 준하대駿河臺 불교회관에서 시연회를 갖고 7월 6일부터 8월 1일까지 전국을 순회하였는데, 이는 1921년 동우회 고국순회연극단의 행로와 같았다.[76] 순회연극단은 '개성이 눈뜰 때'(조춘광 작, 전 2막), '장구한 밤'(고한승 작), '사인남매四人男妹' 등 창작극만을 상연하였고, 그 밖에 강을열姜乙烈, 한병일韓秉一의 바이올린, 만돌린 합주가 있었다.

넷째, 토월회의 고국순회연극공연이다. 토월회(1922~1931)는 문학예술 동호회에서 시작된 연극단체로, 1922년 도쿄 간다쿠神田區 니시키초錦町 18번지에 최초 동인 김복진金復鎭, 김기진金基鎭,[77] 이서구

섭·유기풍·손인순·최우진·마상규·윤광수·하동욱, 강연단: 김성형·장희순·김승영·진장섭·공진형·유기풍·손인순(이상은 연극단과 동일)·공진태.
74) 박노춘(1959), 〈한국 신연극 50년 사략〉, 《논문집》 2, 경희대학교, 54~55쪽.
75) 그는 극예술협회와 송경학회의 회원이기도 했다.
76) 〈螢雪會巡廻日程變更〉, 《조선일보》, 1923. 7. 2(3). 이 글에 따르면 당시 형설회 고국순회연극단의 분야별 단원들과 공연 날짜는 다음과 같다. 서무: 이창일·이준병, 회계: 류진걸, 외교: 이종모·김호석·백충기, 문예: 조준기·고한승·최승일·최영진·김오성·김광훈·김영팔·최문우·하동욱, 음악부: 강을열·한병일, 공연 일시: 7월 6일-부산, 7월 8일-마산, 7월 12·14일-대구, 7월 14일-군산, 7월 16일-목포, 7월 29~31일-서울 단성사, 7월 22일-평양, 7월 23일-진남포, 7월 26일-원산, 8월 1일-인천(歌舞伎座).

李瑞求, 박승희朴勝喜, 박승목朴勝木, 이제창李濟㣿, 김을한金乙漢 등이 모였고, 나중에 연학년年鶴年과 이수창李壽昌이 가입하였다.[78] 이들은 매주 한 번씩 모여 서로의 작품을 합평하였는데, 회의 이름은 이상은 하늘(월)에 두고, 발은 땅(토)에 디딘다는 뜻이었다.[79] 토월회는 여름방학 귀성 선물로 강연회를 마련했으나, 의논 끝에 연극을 상연하기로 하였다. 대중을 깨우치는 데 연극이 가장 좋은 방도라 여겼기 때문으로 당시 이를 강하게 주장했던 이는 박승희(호 춘암, 1901~1923)였다. 박승희는 중앙고보 시절부터 연극에 뜻을 두어 도쿄 유학시절(1921~1923)에 더욱 연극 공부에 전념하였는데, 이는 당시

---

77) 1924년 일본에서 유학 중이던 김기진, 박영희, 안석주, 김석송, 김익상, 김복진, 이상화 등은 '파스큐라'라는 문학운동 집단을 만들었는데, 그 뜻은 자신들의 이름에서 이니셜을 모은 것이었다. 그들은 국내의 焰群社와 같이 1925년 8월 23일에 조선 프롤레타리아예술동맹, 곧 카프를 발족시켰다.

78) 토월회 정회원은 7명이었는데, 김복진(동경 미술학교 조각과, 김기진의 형), 김기진(입교대학 영문과, 김복진의 제), 연학년(동경 상과대학), 박승희(명치학원 영문과, 판서 박정양의 막내, 박승철의 제), 박승목(동경제대 의학부, 박승희의 재종형), 이제욱(동경 미술학교 서양과), 이서구(일본대학 예술과) 등이었다. 여류시인 탄실 김명순은 객원회원이었으며, 동명 김을한은 어려서 정식회원이 되지는 못한 채 참가했고, 이수창은 뒤에 회원으로 가입했다. 토월회 회원들과 다른 참가인들은 김복진·김기진 형제의 하숙처인 도쿄 神田區 錦町 3丁目 18番地 2층 방에서 매주 토요일 저녁 例會를 열었다. 김을한은 그의 추억담에서 당시를 다음과 같이 그리고 있다. "검정 학생복에 머리를 길게 기른 김복진씨가 자기 작품인 조각을 가지고 오면 弟씨 되는 팔봉은 창작 소설을 낭독하였고, 의사 공부를 하던 박승목씨가 그의 여기餘技인 도안을 그려 오면 박승희씨는 희곡을 소개하였다. 또한 여류시인 탄실 김명순씨는 가끔 그의 애인 임려월과 함께 참가해서 향기를 풍기었다"(김을한, 〈18번지의 추억-토월회창립 35주년에(상)-〉,《한국일보》, 1959. 6. 6).

79) 박진의 글(박진, 〈예술천일야화 토월회 이후〉,《서울신문》, 1959. 1. 10)에는 토월회가 1922년 11월에 창립되었으므로 이름은 11월의 합자 土月에서 말미암았다고 쓰여 있다. 그러나 토월회 결성회원 가운데 한 사람인 팔봉 김기진의 회고강연[박노춘(1959), 〈한국신연극 50년 사략〉,《논문집》2, 56쪽]에서는 "하늘(월)은 이상으로 하고 발은 땅(토)에 서 있다"는 생각에서 붙인 명칭이라고 말했다.

일본 신극운동의 영향을 받은 탓이기도 했다. 그는 '오늘은 예술좌, 내일은 금룡관' 하는 식으로 당시 유명했던 극장들을 들락거리며 일본에서 상연된 신극은 다 찾아보았다. 박승희는 이때 여러 무대를 돌아보면서 장치와 설비, 연극 연습, 연출법, 무대 진행 등을 세밀하게 보고 배울 수 있었다.

1923년 고국순회연극공연이 결정되자 토월회에는 그 자금 마련이 가장 시급한 문제로 떠올랐는데, 3월 무렵 니시키초錦町 3초매丁目 18번지 건너편에 있는 판상모(양복업자)에게 7백 원을 빌려 이를 해결했다. 박승희가 차용인, 김기진이 보증인이 되어 "8월에 고국에 가서 공연한 후에 반환할 예정"이라는 수형手形을 써서 이루어진 일이다. 무대 장치는 김복진이 주동이 되어 동경미술전문학교의 일본인 학생에게까지 부탁하여 제작하였는데, 도쿄에서 가지고 나가는 것이 좋겠다고 생각해 광목을 사서 만든 것이었다.

1923년 4월 무렵 박승희와 김기진은 다른 동인들보다 먼저 귀국하여, 그 당시 동아일보사 사회부 기자로 있던 이서구와 함께 여배우를 찾는 일에 힘썼다.[80] 그 결과 진명여학교를 중퇴한 이월화李月華가 연습에 가담하게 되었으며, 이정실李貞實(당시 18세, 진명여학교 재학 중), 이혜경李惠卿(이서구의 일가, 당시 19세) 두 여성도 함께하였

---

80) 〈東京留學生의 演劇團 警視廳에서는 비상경계 중 휴가를 이용하여 극단을 조직 조선 내지로 순회할 터이라고〉, 《조선일보》, 1923. 4. 13. 1923년 4월 토월회 회원 김기진(제국대학), 박승희(명치대학), 조도연(상과대학), 정측임(명치대학) 등 12명은 연극단을 조직하였는데, 그 목적은 춘계 휴가 동안 조선에서 고국순회공연을 개최하려는 것이었다. 먼저 이승희 외 2명은 조선에 돌아와 여배우를 구하였는데, 이때부터 일본 당국에서 토월회 회원들을 엄중히 경계하기 시작했다. 그들이 사회주의자이고 연극단은 과격 사상을 선전한다는 이유에서였는데, 연극의 내용 가운데 "혁명가를 체포하러 간 경관이 도리어 혁명가에 설복당하고 만다"는 것을 증거로 들었다.

다. 상연은 단막극 4편으로 하되, 3편은 1인이 1편씩 주연하고 나머지 1편은 전원이 참가하기로 정하였다. 내용으로는 '길식'(박승희 작, 김기진 주연) '곰'(안톤 체호프 작, 진학년 주연), '오로라'(버나드 쇼 작, 원제 '그 남자는 그 여자의 남편에게 무엇이라 거짓말을 하였는가', 박승희 주연), '기갈饑渴'(유진 필롯의 원작, 전원 출연) 등이 마련되었는데, 구도덕에 대한 저항을 그린 '길식' 말고는 전부가 서양 근대 단막극이었다.

토월회 회원들은 6월 초부터 낙원동 한양장 뒤 한흥 여관에 머무르면서 맹훈련을 했는데, 문예지 《백조》의 동인이던 석영 안석주安碩柱, 회월 박영희朴英熙 등이 이에 도움을 주었다. 이윽고 토월회는 7월 4일부터 8일까지 인사동 조선극장에서 밤에만 공연하기로 하고 선전비는 극장 부담, 수입은 극장 60퍼센트, 토월회 40퍼센트 조건으로 당시 조선극장주이며 조선권번 조합장이었던 황순원과 계약했다. 그러나 제1회 공연은 실패했는데, '오로라' 연기 도중 박승희의 말문이 막혀 도중에 막을 내렸기 때문이다. 이에 황순원은 토월회의 연극상연을 거부했고, 토월회 회원들이 애원하다시피 하여 속연하게 되었는데, 이는 이전의 계약을 포기하고 매일 밤마다 사용료 120원을 내기로 약속한 뒤에 이루어진 것이다.

연극 상연 전날 화장품 살 돈이 없어 곤경에 빠졌다가, 김기진이 《개벽》에 기고한 수필문의 고료 27원 50전으로 간신히 위기를 모면하기도 했고,[81] 맨 얼굴로 청중 앞에 나갈 용기가 없었던 단원들 때문에 망사 모기장을 막 전체에 치는 등의 일화를 남겼던 공연은 결국 7백 원의 적자로 끝났다. 이에 토월회 회원들은 유학생들만으로

---

[81] 이는 《백조》 동인으로 그와 안면이 있었던 소파 방정환의 소개로 이루어진 일이다.

연극공연이 성공할 수 없음을 절실하게 깨닫고, 국내에서 동지들을 구하게 되었다.

토월회는 처음 동우회 연극단처럼 여름방학을 이용한 공연에 그 치려 했으나, 1회 공연 실패에 대한 설욕과 부채 상황 때문에 2회 (1923년 9월 18일부터 1주일 동안 백조사 후원으로 조선극장에서 개막) 공연을 바로 준비했다. 이때 박승희는 자금, 번역, 각색, 연출, 연기 까지 도맡았고, 김복진·진학년·김기진 등은 며칠 밤을 새워 무대를 준비했다.

톨스토이 작 '부활', 마이어푀르스터 작 '알트하이델베르크', 스트 린드베리 작 '채귀債鬼', 버나드 쇼 작 '오로라' 등으로 꾸며진 2회 공 연은 전례 없는 대성공을 거두었고, 그들은 진부했던 당시 극단들의 수준을 일약 수십 년 상승시켰다는 극찬까지 받았다. 사실적인 무대 장치와 호화찬란한 의상, 일상의 회화처럼 자연스러운 대사를 사용 했던 연극 무대에 관중들은 깊이 도취되곤 했는데, 이는 전에는 볼 수 없던 풍경이었다.[82] 이 공연에서 카투사와 케티 역할을 했던 이 월화(본명은 이정숙)는 1923~1926년 사이 조선 극단의 꽃으로 그 명성을 널리 떨쳤고, 이후 영화계 스타가 되었다. 토월회는 2회 공연 을 계기로 김복진·김기진·진학문 등 동인 대부분이 탈퇴해 박승희 와 이백수가 책임을 지게 되었는데, 이때 본격적인 신극운동 단체로

---

82) 〈今日에 終了된 '土月會' 公演, 매우 칭찬을 밧엇다〉, 《동아일보》, 1923. 7. 8. 그 러나 《동아일보》는 당시 토월회 공연에 대해 충고하기를, "무대장치나 배경화에 전력을 기우리고 실지 출현을 중요시하지 않아 연습이 부족하고 서투른 점이 많 았을 뿐 아니라, 심지어 무대에 오른 배우가 대사를 잊어버리고 쩔쩔맨 것이 한두 번이 아니었다"고 하였고, "극본 선택과 번역이나 번안에 좀 더 신중한 태도를 가 져야 하겠다"고 평하기도 했다(〈토월회 제2회 공연을 보고〉, 《동아일보》, 1923. 10. 14).

탈바꿈83)했고 1931년 해체84)되었다.

유학생 고국순회연극공연에는 다음과 같은 공통점이 있다.

첫째, 고학생 단체나 그 회원들이 중심이 되어 결성한 연극단체가 주도하거나, 고학생들을 소재로 한 연극 작품이 많았다. 1921년 동우회의 '동우회고국순회공연', 1923년 형설회의 '고학생형설회고국순회공연' 말고도 1922년 7월 5일부터 8월 9일에 걸쳐 간도까지 순회했던 갈돕회(1920년 도쿄에서 창설된 고학생 단체)의 고국순회공연85)도 여기에 포함된다. '고학생들의 고국순회연극단'86)이 차츰 많아지자 경찰 당국은 "동정을 요한다는 말이나 동정심을 높이는 행동은 절대로 금물"87)이라며 이를 엄중히 단속했다. 그만큼 고학생들의 열악한 삶은 당시 일본과 국내에 널리 알려진 사회문제였으며, 연극

---

83) 토월회의 3회 공연은 1924년 1월 22일부터 3일 동안 기독교 청년회관에서 열렸는데, 무대가극 '사랑과 주검', 연애극 '회색꿈' 등이 새롭게 상연되었으며, 댄스와 관현악 합주도 있었다[박노춘(1959), 앞의 글, 59쪽].

84) 1924년 이후 토월회는 전문극단화 되어 광무대를 일 년 동안 전용극장으로 직영하며 장기흥행을 꾀했다. 토월회는 종래의 번역극 공연을 지양하고 창작극(민족극) 위주로 공연했는데, 광무대가 한국인 거주지에서 멀었던 탓인지 청중이 매우 적어 경영난은 갈수록 심해졌다. 결국 지방까지 진출해 도합 2백회 남짓 공연을 하는 동안 박승희가 그의 부친에게 분배받은 3백 석지기 재산을 모두 소진했다. 이후 토월회는 광무대와 계약 기한이 만료되자 지방 순회에 나서 부산까지 그 여정을 강행했다. 그 후 2년 동안 아무 소식이 없다가 우미관에서 공연을 한 번 하였고, 다시 지방 순회에 나서는가 싶더니 단체가 없어져버렸다[박노춘(1959), 위의 글, 66쪽].

85) 갈돕회는 학생들의 창작극들 위주로 공연했다. 이규송 작 비극 '선구자의 報酬', 이수창 작 사회극 '新生의 曙光', 희극 '鐵拳制裁' 등이다[박노춘(1959), 위의 글, 95쪽].

86) 고학생 단체들의 연극공연 목적은 '기금모금, 단체의 취지 선전과 대중 교육, 연극(근대극)의 소개와 교육' 등이었다[민병욱(1994), 《한국희곡사연표》, 국학자료원, 6~39].

87) 〈광주에서 고학생갈돕극 경계가 심히 엄중〉, 《동아일보》, 1921. 9. 2.

의 중요 소재 가운데 하나였다. 순회공연사상 가장 많은 관객이 몰렸던 '김영일의 사'와 '백파의 울음=학생 이동화의 사'도 고학생들의 힘든 삶을 그린 작품이었다(전자는 1921년 동우회연극단 소속 조명희 작, 후자는 동년 송경학회연극단 소속 임영빈 작).

둘째, 유학생 고국순회연극단에는 여자 유학생이 없었다. 1921년 동우회순회연극단의 연극 '최후의 악수'(단막 난파 홍영후 작, 주인공 홍난파)에서 주인공 상대인 신여성 역을 남학생인 마해송이 맡았던 것이나, 1921년 송경학회순회연극단의 '과거의 죄인'(전 2막, 알라스카역 기담, 광산 감독 작크 고한승)에서 광산 주인 딸 애리쓰 역을 남학생인 진장섭이 맡았던 것, 1923년 토월회에서 1회 고국순회공연을 준비하면서 여배우 모집 때문에 고생했던 것 등은 모두 이런 사정을 잘 보여준다. 이는 당시 여배우에 대한 인식이 그다지 좋지 않았으며, 완고한 가정에서는 그 정도가 심했던 탓이었는데, 부모의 허락 없이 몰래 토월회의 연습에 나오던 이월화의 경우도 마찬가지였다. '우리 집안은 양반'이라는 이유로 그녀의 모친이 일가친척이었던 《동아일보》 기자 이서구를 통해 출연 엄금을 강요하였다. 이때 김기진과 안석주가 그녀의 본가로 찾아가 출연 승낙을 받았지만, 그 과정은 무척이나 힘들었던 것으로 전해진다.

이 밖에도 유학생들의 고국순회연극단은 그들의 연극적인 수련을 꾀함과 동시에 문화운동의 실천을 통한 민족계몽에 주력하려 했다는 공통점이 있다. 토월회가 강연 대신 연극을 선택했던 이유도 여기에 있었고, 다른 유학생 연극단들이 자아의 각성이나 조선의 현실을 그린 창작극 위주로 공연했던 것도 이 때문이었다. 1921년 8월 13·14일 재동경함산학우문예단에서, 1921년 9월 4일 천도교청년회 동경지회[88])에서, 1922년 7월 20·21일 동경유학생관성연예단에서 연극공연을 한 것도 마찬가지 이유에서였다.[89] 이 때문에 일본 경찰은 유학생들의 공연내용을 미리 검열했으며, 공연 중간에 중지 명령을 내리기도 했다.

---

88) 〈천도교청년회 동경회원의 활동, 오는 십사일에는 연극까지 할 계획〉,《동아일보》, 1921. 8. 9. 1921년 천도교청년회 동경지회가 창설된 뒤 가장 먼저 계획한 것은 그해 여름 고국순회강연단을 파견하는 일이었다. 순회강연단은 강연 말고도 8월 14일 천도교 지일기념일에 외국인 교도들을 대상으로 인내천주의를 선전하는 '新生의 日'이란 연극과 서양 희극을 공연하기로 계획했다.

89) 당시 국내의 학생들 연극단체로 국내고학생 갈돕회(1920. 12월 공연, 1921. 2~7, 8개월 동안 전국순회공연), 반도고학생친목회(1922. 7월 공연), 천도청년연극회(1921. 9월 공연), 해삼위동포연극단(1922. 4월 공연), 조선여자교육협회순회극단(1923. 12~1924. 1월 공연) 등이 있었다[이두현(1985), 앞의 책, 159~160쪽].

제4절 체육 활동[1])

  학우회에서는 유학생들의 친목을 도모하고 체력을 증진하고자 유학생 운동회를 개최하곤 했는데, 이는 유학생뿐 아니라 일본에 머무르고 있는 조선인들을 위한 모임이기도 했다. 유학생들은 운동회에서 민족의식을 높이는 가장행렬을 선보이고, 경제적 어려움에 처한 동료 유학생들이나 동포들을 위한 구휼금을 모금하기도 했다. 또한 학우회·동경기독교청년회 등의 유학생 단체들은 국내 동포들의 체육 활동 활성화를 위해 고국순회운동경기단을 조직하여 고국원정경기를 열었는데, 이들은 조선의 여러 사회·체육단체들에게 후원을 받으며 성황리에 일정을 마감하곤 했다.

  고국순회운동경기단은 체육에 대한 대중적 이해를 높이는 데 크게 이바지했으며, 조선의 근대적 운동경기 발달에도 큰 공헌을 했다. 또한 일본인과의 경기에서 승리하거나 세계 대회에서 좋은 성적을 거두어 민족적 자긍심을 불러일으키기도 했다. 유학생들은 체

---

1) 제3장 제4절은 〈일제강점기 재일조선유학생의 체육활동에 관한 고찰: 재동경조선유학생학우회(1912. 1～1931. 2)를 중심으로〉(《한민족문화연구》 27, 한민족문화학회, 2008. 11)라는 제목으로 발표된 논문을 수정·보완하였다.

육 활동으로 개인의 체력 증진과 민족정기 확립에 공헌하고자 했던
것이다.

1. 학우회의 운동회 개최

학우회가 돈의연학敦宜硏學이라는 창립 목적을 실현하고자 중점을
두었던 사업은 세 가지였다. 첫째, 유학생들의 경조사에 참여하는
일, 둘째, 유학생의 잘못된 행동에 대해 개회改悔를 권유하는 일, 셋
째, 토론·연설이나 체육을 장려하는 일이 그것이다(학우회 세칙 제1
조).2) 학우회는 사업 운영을 위해 여러 부서를 두었는데, 1915년에
는 회장과 총무 아래에 문서부·재무부·장례부·지육부·감사부·체육
부·편집부를 두었다.3) 이 가운데 체육부(운동부)4)는 유학생들에게
체육을 장려하기 위한 부서로 매년 한 차례 운동회를 개최하였다(학
우회 세칙 제8조). 체육부가 학우회를 창립할 때부터 있었는지는 확
인할 수 없지만, 1915년 이후부터 1930년(학우회 해체)까지 활동한
것은 분명하다. 체육부는 그 임원으로 부장과 부원을 각각 1명씩 두
었는데, 1915년부터 1930년까지(단, 1925년부터는 체육부 집행위원으로
통합됨)의 명단을 정리하면 〈표 20〉과 같다.

학우회 산하 부서로서 체육부가 차지했던 비중은 예산 내역으로
확인할 수 있다. 1920년 1월 17일 기독교청년회관에서 열렸던 12기
결산총회에서 각 부서별 1920년 전반기 예산을 책정했을 때는 서무

---

2) 〈조선유학생 학우회 세칙〉, 《학지광》 5, 1915. 5. 2, 67쪽.
3) 〈우리소식〉, 《학지광》 5, 1915. 5. 2, 63쪽.
4) 산하에 체육부를 두고 있는 유학생 단체로는 기독교청년회, 여자학흥회 등이 있다.

〈표 20〉 1915~1930년 학우회 체육부장과 체육부원

시 기	체 육 부 장	체육부원
1915. 5	변봉현	한만희
1917. 2. 4	이중완	정경석
1917. 9. 30	이종근	이찬희
1919. 2. 9	원달호	김성려
1919. 12. 25	원달호	신석주
1920. 7	서병무	정성택
1921. 1	정성택	김기도·정익성
1921. 6	김능수	이용석·김성환
1925. 12~1926. 5		방창록·이병훈·서원출(체육부 집행위원)
1927. 12. 31		김익호·홍병화·이귀락·윤승룡(체육부 집행위원)
1929. 5~1929. 6		이창인·장인갑·이희갑·조성욱 외 2인(체육부 집행위원)
1929. 6~1929. 12		김익호·양만식·김동진(체육부 집행위원)
1930. 4		김익호·정태교·정용환(체육부 집행위원)

〈자료〉《학지광》

부 63원, 편집부 120원, 체육부 9원으로 체육부 예산이 아주 적었다. 그러나 13기(1920년 후반기)부터는 다른 부서에 견주어 체육부 예산이 대폭 늘어나 서무부 89원, 편집부 240원, 체육부 150원으로 조정되었고,[5] 15기 학우회 예산총회(1921. 3. 19)에서 책정된 1921년 후반기 예산 내역은 총회 227원, 서무부 83원, 편집부 400원, 재무부 25원, 평의회 14원, 변론부 40원, 준비금 100원, 운동부 380원으로, 총예산 가운데 체육부 예산이 약 30퍼센트에 이르렀다.[6]

체육부에서 개최했던 운동회는 대체로 육상경기 대회였다. 대회는 보통 오전 10시 무렵 학우회 회장의 개회사로 시작해 오전에는 백 미터 경주와 가장행렬 등의 행사를 하고, 오후에는 학우회 임원, 내빈, 각 학교 동창회 회원 등이 경주를 벌인 뒤 사진 촬영과 회장의 폐회 인사, 학우회 만세삼창으로 6시 무렵 막을 내리곤 했다.[7]

---

5) 〈在日京우리유학생계의 소식〉,《학지광》 20, 1920. 7. 2, 59~61쪽.
6) 〈학우회기사〉,《학지광》 22, 1921. 6. 21, 100~102쪽.

〈표 21〉 1918~1929년 학우회 주최의 유학생 운동회

날 짜	장 소	참가인원	특별행사 내용
1918. 4. 3	호산원 육군연병장	4백~5백여 명	가장행렬, 기부금 모금
1920. 4. 6		3백여 명	가장행렬, 기부금 모금
1921. 4. 12	구마장 동대농학부 운동장	1백여 명	기부금(418원 50전) 모금
1923. 4. 22	구마장 동대농학부 운동장		조선 독립의 격문 살포
1927. 5. 29	구마장 동대농학부 운동장		
1928. 6. 3	시외 상정초 운동장		
1929. 6. 9	시외 상정초 운동장		기근 구제를 위한 매점 경영

〈자료〉《학지광》

학우회 체육부에서 개최했던 유학생 운동회 내역은 〈표 21〉과 같다.

학우회가 그 아래 체육부를 두고 많은 예산을 들여 춘기 육상대회(춘기라는 용어를 6월에도 사용했다)를 개최한 까닭은 일본에 사는 조선인들의 친목도모를 위해서였다. 각 학교 동창회에 소속된 유학생들과 조선인 인사들이 한자리에 모여 체력을 증진하고 서로 우의를 다졌던 것이다. 그러나 이것이 전부는 아니었다.

1918년 4월 3일 호산원 육군연병장에서 진행한[8] 춘기 육상운동회 때, 조선 지도를 그리고 그 위에 한글로 '단군의 소유'라고 기록한 경기 일람표를 배부하였으며, '단손의 기상'이라는 주제 아래 이순신·논개·정몽주·을지문덕 등을 표현한 가장행렬을 선보였다.[9] 1929년 6월 9일 시외 상정초 운동장에서 열렸던 춘기 육상운동회에서는 수건을 팔아 그 이익금 전액을 조선의 기근 구제금으로《동아일보》에 기부하기도 했다.[10] 이처럼 학우회는 운동회를 통해 민족

---

7) 전영택, 〈춘기육상대회운동회스켓취〉,《학지광》 20, 1920. 7. 6, 58~59쪽.

8) 〈소식〉,《학지광》 17, 1918. 8. 15, 78쪽.

9) 내무성경보국(1918), 〈朝鮮人槪況 第二〉,《집성》 1, 66쪽.

10) 〈고국동포의 기근구제〉,《학지광》 29, 1930. 4. 5.

의식을 기르고자 노력했으며, 일본의 여러 조선인 단체들이나 조선인 인사들이 운동회에 막대한 기부금을 냈던 것도 그런 이유 때문이었다.

2. 고국순회운동경기

1910년 전후 조선에서의 운동경기는 대부분 일본인이 결성한 사회단체들이 주도했다. 이는 조선인들이 운동경기에 대체로 무관심하였기 때문인데,[11] 조선인들 가운데 대다수는 스포츠가 민족적 위기를 극복하는 적극적인 방법이 아니고 오히려 일본의 식민통치 수단으로 이용될 수 있다고 생각하였다.[12] 이러한 시기에 조선에서 근대적 운동경기를 받아들인 유일한 계층은 바로 학생들이었다. 따라서 조선 체육 활동 명맥은 그들이 겨우 유지하고 있었기 때문에 우리나라 근대 운동경기의 발전과정에서 재일조선유학생들의 구실은 컸다. 그 구체적인 활동을 살펴보면 다음과 같다.

첫째, 유학생들은 조선 체육 활동의 중심 기구였던 조선체육회의 결성에 주도적으로 참여했으며, 유학 출신 귀국자들도 그 창립을 돕거나 열렬히 환영했다. 1910년대 조선의 근대적 운동경기는 일본인들에 의해 보급·발전되었는데, 그 과정에서 그들은 1919년 2월 18일 '조선체육협회'를 창설하기에 이르렀다. 조선체육협회는 경성정구회(조선의 15개 정구단이 모여 1918년 가을에 결성)와 경성야구협회(1919년 1월에 결성)가 통합된 단체로 그 아래 정구부와 야구부를 두었는

---

11) 오오시마 가쓰지로大島勝次郞(1932), 《대한야구사》, 경성, 40~41쪽.
12) 이학래(1990), 《한국근대체육사연구》, 지식산업사, 108쪽.

데, 기관지 《조선체육계》를 월간으로 발행하고 필요에 따라 다른
운동부를 설립하거나 폐지하기도 했다.[13]

그러자 일부 조선인들은 이에 대항하여 조선인 중심의 통합 체육
단체 결성을 도모하여 1920년 7월 13일에 마침내 조선체육회를 창
립한 것이다.[14] 조선체육회는 그 전신이 고려구락부高麗俱樂部였는
데, 고려구락부는 당시 조선에서 고려야구구락부高麗野球俱樂部에 참
가하고 있던 이원용李源容과 도쿄유학생 이중국李重國이 중심이 되어
1920년 6월 7일에 창설되었으며,[15] 그 주된 설립 목적은 전조선을
대표하는 운동단체 결성이었다.[16]

1915년에 학우회 체육부장을 역임했으며 1920년에 《동아일보》
기자로 활동한 변봉현邊鳳現[17]은 1920년 4월 10일·13일에 〈체육기
관의 필요를 논함〉이라는 사설을 본지에 연재했는데, 이는 고려구락
부 결성의 움직임을 보도해 범사회적인 지지를 호소하기 위한 것이
었다. 이런 노력들이 뒷받침되어 이후 고려구락부는 "조선 사회 개

13) 오오시마 가쓰지로大島勝次郎(1932), 《조선야구사》, 경성, 40~41쪽, 128쪽.

14) 조선체육회는 《동아일보》와 《조선일보》의 대대적인 지원에 힘입어 전국 규모
   의 각종 경기들을 개최했으며, 이는 조선 민족의 절대적인 성원을 받았다. 그러나
   1937년 7월 7일 중일전쟁을 일으켜 전시 체제로 돌입한 일제는, 국가총동원법에
   따라 조선에도 '국민정신 총력연맹 조선지부'를 설치하여 대부분의 조선인 민간단
   체들을 일본인 단체에 흡수·통합시켰다. 이에 따라 조선체육회는 1938년 7월 4일
   에 강제 해산되었다[대한체육회(1965), 《대한체육회사》, 동아일보사, 88쪽].

15) 대한체육회(1965), 위의 책, 66쪽; 〈조선체육회의 經過〉, 《동아일보》, 1924. 1.
   1. 여기에는 조선체육회의 성립 과정에 대해 다음과 같은 말이 있다. "동경에서
   유학하는 유지와 경성에 있는 운동가들은 체육의 국부적 기관으로 고려구락부라
   는 것을 조직하였으며, 이것을 토대로 하여 전조선의 체육에 관한 문제를 해결코
   자 발기한지 未久에 사회의 동정이 募集하야 不日成立되었다."

16) 《매일신보》, 1920. 6. 7.

17) 변봉현은 1917년에 동경유학생 야구단을 인솔했으며, 1920년에는 《동아일보》
   기자로 활동하면서 조선체육회의 발기인으로도 참여했다.

개의 운동단체를 후원하고 장려하여 조선 인민의 생명을 원숙·창달
케하는 사회적·통일적 기관"[18]인 조선체육회로 확대·개편되었다.[19]

조선체육회가 창립되자 도쿄유학생 출신인 장덕수는 《동아일보》
사설에서 이를 환영하며, 조선체육회는 "원기를 작흥作興시키고 도덕
을 일신시키는 문화적 가치를 가지고 있다"라고 평가했다. 더 나아
가 그는 "우승열패의 세상에서 체력이 약한 자는 개인과 민족을 물
론이고 지와 덕의 발달향상에 대한 노력을 감당할 수 없기 때문에,
민족의 발달은 건장하고 웅강雄強한 신체로부터 말미암을 것"이라고
전제하고, 조선체육회가 민족 발달에 크게 이바지할 것이라고 예견
하였다.[20]

둘째, 유학생들은 근대 운동경기 규칙을 세간에 널리 알리고 그
기술력을 발달시키는 데 많은 공헌을 했다. 1909년 7월 재일유학생
중심단체였던 대한흥학회에서는 고국 학생들의 체육정신을 높일 목
적으로 야구단과 정구단를 조직하여 국내에 파견했다. 이들은 서울·
개성·평양 등지를 돌며 경기를 했는데,[21] 그 가운데 야구 단원들은
사상 처음으로 유니폼을 입었으며, 스파이크가 박힌 정식 야구화를
신고 경기에 임하였다.

야구경기는 1905년 황성기독교청년회 간사 길레트P. Gillett가 처음
으로 조선에 소개한 이후 평상복 차림에 짚신을 신은 선수들이 하나
의 배트를 교대로 사용하며 경기를 하고 있었다.[22] 그러나 1909년
도쿄유학생 야구단의 고국순회원정경기 이후부터 상황이 달라지기

---

18) 〈전조선 체육단체 순례〉, 《신동아》, 1934. 3.
19) 〈조선체육회의 經過〉, 《동아일보》, 1924. 1. 1.
20) 장덕수, 〈조선체육회에 대하야〉, 《동아일보》, 1920. 7. 16.
21) 〈운동부활동〉, 《대한흥학보》 5, 1909. 7. 71쪽.
22) 오오시마 가쓰지로大島勝次郎(1932), 앞의 책, 4~5쪽.

시작했다. 조선인들은 비로소 유니폼의 존재를 알게 되었으며, 꼭 필요한 야구 규칙을 먼저 습득한 뒤에 적절한 운동 도구도 사용하게 되었던 것이다. 1909년 이후에도 유학생들의 고국순회원정경기는 이어졌다. 더욱이 1920년대 초반부터 대부분의 경기에서 이들이 승리하면서 국내 스포츠의 기술 발달에도 적잖은 기여를 하였다.[23]

셋째, 유학생들은 국내 체육 진흥에 커다란 공적을 남겼다. 유학생들은 1909년 최초로 고국순회 원정경기를 가진 이후 꾸준한 활동을 펼쳤고, 1920년에 접어들면서 많은 고국순회원정단을 조직하여 운동경기를 열었다. 1909년부터 1930년까지 도쿄 조선유학생들의 고국방문 경기를 정리하면 〈표 22〉와 같다

〈표 22〉에 따르면, 도쿄유학생들은 1909년부터 야구단·정구단·축구단·육상단·무도단武道團을 조직하여 고국순회운동경기를 열었는데, 1920년부터 그 횟수가 부쩍 많아졌음을 알 수 있다. 1920년대에는 주로 학우회나 재일본동경조선기독교청년회가 중심이 되어 고국순회원정경기단을 조직했다. 그 예를 살펴보면 다음과 같다.

첫째, 학우회에서 파견했던 원정단은 1920년과 1927년의 미식축구단·육상단, 1928년의 미식축구단·정구단 등이 있었다. 1920년의 미식축구단·육상단은 7월 11일 오후 4시 도쿄를 출발하여 13일에는 대구청년회(달성공원에서)와, 16일에는 해성海星체육단과, 21일에는 기독교청년회와, 22일에는 배재학우회·유학생 선배팀과 시합을 했다.[24]

1927년 미식축구단·육상단은 7월 21일 오후 8시에 도쿄를 출발, 육상단은 24일 오전 10시 조선체육회 후원으로 경성 운동장에서 전

---

23) 대한체육회(1965), 앞의 책, 221～230쪽.

24) 〈학우회 축구원정소식〉, 《학지광》 21, 1921. 1. 31, 81쪽.

조선 육상경기단(재경성중등학교와 전문학교연합팀)과 시합을 하였고, 미식축구단은 25일에 휘문고보 운동장에서 조선축구단과, 29일부터 3일 동안은 평양법교法橋구락부 주최로25) 광성고보 운동장에서 전평

〈표 22〉 1909~1930년 도쿄 조선유학생의 고국방문 경기

날 짜	선수단	경기 상대팀	주 최
1909. 7. 21	야구단(1차)	서양선교사와 중앙기독교청년회의 연합팀	대한흥학회
1912. 7	야구단(2차)	중앙기독교청년회	기독교청년회
1914. 7	야구단(3차)	오성구락부	기독교청년회
1917. 7. 7	야구단(4차)	순회경기(마산·대구·경성)-대표:변봉현	기독교청년회
	정구단(1차)	경성전수학교	학우회
	정구단(동경고상)	경성선발군	동경고상
1920. 7	야구단(5차)	순회경기(부산·대구·경성·개성·평양·진남포	기독교청년회
	정구단(2차)	대구청년회·체신국팀·왜성대팀·금강구락부 ·일관리팀·全평양팀	기독교청년회
	축구단(1차)	대구청년회·해성체육단·기독교청년회·배재학 우회·유학생선배팀·전全경성팀·전수평양팀	학우회
	육상단(1차)	전조선육상경기단	학우회
1921. 7	야구단(6차)	마산구락부·대구청년회·천도교청년회·휘문 고보	기독교청년회
1922. 7	정구단(3차)	순회경기(부산·대구·대전·경성·강경·조치원· 예산·개성·평양·진남포	?
1923. 7	야구단(7차)	순회경기(마산·대구·경성·하와이학생단)	기독교청년회
	축구단(2차)	순회경기(부산·마산·밀양·휘문고·배재고보· 임술구락부)	?
1924. 7	정구단(4차)	순회경기(부산·대구·광주·목포·경성	?
1926. 7	축구단(3차)	순회경기(동래·대구·광주·경성·평양·상해축 구단	기독교청년회
1927. 7	축구단(4차)	조선축구단	학우회
1927. 7	육상단(2차)	전경성군全京城軍	학우회
1928. 7	축구단(5차)	순회경기(마산·전주·백호단완산구락부·경성· 해주·평양)	학우회
1928. 7	정구단(5차)	순회경기(부산·대구·경성·평양·선천·철산)	학우회
1928. 7	야구단(8차)	지역순회경기(대구·경성)	기독교청년회
1928. 7	무도단(1차)	중앙기청·강무관·조선무도관의 연합군	무도회

〈자료〉 대한체육회(1965), 앞의 책, 221~230쪽, 《동아일보》, 《학지광》

25)〈東京留學生歡迎 蹴球會, 留學生軍 惜敗〉, 《동아일보》, 1927. 8. 1.

고소평고高, 전광성全光成, 전숭실全崇實팀과 경기를 가진 뒤 8월 2일에 해산하였다.[26]

학우회 마지막 원정단이었던 1928년의 미식축구단[27]은 7월 14일 도쿄를 출발하여 16일에 마산구락부 운동장에서 마산맹호단과, 19일에 신은新恩학교 구장에서 완산구락부完山具樂部·일본인백호단과, 22일에 경성 휘문고보에서 조선축구단朝鮮蹴球團과, 23일에 해주海州 팀과, 25일에는 평양의 숭실팀과 경기를 가진 뒤 27일 해산했다.[28] 그 기술이 우월하여 연전연승을 거두었던 1928년의 정구단은 그해 봄부터 조직[29]되어 맹훈련을 했으며, 부산과 대구에서 경기를 한 뒤[30] 7월 19일에는 경성에서 유학생 선배팀과,[31] 20일에는 평양관 서체육회 주최로 전소평양팀과, 22일에는 곡일 코트에서 전소선천팀과, 23일에는 철산鐵山체육회와 《동아일보》 철산지국의 후원을 받아 철산공립보통학교의 전소철산팀과 경기를 가졌다.[32]

둘째, 동경조선기독교청년회에서 파견했던 원정단은 1920년의 야구단과 정구단, 1926년의 축구단, 1928년의 야구단 등이 있었다. 그

26) 동원기, 〈運動部記事〉, 《학지광》 29, 1930. 4. 5.
27) 당시 도쿄 축구단 대표는 정문기였다(〈東京留學生蹴球團 對 朝蹴戰은 今日, 前後에 는 中央과 練習할 터〉, 《동아일보》, 1928. 7. 22).
28) 동원기, 〈運動部記事〉, 《학지광》 29, 1930. 4. 5; 〈東京留學生蹴球團〉, 《동아일 보》, 1928. 7. 21; 〈동경유학생축구단 대 조축전은 금일, 전후에는 중앙과 연습할 터〉, 《동아일보》, 1928. 7. 22.
29) 당시 정구단의 중심 단원들로는 이하영·오봉은·안상선·김영식·장무열·정규욱· 이선근·남궁호·황명원·문동표 등이 있었고, 임시위원으로는 안상선·이하영·오봉 은이 있었으며, 사무소는 동경부에 있는 안상선의 집에 두었다(〈재동경유학생정 구단 부활〉, 《동아일보》, 1928. 2. 18).
30) 〈재동경유학생 대 경성 환영정구거행〉, 《동아일보》, 1928. 7. 16.
31) 〈동경유학생축구단 경성에서 삼회전, 대구를 이기고 금조입경〉, 《동아일보》, 1928. 7. 19.
32) 〈동경유학생야구단 대 배재전에 승첩〉, 《동아일보》, 1928. 7. 25.

가운데 1920년의 야구단33)은 파견 이전부터 날마다 열심히 연습했
으며, 그들과의 경기를 원하는 조선 야구단들은 종로에 있던 중앙기
독교청년회운동부에 미리 신청을 해야만 했다.34) 대부분의 경기에
서 원정단이 승리했으며, 더러 3천여 명에 이르는 관객들이 승리에
박수갈채를 보내기도 했다.35)

　　1926년 축구단은 일행이 20명이었는데,36) 7월 20일 오전 동래에
도착하여 당일 오후 2시부터 동래고등보통학교 운동장에서 동래청
년회팀과 첫 시합37)을 했다. 이후 21일에는 대구에서 전朝대구팀과,
23일에는 광주에서 전朝광주팀과 시합을 가졌고,38) 26일부터 3일 동
안 종로 중앙기독교청년회와 조선일보사의 후원으로 휘문고등보통
학교 구장에서 상해유학생축구단·경성고려구락부·조선축구단39)의
연합팀과 경기를 치르기도 했다.40)

　　1928년의 야구단은 박석기朴錫起 감독의 인솔로 7월 14일 대구에
도착해 17일에는 대구운동협회와 중외·조선·동아 3지국의 후원을

---

33) 이 당시 야구단의 주장은 박석윤, 총무는 유억겸이었다. 단원들로는 안재학, 김
　　년수, 김종원, 강종섭, 신흥우 등이 있다(박석윤, 〈유학생 야구사의 한 페이지〉,
　　《동아일보》, 1928. 7. 21).
34) 〈동경유학생으로 조직된 동경기독교청년야구단〉, 《동아일보》, 1920. 6. 28.
35) 〈동경유학생야구단의 피춰 박석윤군의 웅자〉, 《동아일보》, 1920. 8. 2.
36) 축구단 일행은 최진순(단장), 윤종식(인솔), 김원복, 김명연, 김상린, 김용만, 김
　　희준, 김관수, 김락구, 정문기, 조수증, 장병량, 이인선, 권락영, 박노홍, 서상률, 허
　　량헌, 최계남, 김명엽, 양병지였다(〈원기왕성하게 작조입경, 동경유학생축구단〉,
　　《동아일보》, 1926. 7. 26).
37) 〈동경유학생축구단 동래에서 제일전〉, 《동아일보》, 1926. 7. 22.
38) 〈대구와 광주서도 연전연승, 동경유학생축구단〉, 《동아일보》, 1926. 7. 28.
39) 조선축구단은 일본으로 원정을 떠나 일본에서 가장 강하다는 동경고등사범학교
　　와 1926년 10월 19일 오후 동경신궁원외구장에서 경기를 해, 2대 1로 승리를 거
　　두었다(〈대고사시합에 원정벽두로 개선〉, 《동아일보》, 1926. 10. 21).
40) 〈원기왕성하게 작조입경, 동경유학생축구단〉, 《동아일보》, 1926. 7. 26.

받아 동운정 공설운동장에서 대구청년회팀과 경기를 가졌다. 이어 18일에는 일본인 전소대구팀과의 경기가 있었으며, 21일에는 경성에서《동아일보》의 후원 아래 배재고보 구장에서 배재학우회팀과, 23일에는 휘문고보 구장에서 전소휘문고보팀과, 24일에는 용산철도 구장에서 일본인철도팀과 시합을 했다. 국내팀들에 견주어 실력이 월등했던 야구단은 1928년의 원정경기에서 전승을 거두었는데, 일본인으로 이루어진 전소대구팀·철도팀을 이겼을 때는 조선 민족의 열렬한 환영과 박수갈채를 받기도 했다.41)

이 밖에도 동경조선유학생무도회 회원 16명이 1928년 7월 천도교기념회관에서《동아일보》후원으로 경성연합팀과 시합을 갖기도 했는데,42) 유검도柔劍道 시합으로는 처음으로 개최된 행사였다.

이상에서 살펴보았듯이, 1920년대 유학생들은 해당 지역 체육회나 신문사의 후원을 받아 고국의 여러 지역을 돌며 그 지역의 학생팀이나 청년회팀 등과 경기를 가졌다. 당시 육상경기는 무료로 관전할 수 있었으며, 축구경기는 장내 정리와 유학생 여비 마련을 이유로 책정된 관람비 10전을 내야만 볼 수 있었다.43) 순회 지역은 대체로 부산·대구·광주·경성·평양·개성 등의 주요 도시였는데, 해당 지역의 신문사에서는 경기 일정을 미리 공고하여 많은 관중이 몰려들

---

41) 〈내고향 스포츠를 차저, 동경유학생야구단 전대구를 분쇄〉,《동아일보》, 1928. 7. 20;〈동경유학생야구단 환영경기〉,《동아일보》, 1928. 7. 21; 박석윤, 〈유학생 야구사의 한 페이지〉,《동아일보》, 1928. 7. 21;〈동경유학생야구단 대 배재전에 승첩〉,《동아일보》, 1928. 7. 25;〈전휘문군도 이대로로 쾌승, 조선 나와서 패해 본일 업는 동경유학생야구단〉,《동아일보》, 1928. 7. 27.

42) 〈재동경유학생무도래방, 유검도래정은 처음〉,《동아일보》, 1928. 6. 29;〈동경유학 생무도군 대전경성유도전, 무도로 방문은 이번이 처음〉,《동아일보》, 1928. 8. 30.

43) 〈재동경유학생 환영 육상경기, 대한체육회주최로 26일 거행〉,《동아일보》, 1927. 7. 26.

도록 유도하였고, 가슴을 졸이며 관전한 운동경기는 조선인들에게
체육에 대한 관심을 불러일으키는 주요한 계기가 되었다.

유학생들의 고국순회원정단 파견은 민족운동의 하나이기도 했다.
학우회에서 1920년 축구단을 파견했을 때는 "한 민족의 장래를 점占
하려면 그 민족의 체육 정도를 살피어야 할 것"[44)이라는 논의가 있
었고, 연이은 동경기독교청년회의 야구단 파견에도 그러한 전제가
있었는데, 그들은 고국순회강연이 '조선 문화 향상에의 정신적 봉
사', 고국순회운동경기는 '육체적 봉사'라고 여겼던 것이다.[45)

당시 유학생들의 원정경기는 식민지 조선인들에게 자연스럽게 민
족의식을 높일 수 있는 유용한 수단이었다. 공개적으로 일본인들과
충돌하여 이들을 제압할 수 있는 유일하고 합법적인 방법이 바로 운
동경기였기 때문이다. 동경조선기독교청년회 야구단은 1928년 7월
18일에 일본인으로 이루어진 전소대구팀을 9대 4로 격파하여 대구
지역 조선인들에게 시원함을 안겨주었고, 7월 24일에는 강적이었던
일본인 철도팀을 4대 3으로 물리치기도 했다. 또한 학우회축구단은
1928년 7월 19일 마산에서 일본인 맹호단을 4대 1로 격파했는데, 국
내 조선인들은 유학생 원정단이 일본인들과 경기를 치를 때면 원정
단이 이길 수 있도록 성원을 아끼지 않았다.

1921년 7월에 동경조선기독교청년회 야구단 대표를 역임한 박석
윤의 회고에 따르면, 1920년대 초반에는 야구경기 관람에 입장료가
없었기 때문에 당시 야구단은 경성에 머무를 때마다 그 비용 때문에
큰 어려움을 겪었다. 이에 야구단 단원들은 몇 사람씩 나뉘어 조선
인 유지들의 집에서 숙박하였는데, 그럼에도 그들은 일본인 철도야

---

44) 〈학우회 축구 원정소식〉, 《학지광》 21, 1921. 1. 31, 81쪽.
45) 박석윤, 〈유학생 야구사의 한 페이지〉, 《동아일보》, 1928. 7. 21.

구단鐵道野球團을 이기려는 강한 투지를 불태웠다고 한다. 경성의 조선인 유지들이 유학생 야구단에게 성의를 다했던 것도, 과거에 조선인팀이 한 번도 이기지 못했던 철도군을 격파하고자 하는 의지가 담겨 있었기 때문이다.[46]

그러나 고국순회운동경기로 민족의식을 높이는 것은 일제의 정치적 지배에 정면으로 맞서는 방식이 아니었으며, 어떤 측면에서는 스포츠가 지닌 한계를 고스란히 내포한 것이었다. 민족 감정을 일회적으로 발산시켜 오히려 지속적 저항력을 약화시키거나, 식민지라는 현실적·객관적인 상황에 무관심하게 만드는 요소도 지니고 있기 때문이다. 사회주의 계열이 운동경기를 비판했던 것도 이런 까닭이었는데, 그들은 운동경기가 계급의식과 민족의식을 마비시킨다고 생각했다. 그럼에도 유학생들의 고국원정 경기가 뚜렷한 민족의식의 한 발로였음은 분명한 사실로, 1920년대 유학생들의 고국순회운동경기는 문화운동의 한 방법으로 계획되었고 대중적 지지와 호응을 받으면서 행해졌다.

1920년대 재일조선유학생 가운데는 일본뿐만 아니라 세계적으로 활약한 운동선수도 많았다. 먼저 일본에서 명성을 떨쳤던 선수로는 1920년 무렵 교토 제3고등학교의 투수였던 박석윤朴錫胤, 동경고상高商의 정구선수였던 연학년, 육상선수였던 명대明大의 권태하權泰夏와 중대中大의 김도진金道鎭·김혁진金赫鎭 형제, 권투선수였던 전수專修대학의 성의경成義慶과 명치대학의 황을수黃乙洙, 농구선수였던 조도전대학 이상백李相佰 등이 있었다. 이들 가운데 이상백은 뒤에 일본 체육회의 이사가 되었고, 일본에서 최초로 농구에 관한 책을 출간하기

---

46) 위와 같음.

도 했던 농구계의 권위자였다.

또한 세계무대로 진출한 운동선수로는 스피드 빙상선수였던 명대의 김정연金正淵과 프로 권투선수였던 서정권徐廷權이 있었다. 김정연은 일본 대표로 올림픽에 출전했으며, 전남 순천에서 대지주 아들로 태어난 서정권은 일본에서 명치대학을 졸업한 뒤 프로로 전향하여 일본에서는 처음으로 밴텀급 세계 6위에 등록되기도 했다.[47] 1920년대 재일조선유학생 가운데 일부는 운동경기로 일본인들을 제압했으며, 나아가 전 세계에 조선의 존재를 알리기도 했던 것이다.

---

47) 김을한(1986), 앞의 책, 58～59쪽.

맺음말

　이 글에서는 1920년대 재일조선유학생의 자유주의적 문화운동의 전체 내용을 밝히고자 그 사회적 배경과 이념적 기반 및 방법론과 활동 내역에 관해 살펴보았다. 즉, 당시 그들의 문화운동이 어떠한 사회적·사상적 요구와 상황 아래에서, 무엇을 목적으로, 어떻게 전개되었는가에 대한 이해에 도달하려 했다. 살펴본 내용을 정리하면 다음과 같다.

　첫째, 재일조선유학생 문화운동의 사회적 배경은 문화운동에 대한 조선인 사회의 요구와 조선총독부의 문화주의 정책으로 나누어 살펴볼 수 있다.

　1919년 제1차 세계대전 직후 3·1운동과 잇따른 외교운동이 모두 실패하자 식민지 조선의 지식인들은 민족의 독립을 위한 최우선 과제는 민족의 실력 축적이라고 생각했다. 그들은 미성숙한 자본주의 경제를 발전시키자는 경제적 실력양성론과 신사상·신지식을 수용해 보급함으로써 봉건적 구습에 젖어 있는 개인과 사회의 문화를 높이자는 문화적 실력양성론을 주장했다. 그 주요 수단으로 산업과 교육의 발달을 강조했는데, 그 가운데 교육에 대한 관심이 컸다.

그들은 문화적 실력양성의 하나로 해외 유학의 필요성을 역설하였다. 유학생의 폭발적인 증가와 함께 조선 국내의 여러 활동에 동참하는 유학생들의 수와 활동영역도 확대되었다. 특히 중도에 폐학廢學하는 고학생이 많아지자, 민족의 실력양성 필요성에 동감하는 조선 대중들은 학비와 숙식비를 모금해 고학생들에게 전달하는 등 후원을 아끼지 않았다. 당시 조선인 사회는 유학생들이 조선의 문화적 실력양성에 공헌하기를 바라는 분위기가 팽배해 있었다.

한편, 3·1운동 발생을 계기로 조선총독부는 조선 통치 방법을 무단정치에서 자발적 동화를 유도하는 문화정치로 전환하였다. 이는 일본 안에서 무단정치에 대한 다양한 비판이 제기되었기 때문이다. 이와 관련하여 그동안의 유학 억제책도 완화하는 방향으로 수정되기에 이르렀다. 조선유학생들이 급속히 늘어나는 당시 상황에서 무조건적인 억제책의 비현실성을 일제도 깨달았던 것이다. 구체적으로 조선총독부는 1920년 11월 6일 사비생에 대한 각종 유학절차를 완전히 철폐하는 등의 내용이 담긴 유학 규정을 발표했다. 나아가 2차 조선교육령(1922)으로 조선에도 일본과 같은 학제를 마련하여 관비생·사비생 모두 유학기간을 줄일 수 있도록 하였다.

하지만 이러한 완화책들은 결국 통치에 수월하도록 유학생을 이용하려는 일제의 철저한 계획 아래 시행된 것이다. 조선총독부가 더러 일본인 개인이 운영하는 후원단체와 함께 새로운 유학생들의 입학을 알선하거나 졸업 후에 취직을 돕기도 했지만, 그들의 반일적 행위는 사전에 경계하고 엄중하게 감시하여 적발되면 여전히 강한 처벌을 했다. 그러나 당시 조선총독부가 실시한 회유책들은 유학생들이 문화운동의 바탕이 되어 그 활동에 유리하게 작용하기도 했다.

둘째, 재일조선유학생 문화운동 전개의 이념적 기반에 관한 부분이다. 그것은 자유주의적 문화운동론이 정립되던 과정과 문화운동론의 특성을 고찰함으로써 알아볼 수 있다.

제1차 세계대전 이후 세계는 인도주의에 바탕을 둔 사회개조를 부르짖는 풍토가 널리 퍼졌는데, 일본에서는 이것이 개조론이라는 사조로 불리며 크게 유행하였다. 개조론이 제국주의와 자본주의에 대한 비판과 새로운 대안을 제시하는 사회사상을 총칭하는 개념으로 자리 잡아, 이와 관련한 각종 논의들이 활발하게 일어났던 것이다.

일본의 개조론은 다시 그 방법론으로 독일의 신칸트주의 철학 가운데 하나인 문화주의와 접합되었다. 독일의 문화주의는 19세기 말 신흥산업 부르주아와 노동자계급이 나타나 전통적 치자계층이던 일부 지식인들이 그 지위를 위협받자, 자신의 정체성과 존재 의미를 보존하려 한 데서 시원始原한 사조였다. 그들은 근대화가 물질적 가치인 문명만을 우위에 놓고 정신적 가치인 문화를 무시하였기 때문에 세기말의 위기를 초래했다고 보았다. 독일의 문화주의는 일본에서 다이쇼 데모크라시 운동 이념인 인본주의와 민본주의를 재해석하며 사회개조의 중요한 흐름으로 자리 잡았다. 곧, 세계개조의 대상인 사회문제의 바탕에는 인격과 문화문제가 존재하며, 진정한 세계개조는 인격과 문화의 발전에서 시작해야 한다는 논리로 귀결되었다. 개인(인본주의)적으로는 새로운 가치체계로 각성된 정신적 인격의 형성을, 사회(민본주의)적으로는 자율적 개인의 사회적 연대가 실현된 상태인 신문화 건설을 추구하는 문화주의적 개조론이 마련된 것이다.

1910년대부터 재일조선유학생 가운데 일부도 이러한 일본의 문화주의적 개조론에 심취하기 시작했다. 그런데 1920년대 초 그들의 문화주의적 개조론에는 아직까지 좌우의 이념 대립이 뚜렷하지 않았다. 강조하던 개조의 대상에는 차이가 있었지만, 자율적 개인의 인격확립이라는 목적적 측면과 개인 인격의 사회적 실현, 곧 문화로 사회를 개조한다는 방법적 측면에서는 둘이 비슷했다. 그러나 1922～1923년을 거치면서 둘은 자유주의적 문화운동론과 사회주의적 개조론으로 분명하게 나뉘었다. 전자는 개인과 사회의 자유를 개조의 객체로, 지식인을 주체로, 조화와 화해를 수단으로 삼았고, 후자는 노동 환경을 개조의 객체로, 노동자를 주체로, 계급투쟁을 수단으로 삼았다. 이에 개조론은 문화주의적 개조론과 사회주의적 개조론으로 분화되었으며, 문화주의적 개조론은 유학생들의 문화운동론으로 개인주의적·정신주의적·조화주의적·자본주의적 성격을 획득했다.

이처럼 유학생들의 문화운동론은 개인의 정신적, 도덕적 자각을 바탕으로 조화와 화해에 의해 신문화를 세우려는 운동론이었다. 그런 점에서 그것은 개인의 인격함양에서 모든 논의를 출발하였고, 신문화 건설을 위한 사회개조도 인격개조의 연장이었다. 그러나 유학생들은 문화운동론을 개인의 인격가치, 사회의 문화가치를 강조하는 차원에만 머물게 하지 않고 식민지 조선의 지식인으로서 사회의 문화가치 진보를 민족문제 해결의 논의로 연결했다. 즉, 문화의 발달 정도가 민족의 성패와 직결된다고 여겼고, 문화의 발달은 당면한 중요 과제 가운데 하나였던 것이다.

이러한 고민을 공유했던 유학생들 가운데 대다수는 그 논의의 핵심에 상호 공통된 영역이 넓게 존재했는데, 개인적인 인격함양, 자발적 결사와 도덕성, 문화적 가치의 고양, 조화와 협력체제의 강조가 그것이다. 자유주의적 문화운동론을 정립시킨 유학생들의 핵심 과제는 근대문명의 요체인 개인적 자유와 현실적 과제인 민족해방의 문제를 모두 조화시키는 것에 있었다. 그 결과 개인적으로 근대 지식의 습득과 개성의 발현을 강조하면서도 민족적으로 민족 정체감 확립과 민족문화의 발달을 중시하는 방법론이 도출되었던 것이다. 특히 1920년을 전후로 유학생계에 근대적 지식과 문명을 더 전문화하여 받아들이는 단체들이 성립되면서, 유학생들의 자유주의적 문화운동론은 계몽운동론, 신교육보급론, 예술창달론, 체력증진론으로 구체화되었다.

셋째, 재일조선유학생 문화운동의 활동 내용에 관한 부분이다. 자유주의적 문화운동의 방법론에 따라 유학생들은 계몽 활동, 교육 활동, 예술 활동, 체육 활동을 펼쳤는데, 각각의 내용은 다음과 같다.

먼저 3·1운동 이후, 유학생 단체들은 경제적 궁핍과 일제의 감시에도 아랑곳하지 않고 대부분 정기 또는 부정기로 기관지들을 발행했다. 대규모의 고국순회강연회가 가능해지자 유학생들은 조선의 언론·사회·문화단체들의 후원을 받아 전국 각지를 돌며 하기 순회강연회를 열기도 했다. 연설은 그들에게 익숙한 형태의 표현 수단이었으며, 동포들에게 자신들의 의견을 직접 호소할 수 있는 가장 확실한 방법이었기 때문이다.

다음으로, 유학생들은 전공 분야별로 여러 학회를 만들거나 설립하였다. 학회들은 기관지로 학술잡지들을 발행하거나 학술서적들을 출판했으며, 고국순회 학술강연회를 열기도 했다. 의학 전공자들은 의료봉사활동에도 앞장섰고, 소년문제 연구단체에서는 소년교육에 대한 강습회를 열었다. 이러한 활동은 기본적으로 새로운 학문 연구에 목적을 둔 것이지만, 뒤떨어진 조선 학계에 자신들의 학문적 성과를 보급하려는 의도도 있었다.

　1910년대 후반부터 유학생들은 예술단체들을 조직하여 집단적 예술활동을 펼쳤다. 문학운동에 뜻이 있던 유학생들은 창조사를 설립하여 조선 최초의 동인지 《창조》를 발간했으며, 외국문학연구회를 결성하여 본격적 외국문학 연구잡지인 《해외문학》을 간행했다. 《창조》동인들은 자유로운 개성의 발현을 바탕으로 인간과 민족을 둘러싼 세계에 대한 진지한 고발을 하였으며, 《해외문학》의 회원들은 외국문학의 소개와 연구를 통해 민족문화 발전의 초석을 마련하려 했다. 또한 극예술협회, 토월회 등의 유학생 연극단체는 여름방학을 이용해 고국순회연극공연을 열어 학생극 시대를 열었다. 연극공연은 예술 형태의 하나인 근대극에 대한 개인적 수련과 대중적 보급, 더 나아가 인간 영혼의 해방과 민족현실 각성에 그 목적을 둔 것이었다.

　마지막으로, 학우회에서는 유학생 운동회를 개최하였다. 유학생은 운동회에서 민족의식을 높이는 가장행렬을 선보이기도 했으며, 경제적으로 어려운 동료 유학생들이나 동포들을 위한 구휼금을 모금하기도 했다. 또한 학우회·동경기독교청년회 등은 고국순회운동경기단을 조직하여 고국원정경기를 개최했는데, 이것은 체육에 대한 대중의 이해를 높이는 데 크게 이바지했으며, 조선의 근대적 운동경기 발달에도 많은 공헌을 했다. 더불어 일본인과의 경기에서 승리하거나 세계대회에서 우수한 성적을 거둠으로써 민족적 자긍심도 불러일으켰다. 유학생들은 체육 활동으로 개인의 체력 증진뿐만 아니라 민족정기 확립도 이루고자 했던 것이다.

　이상으로 볼 때 1920년대 재일조선유학생의 자유주의적 문화운동은 무력적 저항보다 정신적 각성을 중시했다는 점, 장기적인 실력양성운동이었다는 점에서는 국내 문화운동과 그 궤를 같이 한다고 볼 수 있다. 그러나 그들의 문화운동은 국내 문화운동과는 다른, 다음과 같은 특징이 있다.

첫째, 국내에서 주로 산업과 교육을 그 수단으로 경제적·문화적 활동을 했던 것과 달리, 유학생들의 자유주의적 문화운동은 계몽·학술·예술·체육 등을 수단으로 하는 문화적 분야에 국한되었다는 점이다. 1920년대 재일조선유학생의 자유주의적 문화운동은 사상·학술·예술·체육 등의 영역에서 그 향상을 꾀했던 보통명사로의 문화운동이었다. 그것은 당시 문제들의 바탕에 문화가 기초해 있으며, 그 문화의 변화야말로 근본적이며 현실적인 해결책이라는 생각에서 비롯되었다. 즉, 자유주의적 문화운동에 참여했던 유학생들 가운데 대다수는 국내 문화운동론자들이나 그들이 결성했던 단체들 못지않게 개인과 민족의 문화적 실력 양성에 커다란 기여를 했다. 문화엘리트로서 먼저 얻은 근대문화의 폭과 깊이를 확산, 심화시키는 데 선도적이며 실질적인 공헌을 했다는 뜻이다.

먼저 그들은 조선 사회에 개조론과 그 방법론의 대중적 전파에 앞장서, 국내 문화운동의 사상적인 정립과 보급에 이바지했다. 또한 여성들의 자의식에 바탕을 둔 최초의 여성잡지 《여자계》를 발행하였으며, 일제강점기 동안 유일한 전문 교육연구 잡지였던 《교육연구》도 발행했다. 조선 최초의 문예동인지 《창조》를 발행했으며, 《해외문학》 발행으로 본격적인 해외문학 수용의 터전을 마련하였다. 그뿐만 아니라 근대 연극이나 체육경기 보급과 발전의 원동력이 되어, 그들은 현대 한국문화의 근간을 이루었다. 이러한 유학생들의 자유주의적 문화운동은 장기적인 생명력을 지니고 지금까지 이어지고 있는 것이다.

둘째, 자유주의적 문화운동론의 내용에서 개인적 가치라는 문제는 항상 모든 논의의 바탕에 깔려 있었다는 점이다. 물론 그들은 개인의 가치만 강조할 수 없는 상황이었기 때문에 그들의 자유주의 사상은 내재적 원칙을 철저히 지킬 수 없는 취약성을 가지고 있었다. 역사적인 토대가 미약했기에 그들의 문화운동은 관념적이며 개량적이라는 비판을 받았고, 운동의 대세를 장악할 수 없었다. 자유주의 사상의 수용과 실천에 있어 가장 선도적 위치에 있던 1920년대 유학생들은 전통적인 억압구조로부터의 개인 해방뿐 아니라, 외세로부터의 민족해방과 사회주의에 대한 대항 등의 과제에 대응하면서 자유주의적 문화운동론을 형성하고 실천해야만 했던 것이다.

결론적으로, 1920년대 재일조선유학생의 자유주의적 문화운동은 1920년대 조선인 교육진흥운동과 조선총독부 문화정책이라는 사회적 배경과, 1910년대 후반 수용된 개조론과 문화주의의 이론적 배경을 바탕으로 시작되었다. 그 당시 문화운동은 주로 근대적 서구문화를 지표로 상정하여 문화적 방면에서 개인적 향상과 민족적 발전을 이룩하려는 근대적 민족운동이었다. 곧, 문화적 활동으로 근대 문명의 요체적 개념인 '개인적 가치'와 민족 독립의 기반적 이념인 '민족가치'를 통합해 접목시키고자 했던 것이다. 그러므로 당시 유학생들의 자유주의적 문화운동을 제한적 민족운동이었다거나 단순한 근대적 계몽운동이었다고 결과론적으로 비판하기보다 당시의 이념과 활동의 의도까지 포함하여 분석함으로써 재평가되어야 할 필요가 있다.

마지막으로, 1920년대 재일조선유학생들의 자유주의적 문화운동과 관련된 이후의 연구에서 고려되어야 할 점을 제시하면 다음과 같다.

먼저 1920년대 재일조선유학생 문화운동의 주된 사회적 배경은 내부적인 역량의 축적에 있었다는 점이다. 그것은 국권이 강탈되기 전부터 꾸준히 이어진 조선 민족의 요구와 후원을 기반으로 일어났으며, 민족의 미래를 위해 벌였던 유학생 활동을 바탕으로 성립된 것이 강조되어야 한다. 그래야만 1920년대 문화운동의 근본적인 발생 원인과 성장이 무엇이었는가를 고찰해 볼 수 있다.

다음은 문화운동론을 지지했던 유학생들 가운데는 우리 민족 고유의 문화적 원형을 찾고자 심혈을 기울였던 이들도 있었다는 것이다. 그들은 문화적 원형을 고대로부터 발견해 그 우수성을 확인함으로써 민족적 정통성으로 승화시켜 현재에 정착시키려 하였으며, 더 나아가 미래에도 이를 계승코자 했다. 따라서 당시 유학생 모두를 마치 서구문화의 추종자인 것처럼 단정하는 추세는 옳지 못하며, 그들이 전개했던 문화운동에 대한 시각도 편향성에서 벗어나 바르게 교정되어야 한다.

문화운동의 중심에 있던 유학생들은 조국의 문화적 역량 강화를 위한 대열의 선봉대로 예술이나 체육 활동 등에 적극적으로 참여했다는 점도 이후의 연구에서 헤아려야 한다. 그들은 예술 활동으로 개인의 개성 발현과 민족문화 발전에 이바지하고자 하였으며, 체육 활동으로 개인의 육체를 강건하게 하여 민족개조의 바탕인 정신력을 강화하려 노력했다. 그러한 활동은 당시 그들이 받아들인 사상적 배경 아래에서 마련된 문화운동론의 구체적 방법론에 따른 것이었다. 그러나 아쉽게도 현재까지 관련 연구들에서는 이러한 부분들이 소홀하게 다루어졌으므로, 앞으로 이에 대한 깊이 있는 논의가 있어야 할 것이다.

참고문헌

1. 자 료

1) 신문 · 잡지

《개벽》·《경성일보》·《교육연구》·《기독청년》·《대한유학생회학보》·《대한흥학보》·《독립신문》·《동광》·《동아일보》·《매일신보》·《文敎の朝鮮》·《반도시론》·《사회사업연구》·《삼천리》·《서울신문》·《신생활》·《신천지》·《어린이》·《우라키》·《여자계》·《장학학보》·《제국신문》·《조광》·《조선》·《조선사상통신》·《조선일보》·《중앙공론》·《천도교회월보》·《청춘》·《춘추》·《친목회회보》·《태극학보》·《창조》·《학생》·《학조》·《학지광》·《한국일보》·《해외문학》·《현대》·《혜성》·《황성신문》

2) 문서 · 자료집

구한국, 《관보》

近代アジア教育史研究會(1989), 《明治後期教育雜誌にみられる中國·韓國教育文化關係記事目錄》, 東京: 龍溪書舍.

_____(1999), 〈韓國の部〉 1~8, 《近代日本のアジア教育意識資料編: 明治後期教育雜誌所收中國·韓國·臺灣關係記事》, 東京: 龍溪書舍.

김근수(1967), 〈구한말 잡지개관〉, 《아세아연구》 10-3, 고려대학교아세아문제연구소.

_____(1973), 《한국잡지개관 및 호별목차집》, 영신아카데미 한국학연구소.

김인덕(1997), 《식민지시대 민족운동사자료집−일본지역》 1~7, 국학자료원.

김정명(1967), 《일한외교사료집성》 2, 東京: 巖南堂書店.

_____(1967),《조선독립운동(Ⅱ)−민족주의운동편》, 東京: 原書房

김정주(1970),《조선통치사료》7, 東京: 宗高書房.

내무성경보국(1929~1942),《社會運動の狀況》

독립운동사편찬위원회(1984),《독립운동사》3(下)·9

_____(1984),《독립운동사자료집》13·別集 3.

末松保和(1972. 2),〈朝鮮研究文獻目錄, 1868~1945〉論文記事編(1),《東洋學文獻センター總刊》15, 東京大學東洋文化研究所附屬 東洋文獻センタ.

明石博陵·松浦總三(1975~1976),《昭和特高彈壓史》上·中·下, 東京: 太平出版社.

박경식(1975),《재일조선인관계자료집성》1·2·4-2, 東京: 三一書房.

_____(1994),《조선문제자료총서》5권, 東京: アジア問題研究所.

서울대학교출판부(1972),《일성록》고종 편.

阿部洋·渡部學(1987),《日本植民地教育政策史料集成》18·51, 東京: 龍溪書舍.

이여성·김세용(1931~1933),《수자조선연구》1~4, 경성: 세광사.

이현종(1996),〈구한말 정치·사회·학회·회사·언론단체 조사자료〉,《아세아학보》2, 아세아학술연구회.

齊藤實(1990),《齊藤實文書, 1919~1927》1~17, 高麗書林.

조선교육회(1935. 3),〈조선교육회장학부 일람〉

조선총독부(1935)(1940),《조선총독부관보》

_____(1920)(1928)(1930)(1940),《조선법령집람》, 東京: 帝國地方行政學會.

_____(1935)(1940),《시정25년사》,《시정30년사》

_____(1925)(1930)(1935),《조선국세조사보고》

_____(1941),《朝鮮人口ニ關スル資料》

_____(1921)(1929),《조선학생일람》

_____(1918)(1921),(1929~1942)《조선총독부통계년보》

조선총독부학무국(1925),《조선교육령개정참고자료》

_____(1915)(1919)(1920: 영문)(1926)(1929),《조선교육요람》

_____(1926~1930),《학사참고자료》

_____(1918)(1919),《조선제학교일람》

조선총독부학무국학무과(1932)(1938),《조선학사례규》, 조선교육회.

주대한민국일본대사관 광보문화원(1989),《일본유학인사명부, 1945~1987》

통감부(1909)(1910),《시정년보》

방일영문화재단(1999),《한국신문사설총람, 1883~1974》上.

3) 전기 · 자서전

김도연(1967), 《나의 인생백서: 常山 회고록》, 常山회고록출판동지회.

김동인(1976), 《김동인 전집》 6, 삼중당.

김윤식(1987), 《염상섭 연구》, 서울대학교출판부.

_____(2000), 《김동인 연구》, 민음사.

김을한(1986), 《(실록)동경유학생》, 탐구당.

김정진(1938), 《현대조선문학전집(희곡집)》, 조선일보사출판부.

김학준(1990), 《古下 송진우 평전》, 동아일보사.

_____(2001), 《街人 김병로 평전》, 민음사.

김윤경(1985), 《한결 김윤경 전집》 6~7, 연세대학교출판부.

김영애(1985), 《秋峰 박승철 일대기》, 瑞文출판사.

백남훈(1968), 《나의 일생》, 解慍백남훈선생기념사업회.

양승국(1998), 《김우진, 그의 삶과 문학》, 태학사.

유치송(1984), 《海公 신익희 일대기》, 해공신익희선생기념회.

이경남(1982), 《雪山 장덕수》, 동아일보사.

이광수(1979), 《이광수 전집》 10·별권, 우신사.

정숭교(2003), 《자각론·개조론: 자산 안확 저작 자료집》, 한국국학진흥원.

정인섭(1982), 《이렇게 살다가: 눈솔 정인섭 박사 제6수필집》, 가리온출판사.

조병옥(1986), 《나의 회고록》, 해동.

주요한(1982), 《주요한 문집》 1·6, 주요한기념사업회.

_____(1999), 《안도산 전서》, 흥사단출판부.

진장섭(1969), 〈인왕산 호랑이 조재호 학장〉, 《양헌집》, 서울교육대학.

최린(1962), 〈최린 자서전〉, 《한국사상》 4, 한국사상편찬위원회, 일신사.

최승만(1985), 《나의 회고록》, 인하대학교출판부.

허도산(1998), 《건국의 元勳 朗山 김준연》, 자유지성사.

현상윤(2000), 《幾堂 현상윤 문집》, 경희대학교출판국.

2. 저 서

1) 국내

강동진(1987), 《일본언론계와 조선》, 지식산업사.

강진호(1999), 《한국문단裏面史》, 깊은샘.

高橋亨(1920), 《朝鮮人》, 조선총독부학무국.

고준석(1976), 《남조선학생투쟁사》, 사회평론사.

구대열(1995), 《한국국제관계사 연구》 1, 역사비평사.

권혁범(2000), 《민족주의와 발전의 환상》, 솔.

김기주(1993), 《한말 재일한국유학생의 민족운동》, 느티나무.

김도형(1994), 《대한제국기의 정치사상 연구》, 지식산업사.

김동명(2006), 《지배와 저항, 그리고 협력: 식민지 조선에서의 일본 제국주의
　　　　와 조선인의 정치운동》, 경인문화사.

김병철(1975), 《서양문학이입사 연구》, 을유문화사.

김성식(1974), 《한국학생독립운동사》, 정음사.

김영철(1993), 《한국기독청년 학생운동사: 1897～1987》, 한국기독교학생회 출
　　　　판부.

김영한·임지현 편(1994), 《서양의 지적운동》 1, 지식산업사.

김윤식(1976), 《한국근대문예비평사 연구》, 일지사.

　　　　(1986), 《이광수와 그의 시대》 2, 한길사.

　　　　(1987), 《염상섭 연구》, 서울대학교출판부.

　　　　(1988), 《김동인 연구》, 민음사.

김인덕(1996), 《식민지시대 재일조선인운동 연구》, 국학자료원.

김정의(1999), 《한국의 소년운동》, 혜안.

김진균·정근식(1997), 《근대주체와 식민지 규율권력》, 문화과학사.

김진송(1999), 《현대성의 형성: 서울에 딴스홀을 허하라》, 현실문화연구.

大島勝次郎(1932), 《朝鮮野球史》, 경성.

大野謙一(1931), 《朝鮮敎育問題管見》, 조선교육회.

대한체육회(1965), 《대한체육회사》, 동아출판사.

민병욱(2000), 《일제강점기 재일한국인의 연극운동》, 연극과인간.

　　　　(1994), 《한국희곡사 연표》, 국학자료원.

박선미(2007), 《근대여성, 제국을 거쳐 조선으로 회유하다: 식민지 문화지배와
　　　　일본유학》, 창작과비평사.

박성래(1995), 《한국과학기술자의 형성 연구》 1(일본유학편), 한국과학재단.

박찬승(1992), 《한국근대정치사상사 연구 -민족주의 우파의 실력양성운동론》,
　　　　역사비평사.

반민족연구소(1993), 《친일파 99인》 3, 청년사.

백남훈(1968), 《나의 일생》, 해온백남훈선생기념사업회.

송병기(1985), 《근대한중관계사 연구》, 단대출판사.

송이랑(1999), 《일제의 한국식민지 통치방식》, 세종출판사.

양승국(1998), 《김우진, 그의 삶과 문학》, 태학사.

역사문제연구소 민족해방운동사연구반(1990), 《쟁점과 과제-민족해방운동》, 역사비평사.

오성철(2000), 《식민지초등교육의 형성》, 교육과학사.

오장환(1998), 《한국아나키즘운동사 연구》, 국학자료원.

이광주(1992), 《지식인과 권력-근대독일지성사 연구》, 문학과 지성사.

이기준(1992), 《한말서구경제학도입사 연구》, 일조각.

이두현(1989), 《한국연극사》, 학연사.

_____(1990), 《한국신극사 연구》, 서울대학교출판부.

이만규(1987), 《조선교육사》 II, 거름.

이양기(1986), 《문명론이란 무엇인가》, 영남대학교출판부.

이학래(1990), 《한국근대체육사 연구》, 지식산업사.

재일한국유학생연합회(1998), 《일본유학 100년사》

전준(1973), 《조총련 연구》, 고대아세아문제연구소.

전택부(1994), 《한국기독교청년회운동사》, 범우사.

정선이(2002), 《경성제국대학 연구》, 문음사.

정세현(1975), 《항일학생민족운동사연구》, 일지사.

정인섭(1927), 《온돌야화》, 일본서원.

_____(1981), 《색동회 어린이 운동사》, 휘문출판사.

정재걸(1985), 《일제의 對한국식민지 교육정책사》, 일지사.

정진석(2005), 《언론조선총독부》, 커뮤니케이션북스.

정혜경(2001), 《일제시대 재일조선인 민족운동 연구》, 국학자료원

조도전대학우리동창회(1976), 《한국유학생운동사-조도전대학우리동창회 70년사》

조선학생육상경기연맹(1937), 《(조선학생)육상경기연감: 昭和 11년도》

조지훈(1993), 《한국민족운동사》, 나남출판사.

천도교청년회(2000), 《천도교청년회 80년사》, 글나무.

최재철(1995), 《일본문학의 이해》, 민음사.

최현배(1971), 《조선민족갱생의 도》, 정음사.

한승인(1980),《미국유학시절의 회고》, 발행처 불명.

홍문종(2003),《(조선에서의) 일본 식민지 교육정책》, 학지사.

2) 국외

姜東鎭(1979),《日帝の朝鮮侵掠政策史》, 東京: 東京大出版部〔강동진(1980),《일제의 한국침략정책사》, 한길사〕.

谷本富(1921),《文化運動と敎育の傾向》, 東京: 同文館.

弓削幸太郎(1923),《朝鮮の敎育》, 東京: 自由討究社.

吉野作造, 松尾たかよし編(1988),《中國·朝鮮論》, 東京: 平凡社

吉野耕作, 김태영 역(2001),《현대일본의 문화내셔널리즘》, 일본업뱅크.

吉田光邦, 강석태 역(1981),《日本科學史》, 교학연구사.

金子幸子(1999),《近代日本女性論の系譜》, 東京: 不二出版.

南波登發(1923),《朝鮮學生の曉鐘》, 東京: 麗澤會.

唐澤富太郎(1955),《學生の歷史－學生生活社會史的考察》, 東京: 創文社.

洞珠樹(1984),《大正期の靑春群像》, 東京: 美術公論社.

藤野豊(2000),《强制された健康－日本ファシズム下の生命と身體》, 東京: 吉川弘文館.

馬越徹(1997),《韓國近代大學の成立と展開》, 名古屋: 名古屋大學出版會〔한용진 역(2000),《한국 근대대학의 성립과 전개－대학 모델의 전파연구》, 교육과학사〕.

鹿野政直(1999),《近代日本思想案內》, 巖波文庫別册 14〔김석근 역(2004),《근대일본사상 길잡이》, 소화〕.

柳東植(1990),《在日本韓國基督校靑年會史: 1906~1990》, 東京: 在日本韓國基督敎靑年會.

木村直惠(1998),《靑年の誕生－明治日本における政治的實踐の轉換》, 東京: 新曜社.

Mullet-Lyer, 고상량 역(1921. 6),《文化の諸相と其進路》, 東京: 大村書店.

宮川透·荒川幾男, 이수정 역(2001),《일본근대철학사》, 생각의 나무.

朴在一(1957),《在日朝鮮人關綜合調査硏究》, 朝鮮文化硏究所, 東京: 新紀元社.

桑木嚴翼(1920),《文化主義と社會問題》, 東京: 至善堂書店.

上垣外憲一, 김성환 역(1983),《일본유학과 혁명운동》, 진흥문화사

石附實(1992),《近代日本の海外留學史》, 東京: 中央公論社.

松本三之介(1996),《明治思想史》, 東京: 新曜社.

沈殿成主(1997),《中國人留學日本百年史(1986~1996)》, 遼寧敎育出版社.

野村隈畔(1921),《文化主義の研究》, 東京: 大同館書店.

永井道雄 外(1973),《アジア留學生と日本》, 東京: 日本放送出版協會.

嚴安生(1991),《日本留學精神史−近代中國知識人の軌跡》, 東京: 岩波書店〔한영혜 역(2005),《神山을 찾아 동쪽으로 향하네−근대 중국 지식인의 일본 유학》, 일조각〕.

榮澤幸二(1991),《大正デモクラシー 期政治思想》, 東京: 硏文出版.

椎尾辨匡(1921),《文化の權威》, 東京: 隆文館.

尹健次, 심성보 역(1987),《조선근대교육의 사상과 운동》, 청사.

任展慧(1994),《日本における朝鮮人の文學の歷史−1945年まで》, 東京: 法政大學出版部.

李瓊球(1988),《日本留學100年史》, 東京: 在日韓國留學生聯合會.

鄭哲(1970),《在日韓國人の民族運動》, 東京: 洋洋社.

左右田喜一郎(1922),《文化價値と極限槪念》, 東京: 岩波書店.

彭澤周(1969),《明治初期日韓淸關係の研究》, 東京: 搞書房.

天野郁夫(1986),《高等敎育の日本的構造》, 東京: 玉川大學出版部.

坪江汕二(1980),《朝鮮民族獨立運動秘史》, 고려서림(복각본).

저자 미상(1973),《近代中國留學史》, 台北: 中國出版社.

Michael Edison Robinson(1988), Cultural Nationalism in Colonial Korea, 1920~1925, Seatle: University of Washington Press〔김민환 역(1990),《일제하 문화적 민족주의, 1920~1925》, 나남출판사〕.

Singh Mehta Uday(1999), Liberalism and Empire, The University of Chicago Press.

3. 논 문

1) 국내

강동진(1984), 〈문화주의의 기본성격〉,《한국사회연구》2, 한길사.

강창동(1993), 〈한국학력주의의 사회사적 연구〉, 고려대 박사논문.

고명철(2002. 6), 〈해외문학파의 근대성, 그 몇 가지 문제: 이헌구의 '해외문학과 조선에서의 해외문학파의 임무와 장래'를 중심으로〉,《한민족문화연구》10, 한민족문화학회.

곽해선(1984), 〈일제하 문화운동의 변용에 관한 연구-《개벽》을 중심으로〉, 한국정신문화연구원 석사논문.

구대열(1988), 〈3·1운동에 대한 해외의 반응〉, 《한민족독립운동사》 3, 국사편찬위원회.

권희영(1996), 〈근대화의 심성〉, 《근대문명과 한국근대사》, 한국정신문화연구원.

_____(1999. 10), 〈근대적 공간으로서의 한국 자유주의-한국의 자유주의 연구서설〉, 《한국사학》 17, 한국정신문화연구원.

김광억(1998), 〈일제시기 토착 지식인의 민족문화 인식의 틀〉, 《비교문화연구》 4, 서울대학교비교문화연구소.

김근배(1996), 〈일제시기 조선인 과학기술인력의 성장〉, 서울대 박사논문.

_____(1998. 6), 〈식민지시기 과학기술자의 성장과 제약-인도, 중국, 일본과 비교해서〉, 《한국근현대사연구》 8, 한울.

김도형(1989. 8), 〈일제침략기반민족지배집단의 형성과 민족개량주의〉, 《역사비평》 6, 역사문제연구소.

_____(1999. 10), 〈근대초기 자유주의 수용과 발전〉, 《한국사학》 17, 한국정신문화연구원.

김동춘(1990), 〈민족주의 계열의 이념과 활동〉, 《민족해방운동사-쟁점과 과제》, 역사평론사.

김명구(2001), 〈1910년대 도일유학생의 사회사상〉, 《사학연구》 64, 한국사학회.

_____(2002), 〈한말,일제강점기 민족운동론과 민족주의사상〉, 부산대 박사논문.

김병철(1973), 〈서양문학수용태도에 관한 이론적 전개-1920년대 번역문학논쟁을 중심으로〉, 《인문과학》 3-1, 성균관대 인문과학연구소.

김부태(1992), 〈학력사회의 교육이데올로기 구조〉, 경북대 박사논문.

김인덕(1995), 〈학우회의 조직과 활동〉, 《국사관논총》 66, 국사편찬위원회.

_____(2000), 〈일본지역 민족운동에 대한 역사적 평가, 한국민족운동의 역사와 미래〉, 《한국민족운동사》, 국학자료원.

김성학(1995), 〈서구교육학 도입과정 연구, 1895~1945〉, 연세대 박사논문.

김창수(1993), 〈문화운동연구의 현단계와 과제〉, 《한민족독립운동사》 12, 국사편찬위원회.

김한구(1998), 〈일제시대 일본유학생의 실태와 의식갈등〉, 《한국의 사회와 문화》 9, 한국정신문화연구원.

김한초(1985), 〈일제하 한국지식인의 문화수용과 그 인식〉, 《한국의 사회와 문화》5, 한국정신문화연구원.

김형국(1999. 8), 〈1919~1921년 한국 지식인들의 개조론에 대한 인식과 수용
　　에 대하여〉,《충남사학》11, 충남대학교사학회.

_____(2003), 〈1920년대 한국지식인의 사상분화와 민족문제 인식 연구〉, 한국
　　정신문화연구원 박사논문.

김호일(1971. 12), 〈일제하 민립대학설립운동에 대한 일고찰〉,《중앙사론》1,
　　중앙대학교사학연구회.

남근우(2002. 11), 〈'조선 민속학'과 식민지주의: 송석하의 문화민족주의를 중
　　심으로〉,《한국문화인류학》35-2, 한국문화인류학회.

_____(2004), 〈조선민속학회 재고〉,《정신문화연구》27-3(통권 96호), 한국
　　정신문화연구원.

노영택(1990), 〈민립대학설립운동 연구〉,《국사관논총》11, 국사편찬위원회.

류시현(1990), 〈1920년대 전반기 조선의 사회주의 사상 수용 및 발전〉,《碧史
　　李佑成교수 정년퇴임기념논총》, 창작과비평사.

_____(1999. 9), 〈1910~20년대 일본유학출신 지식인의 국제정세 및 일본인
　　식〉,《한국사학보》7, 고려사학회.

문옥표(1990), 〈일제의 식민지 동화정책-'동화주의'의 허상〉,《한국의 사회와
　　문화》14, 한국정신문화연구원.

민두기(1967), 〈일본적 자유주의〉,《논단》3-1, 미국공보원.

박노자(2002. 3), 〈한국적 근대 만들기, 한국 근대에서의 나의 계보: 개인주의
　　정착의 숱한 어려움〉,《인물과 사상》47, 인물과사상사.

박노춘(1959), 〈한국 신연극 50년 사략〉,《논문집》2, 경희대학교.

박명규(2002. 12), 〈지식운동의 근대성과 식민성: 1920~1930년대를 중심으
　　로〉,《사회와 역사》62, 한국사회사학회.

박영규(1969), 〈3·1운동이후 재일한인학생의 독립운동〉,《3·1운동 50주년기념
　　논집》, 동아일보사.

박의경(1995), 〈자유주의적 민족주의-자유 이념과 민족 가치의 조화〉,《국제
　　정치논총》35-1, 한국국제정치학회.

박정애(1999), 〈1910~20년대 초반 여자일본유학생 연구〉, 숙명여대 석사논문.

박찬승(1993), 〈일제하 일본유학과 유학생운동〉,《순국》7·8월 합본호, 순국선
　　열유족회.

_____(1999. 3), 〈1890년대 후반 도일유학생의 현실인식〉,《역사와 현실》31,

한국역사연구회.

_____(2000), 〈식민지시기 도일유학과 유학생의 민족운동〉, 《아시아의 근대화와 대학의 역할》, 한림대학교아시아문화연구소.

_____(2003. 4), 〈1910년대 도일유학과 유학생활〉, 《호서사학》 34, 호서사학회.

_____(2004. 9), 〈1920년대 도일유학생과 그 사상적 동향〉, 《한국근현대사 연구》 30, 한울.

백선기(1986), 〈장덕수·김도연 등의 재미활동의 단면〉, 《신동아》 4월호.

白川豊(2001), 〈한국근대문학 초창기 문인들의 일본유학 체험고〉, 동국대 한국문화연구소, 《한국문학과 근대성의 형성》, 아세아문화사.

서중석(1989), 〈한말 일제침략하의 자본주의 근대화론의 성격〉, 《한국근현대사의 민족문제 연구》, 지식산업사.

송병기(1988. 10), 〈개화기 일본유학생 파견과 실태, 1881~1903〉, 《동양학》 18, 단국대학교동양학연구소.

송한용(2001. 12), 〈일본의 식민지대학교육정책비교연구-경성제대와 만주건국대학을 중심으로〉, 《중국사연구》 16, 중국사학회.

심재욱(2000), 〈설산 장덕수의 문화운동과 사회인식, 1912~1923〉, 《한국민족운동사연구》 28, 독립운동사연구회.

심원섭(1998), 〈1910년대 일본유학생 시인들의 大正期 사상 체험〉, 《애산학보》 21, 애산학회.

안광희(1985), 〈홍해성 연구〉, 단국대 석사논문.

안룡식·김천영(1989), 〈일제말 고급관료에 관한 연구〉, 《현대사회와 행정》, 창간호, 한국국정관리학회.

안외순(2003. 8), 〈애국계몽운동과 준식민지에서의 자유주의〉, 《한국사상과 문화》 21, 한국사상문화학회.

양동안(1999. 12), 〈자유주의의 이론적 분열에 관한 연구〉, 《정신문화연구》 77, 한국정신문화연구원.

여지선(2005. 2), 〈학지광에 나타난 국혼주의와 민족형식론〉, 《강남어문》 15, 강남대학교인문학부국어국문학전공.

여환연(1982), 〈1920년대 재일한인의 민족운동-협동전선을 중심으로〉, 이화여대 석사논문.

오장환(1997), 〈1920년대 재일 한인의 아나키즘 운동 소고〉, 《한국민족운동사연구》 17, 국학자료원.

오태호(2001. 2), 〈한국 최초의 여성잡지 '여자계'에 대한 일 고찰〉, 《경희어문학》 21, 경희대학교문리과대학국어국문학과.

이경훈(2003), 〈오빠의 탄생–식민지시대 청년의 궤적〉, 《한국근대문학과 일본》, 소명출판사.

_____(2003. 12), 〈청년과 민족–《학지광》을 중심으로〉, 《대동문화연구》 44, 성균관대학교동아시아학술원대동문화연구원.

_____(2004. 12), 〈《학지광》의 매체적 특성과 일본의 영향 1–《학지광》의 주변〉, 《대동문화연구》 48, 성균관대학교동아시아학술원대동문화연구원.

이나미(2001. 6), 〈9세기말 한국자유주의의 친제국주의적 성격〉, 《아세아연구》 44–1, 고려대학교아세아문제연구소.

이만열(1987), 〈일제하의 문화운동〉, 《한국현대사의 제문제》 2, 을유문화사.

이송희(1989), 〈한말 일본유학생들의 교육관〉, 《부산사학》, 부산사학회.

이명화(1992), 〈조선총독부 학무국의 기구변천과 기능〉, 《한국독립운동사연구》 6, 독립기념관한국독립운동사연구소.

이옥진(1980), 〈여성잡지를 통해 본 여권신장: 1906년부터 1929년까지를 중심으로〉, 이화여대 박사논문.

이윤갑(1999. 11), 〈일제하의 근대교육론과 식민지 교육문화〉, 《계명사학》 10, 계명사학회.

이정국(1988), 〈한국근대소년운동연구〉, 연세대 석사논문.

이지원(1994. 6), 〈1930년대 전반 민족주의 문화운동론의 성격〉, 《국사관논총》 51, 국사편찬위원회.

_____(1997), 〈1920년대 민족주의자들의 민족관과 '국수'인식〉, 《한국 근현대의 민족문제와 신국가건설》, 지식산업사.

_____(2003), 〈일제하 민족문화 인식의 전개와 민족문화운동–민족주의 계열을 중심으로〉, 서울대 박사논문.

이태훈(2003. 3), 〈1920년대 전반기 일제의 '문화정치'와 부르조아 정치세력의 대응〉, 《역사와 현실》 47, 한국역사연구회.

이영화(2003. 12), 〈최남선의 문화주의에 내포된 근대성과 친일성〉, 《국사관논총》 103, 국사편찬위원회.

_____(2004. 11), 〈1920년대 문화주의와 최남선의 조선학운동〉, 《한국학연구》 13, 인하대학교한국학연구소.

장세윤(1992), 〈일제의 경성제국대학 설립과 운영〉, 《한국독립운동사》 6, 독립기념관 한국독립운동사연구소.

정순우(1992), 〈근대교육 도입기에 있어서의 교육정책〉, 《한국교육사학》 14, 한국교육사학회.

정연길(1980. 12), 〈'청춘', '학지광' 기타 잡지 시단고: 1906~1918년 간행지를 중심으로〉, 《논문집》 4, 한성대학교.

정용화(2006), 〈근대적 개인의 형성과 민족―일제하 한국 자유주의의 두 유형〉, 《한국정치학회보》 40-1, 한국정치학회.

정인섭(1966), 〈조선민속학회: 생각나는 대로〉, 《민족문화연구》 2.

정혜경(1997), 〈1910년대 재일유학생의 경제문제 인식〉, 《청계사학》 13, 정신문화연구원.

조규태(1998), 〈1920년대 천도교의 문화운동 연구〉, 서강대 박사논문.

조석곤(1997), 〈수탈론과 근대화론을 넘어서〉, 《창작과 비평》 96, 창작과비평사.

조용만(1982), 〈일제하의 우리 신문화운동〉, 《일제하의 문화운동사》, 현음사.

조장환(1986. 2), 〈'학지광'의 시문학사적 의미〉, 《논문집》 8, 아주대학교.

조지훈(1963), 〈한국민족운동사〉, 《한국문화사대계》 1, 고려대 민족문화연구소.

전혜자(1982), 〈한국근대문학에서의 도시와 농촌〉, 《한국근대문학의 쟁점》, 정신문화연구원.

최경옥(2005), 〈메이지기 일본의 서양 문명 수용과 번역〉, 《번역학연구》 6(2), 한국번역학회.

최양미(1992), 〈한국근대의 전통적 교육관과 근대적 교육관의 갈등〉, 이화여대 박사논문.

최옥자(1977), 〈한국 신문의 문화주의에 대한 고찰〉, 《한국근대사론》 3, 지식산업사.

최수일(2000), 〈1920년대 동인지문학의 심리적 기초〉, 《대동문화연구》 36, 성균관대학교동아시아학술원대동문화연구원.

_____(2001. 2), 〈근대시 형성에 기여한 작가들의 성장처가 되어준 학지광〉, 《문화예술》 259, 한국문화예술진흥원.

한기형(1999), 〈무단통치기 문화정책의 성격〉, 《한국 근대 소설사의 시각》, 소명출판사.

_____(2005. 5), 〈근대어의 형성과 매체의 언어전략―언어·매체·식민체제·근대문학의 상관성〉, 《역사비평》 71, 역사비평사.

한우희(1990), 〈일제식민통치하 조선인의 교육열에 관한 연구〉, 《교육사학연

　구》 2-3, 서울대학교교육사학회.

한정선(2004), 〈티이쇼민본주의 재평가-요시노 사쿠조와 신자유주의를 중심으로〉, 《동양사학연구》 87, 동양사학회

황성모(1990), 〈일제하 지식인의 사회사〉, 《한국의 사회와 문화》 11, 한국정신문화연구원.

황호덕(1997), 〈1920년대 초 동인지문학의 성격과 미적담론주체〉, 성균관대 석사논문.

2) 국외

姜德相(1979), 〈2·8獨立宣言と東京留學生〉, 《季刊三千里》 17.

金基旺(1998), 〈在日朝鮮留學生の民族解放運動に關する研究-1920年代を中心に〉, 神戸大 博士論文.

鹿野政直(1976), 〈大正テモクラシ〉, 《日本の歷史》 27, 東京 : 小學館,

馬越徹(1977), 〈京城帝大豫科に關する一考察〉, 《大學論輯》 5, 廣島大學 敎育研究センタ.

朴慶植(1994. 7), 〈1910年代在日朝鮮留學生と學友會機關誌學之光について〉, 《在日朝鮮人史研究》, 在日朝鮮人運動史研究會.

朴己煥(1998), 〈舊韓末と併合初期における韓國人の日本留學〉, 《近代日本研究》 14, 慶應義塾 福澤研究センタ.

_____(1998), 〈近代日韓文化交流史研究-韓國人の日本留學-〉, 大阪大 博士論文.

朴宣美(1998), 〈朝鮮社會の近代的變容と女子日本留學-1910～1945년〉, 京都大 修士論文.

_____(2005), 〈植民地時期における朝鮮人女子留學生の研究〉, 京都大 博士論文.

朴贊勝(2001), 〈1890年代後半における官費留學生の渡日留學〉, 《近代交流史と相互認識》 1, 東京 : 慶應義塾大學出版部.

_____(2005), 〈1910年代渡日留學生の思想的動向〉, 《近代交流史と相互認識》 2, 東京 : 慶應義塾大學出版部.

松尾たかよし(1997), 〈吉野作造と朝鮮人·再考〉, 《朝鮮史研究》 35, 朝鮮史研究會.

阿部洋(1971), 〈日本統治下朝鮮の高等敎育-京城帝國大學と民立大學設立運動をぬすぐって-〉, 《思想》 7月號.

_____(1974), 〈舊韓末の日本留學2-資料的考察〉, 《韓》 29, 東京 : 韓國研究員院.

_____(1976), 〈解放前 韓國における日本留學: 第1部-韓國社會における日本留學の

位置(留學歸國者の社會的活動を中心に), 第2部－解放前日本留學の史的展開
　　過程とその特質〉, 《韓》 59(5-12), 東京: 韓國研究院.

李順愛(1978), 〈在日朝鮮女性運動(1915～1926)－女子留學生を中心して〉, 《在日朝
　　鮮人史研究》 2, 在日朝鮮人運動史研究會.

長久保宏人(1980. 3), 〈2·8獨立宣言への道－1910年代後半の在日朝鮮人留學生運
　　動〉, 《福大史學》 29, 福島大學.

＿＿＿＿＿(1981), 〈2·8獨立宣言から三一運動へ－ソウル舞臺とした朝鮮人日本留學
　　生の動きを中心に〉, 《福大史學》 31, 福島大學.

田中宏(1973), 〈歷史のなかの群像－アジア留學生の軌, 《アジア留學生と日本》, 東京:
　　日本放送出版協會.

樋口雄一(1986), 〈日本人の在日朝鮮人對應－柳原吉兵衛と協和會〉, 《協和會－戰時
　　下朝鮮人統制組織の研究》, 社會評論社.

E. Patricia Tsurumi(1984), "Colonial Education in Korea and Taiwan", The
　　Japanese colonial Empire, 1895～1945, Princeton University Press.

Ishizuki Minoru(1985), Ardath W. Burks(ed.) "Overseas Study by Japanese in the
　　Early Meiji Period"·"The Role of Education in Modernization", The
　　Modernizers: overseas Students, Foreign Employees, and Meiji Japan,
　　London: Westview Press.

찾아보기